민주당
1999-2024

민주당
1999-2024

우상호

우리는 대한민국임시정부의 자주독립 정신과 헌법적 법통, 그리고 4·19혁명, 부마민주항쟁, 5·18민주화운동, 6·10민주항쟁, 촛불시민혁명의 위대한 민주주의 정신을 계승한다. 서민과 중산층의 이해를 대변하고 역사를 만들어왔다. 그러나 그 과정에서 불평등과 양극화가 심화되었고, 국민의 삶이 ...를 열어간다. 대한민국은 분단과 전쟁의 역경을 딛고 고도의 경제성장과 민주화에 성공한 자랑 ...직면해 있다. 4차 산업혁명 시대의 디지털 전환과 기후 위기로 인한 미래 불확실성이 중대하고 있으며, 팬데믹 이후 전 세계적 경제 위기는 국민의 삶을 위협하고 있다. '공정, 성장'을 지속하는 가운데 사회 불평등을 해소하고, 국민 통합을 실현하며 모든 사람의 안정되고 평화로운 삶을 보장하는 것이 시대적 과제이다. 우리는 '공정, 성장'을 ...수 있는 공정하고 평등한 사회를 실현한다. 둘째, 모든 생명의 가치를 중시하고 기후변화 등 다양한 위협으로부터 안전을 보장하는 ...다. 넷째, 혁신과 성장을 통해 국민이 더 풍요로운 삶을 누리고 모든 지역이 골고루 발전하는 나라를 지향한다. 다섯째, 한반도 ...거듭날 것을 다짐한다. 진정한 성찰과 쇄신, 겸손한 태도로 국민의 신뢰를 회복할 것이며, 우리는 국민 개개인의 ...

'더불어민주당은 대한민국이라는 공동체이다.'

메디치

민주당의 25년을 돌아보며

'내 인생의 결정적 장면을 네 컷의 사진으로 남긴다면?' 이런 질문을 나 자신에게 던져보았다.

1986년에서 1987년으로 넘어가는 어느 늦은 밤, 나는 5~6년간 써 두었던 시의 초고들을 불태우고 있었다. 밖에는 겨울비가 내리고 있었고, 어두운 자취방에는 한 자루의 촛불이 흔들리고 있었다. 10여 년간 열망했던 시인의 삶을 포기하면서, 목숨을 걸고 **전두환** 군부독재와 싸우는 전선의 선두에 서겠다는 결심을 내린 밤이었다. 문약했던 문학도는 1987년 3월 연세대학교 총학생회장이 되었다. 나는 총학생회장에 당선되었던 날보다 내가 쓴 시를 불살랐던 그 밤을 더 아련하게 기억한다.

1987년 6월 10일 오후 7시쯤, 나는 명동 롯데백화점 앞의 대로

와 뒷골목을 오가면서 6월 항쟁 시위대를 이끌고 있었다. 자욱한 최루탄 연기 속에서 눈물, 콧물을 닦고 있던 그 순간, 하늘에서 두루마리 휴지가 마치 새처럼 떨어져 내려오기 시작했다. '우리는 여러분의 투쟁을 지지합니다. 힘내세요!'라는 메시지였다. 시민들이 던져준 휴지로 콧물을 닦는데, 눈물이 오히려 더 하염없이 흘러내렸다. 남들은 6월 항쟁 당시 내 모습을 **이한열** 열사의 영정을 들고 있던 사진으로 기억할지도 모른다. 하지만 나는 이때의 풍경을 더 절절하게 기억한다.

2003년 9월 7일, 새천년민주당 당무회의에서 정치개혁을 둘러싼 대립 때문에 폭력 사태가 벌어지자, 그날 저녁 현역 의원들을 중심으로 올림피아호텔 회의실에서 신당新黨 창당이 결정되었다. 정치에 입문해 16대 총선에서 낙선하고 서울 서대문갑 원외 지역위원장 신분이었던 나는 그날 참석자 중 고故 **김영술** 서울 송파갑 원외 지역위원장과 밤새도록 술잔을 기울였다. 분당分黨에 참여해 열린우리당으로 가면 국회의원이 될 가능성은 더 희박해진다는 사실을 둘 다 알고 있었다.

술기운이 한참 올라올 즈음, 나는 김 위원장에게 이렇게 말을 건넸다.

"형님, 신당으로 갑시다! 국회의원 한번 해보겠다고 당에 남아 정치개혁의 대의를 저버리진 맙시다!"

어금니를 꽉 물고 집으로 돌아오던 그날, 차창 밖으로 보이던 거리의 불빛이 참으로 스산했다.

2016년 12월 9일 오후 5시쯤, 정세균 국회의장이 박근혜 대통령 탄핵소추안 표결 결과를 발표했다.

"총 투표수 299표 중 가 234표, 부 56표, 기권 2표, 무효 7표로써 대통령 박근혜 탄핵소추안은 가결되었음을 선포합니다!"

나는 조용히 자리에서 일어나 본회의장을 걸어 나오며 2층 방청객 좌석에 앉아 있던 세월호 유가족을 향해 손을 들어 보였다. 더불어민주당 원내대표를 맡아 참으로 힘들고 어려운 과정을 지나왔다. 역사의 매듭을 풀었다는 생각에 다리가 휘청거렸다. 만약 부결되었다면, 나는 영원히 역사의 죄인으로 기록되었을 것이다.

1980년대 중반 이후 나는 늘 대한민국 현대사의 중심에 서 있었다. 20대 중반에는 6월 항쟁을 이끌었던 광장의 중심에 있었고, 30년 후인 50대 중반에는 제도권 정치에서 원내대표를 맡아 박근혜 대통령 탄핵을 이끌었으니, 현대사에 기록될 만한 큰 정치적 사건 두 가지를 중심부에서 이끈 영광스러운 경험을 했다.

국회의원 불출마를 결심한 이후 후배 정치인들이나 정치부 기자들과 대화할 기회가 많았고, 지역위원회별로 당원 교육도 여러 번 진행했다. 그 과정에서 민주당의 역사를 제대로 아는 사람이 의외로 적다는 점을 깨달았다. 누군가가 이 경험을 전수해야 한다면 그 적임자가 우상호라는 추천도 꽤 있었다. 그러고 보니 김대중에서 이재명까지 당의 역사를 잘 알고 있는 사람이 많지 않았다. 그래서 이 책을 집필하기 시작했다.

1년여 동안 자료도 수집하고 기억을 되살리면서 새삼 깨달은 바가 있다. 첫째는 대한민국 정치가 그래도 끊임없이 변화하면서 발전했다는 점이다. 여전히 정치에 대한 국민의 불신과 불만이 크고, 개선해야 할 점도 많지만, 여기까지 오는 과정도 순탄치만은 않았다.

두 번째는 각 정당이 실패와 오류를 반복하고 있다는 점이다. 가장 큰 원인은 구성원과 지도부가 계속 바뀌었기 때문이겠지만, 그래도 혹여나 과거 역사에서 교훈을 배우려는 노력이 부족했던 것은 아닐까? 민주당에서 25년여를 활동한 중진으로서 이 책임을 통감하고, 민주당의 역사를 정리하고자 했다.

이 책은 나의 이야기인 동시에 21세기 민주당의 역사다. 모든 장면을 담을 수는 없었지만, 반드시 알아두어야 할 대목은 빠짐없이 기록했다. 내 주관적 생각이 반영되어 있지만, 배워야 할 교훈도 최대한 객관적으로 정리해보았다. 학자 입장에서 정리한 글이 아니므로 학술적 가치가 높지 않다고 생각할 수도 있다. 하지만 격동의 민주당사史를 현장의 경험자로서 기술했으니 그 나름대로 의미가 있다고 믿는다.

이 책에서는 21세기 민주당 계열 정당의 역사를 3단계로 구분했다.

1부 〈참여형 민주주의 실험기〉에서는 새천년민주당과 열린우리당 시기(1999~2007)를 정리했다. 이 시기는 **김대중** 대통령 당선을 통한 정권 교체 이후 1인 보스 체제의 사당私黨 구조를 민주적 정당 구조로 변화시키기 위한 도전의 시기였다고 할 수 있다. 새천년민주당 내부에서 시작된 정당개혁 투쟁은 결국 열린우리당의 분당을 초래했지만, 그 과정에서 참여형 민주주의에 관한 많은 실험을 할 수 있었다는 점은 큰 의미가 있다.

'노무현을 사랑하는 사람들의 모임'(이하 노사모)의 열정과 함께했던 2002년 제16대 대통령 선거는 **노무현** 정권의 탄생으로 귀결되었고, 열린우리당 창당 과정에서 함께 진행된 2004년 정치개혁입법은 대한민국의 선거제도와 의회제도의 변화를 가져왔다. 민주정당, 대중정당, 원내정당을 지향했던 열린우리당은 수많은 개혁을 시도했고, 적어도 정당 운영의 기본 틀을 바꾸는 데 성공했다. 이 성공과 실패의 경험을 1부에서 정리했다.

2부 〈진보 담론의 재정비와 통합〉은 민주통합당과 새정치민주연합(2008~2015) 시기 이야기다. 이 시기는 대선과 총선 패배의 아픔을 극복하면서 새로운 진보 담론을 정비하고, 분열된 세력을 다시 통합하는 동시에 외연을 확장하는 시기였다.

2007년 제17대 대선 패배와 2008년 제18대 총선 참패 이후, 야당은 세력 약화와 지지층 이탈로 고전할 수밖에 없었다. 말 그대로 존립을 위해 필사적인 노력을 기울여야 했다. 2009년 5월 **노무현** 전 대통령의 서거라는 크나큰 슬픔도 겪었지만, 모두가 힘을 합쳐 결기를 보이며 노력한 덕분에 2010년 제5회 지방선거 승리라는 결과를 얻었고, 민주당은 이를 발판으로 삼아 기사회생하기 시작했다.

2010년부터 시작된 무상급식 투쟁과 2011년 당시 무소속이었던 **박원순** 전 서울시장의 등장을 계기로 민주당은 경제 민주화, 보편적 복지, 노동 존중 사회 등과 같은 진보적 담론을 강령화·정책화하고 친노 진영, 시민사회 세력, 한국노총 등과 연합 세력을 형성해 민주통합당을 창당하는 등 2012년 제19대 총선과 제18대 대선 승리를 위한 체제 정비에 들어갔다. 그러나 2012년 총선에서 만족할 만한 성과를 내지 못한 데다가 대선에서 **문재인** 후보가 패배한 이후, 민주당은 한동안 충격에서 벗어나지 못했다. 결국 민주당은 2014년 **안철수**의 새정치연합과 통합하며 새정치민주연합을 출범시켰다.

2015년 전당대회를 통해 **문재인** 대표 체제가 들어섰지만, 한동안 당내 분열은 지속되었고, 2015년 하반기에 큰 규모의 분당이 이루어지면서 다시 위기가 찾아왔다. 민주당은 **김종인** 비대위원장 체제로 진행된 제20대 국회의원 선거에서 123석을 얻어 1당이 되면서 가까스로 위기를 극복했지만, 38석을 얻은 국민의당에 호남 지역을 내주면서 주요 지지 기반을 놓치는 아픔도 겪었다. 그러나 진보 담론의 재정비, 분열된 야권 세력의 총결집은 향후 더불어민주당의 뼈대가 되었는데, 이 과정의 의미를 2부에서 정리했다.

3부 〈유능한 민생 정당의 길〉에서는 더불어민주당 시기(2016~2024)를 다루었다. 2015년 12월 당명을 바꾼 더불어민주당은 제20대 총선 이후 내부 정비를 거쳐 원내를 중심으로 활발한 대여 공세를 펼쳤다. 결정적으로 2016년 국정감사 기간을 전후해 '박근혜-최순실 국정농단 사건'을 이슈화했다. 국정조사와 특검 등을 거치며 국정농단 사건의 전모가 밝혀지기 시작하자, **박근혜** 대통령 탄핵 국면이 형성되면서 정국이 요동쳤다.

2016년 12월 9일, 역사적인 **박근혜** 대통령의 탄핵소추안이 국회 본회의에서 가결되었고, 2017년 3월 9일 헌법재판소에서 탄핵이 인용되었다. 곧이어 벌어진 2017년 5월 9일 제19대 대통령 선거에서 더불어민주당의 **문재인** 후보가 당선되었고, 5년 임기가 시작되었다.

문재인 정부 임기 초반, 평창 동계올림픽의 성공적 개최와 연이은 남북정상회담의 성공으로 국정 지지율은 줄곧 높았다. 코로나19 방역 국면에서도 세계적인 모범을 보인 덕분에 더불어민주당은 2018년 제7회 지방선거와 2020년 제21대 국회의원 선거에서 압승했다. 그러나 임기 후반에는 부동산 가격 폭등으로 민심이 흔들렸고, **문재인** 대통령이 발탁한 **윤석열** 당시 검찰총장이 검찰개혁 정책에 반발하며 사직하고 국민의힘 대선 후보가 되는 일이 벌어졌다.

2022년 제20대 대선에서는 더불어민주당 **이재명** 후보와 국민의힘 **윤석열** 후보가 치열하게 겨루었는데, 득표율 0.73%p 차이로 **윤석열** 후보가 당선되어 대통령에 취임했다. 연이어 진행된 2022년 제8회 지방선거의 완패로 당에 위기가 찾아왔으나, 더불어민주당은 비대위원회 체제에 이은 **이재명** 지도부로 당 체제를 정비했다. 이후 더불어민주당은 **이낙연** 전 대표의 탈당 등 약간의 내홍을 겪었지만, 2024년 제22대 총선에서 압승하면서 정국의 주도권을 다시 찾아왔다. 3부에서는 이 과정을 생생하게 정리했다.

이 책의 마지막 4부에서는 민주당의 역사에서 배워야 할 교훈과 향후 과제를 다시 주제별로 정리했다. 그리고 국민의 이해를 돕기 위해 별첨으로 정치권 86세대에 관한 여러 쟁점을 정리했다.

정당은 세상을 변화시키고자 하는 사람들이 모인 곳이다. 세상을 변화시키려는 꿈이 커지면 국민과 당원들이 아낌없이 지지해주었고, 열정과 꿈이 식으면 선거에서 패배했다.

여당이 되었던 적도 있고, 야당이 되었던 적도 있다. 그 과정에서 성공과 실패는 모두 다 소중한 민주당의 역사다. 앞으로도 계속 국민의 열망과 꿈, 대한민국의 희망을 담은 역사를 실현하기 위해 노력하는 민주당이 되기를 소망한다.

이 책을 집필하는 데 도움을 준 보좌진과 출판사 관계자 여러분에게 감사드린다. 그리고 이 지면을 빌려 25년간 사랑과 격려를 보내준 당원과 국민 여러분께 다시 한번 감사의 마음을 전한다.

대한민국 민주당계 정당 계보(1999~2024)

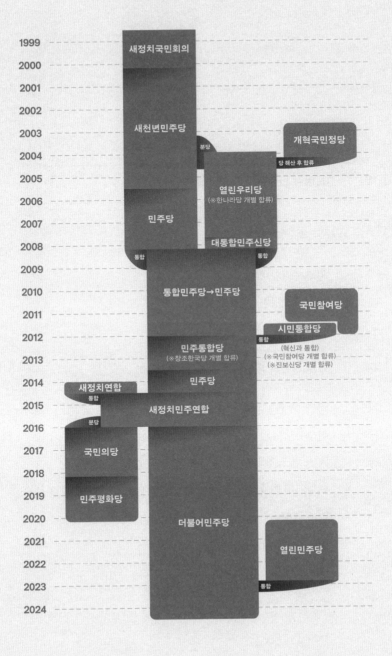

차례

1부

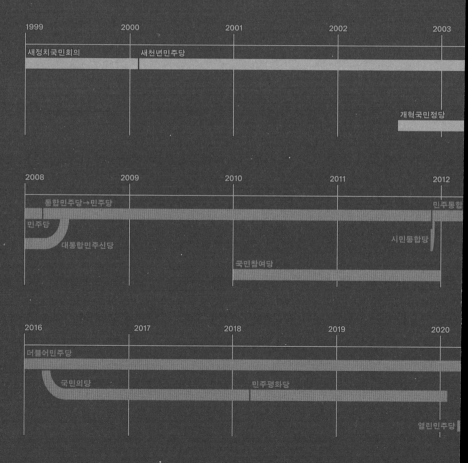

1999   2000   2001   2002   2003

새정치국민회의   새천년민주당

개혁국민정당

2008   2009   2010   2011   2012

통합민주당→민주당   민주통합

민주당

대통합민주신당   시민통합당

국민참여당

2016   2017   2018   2019   2020

더불어민주당

국민의당   민주평화당

열린민주당

참여형 민주주의 실험기(1999~2007)

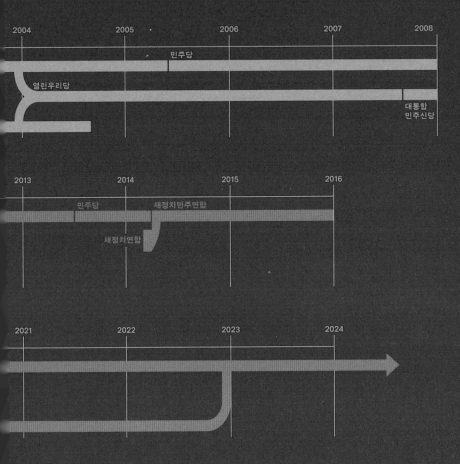

2004　2005　2006　2007　2008

민주당

열린우리당

대통합
민주신당

2013　2014　2015　2016

민주당　새정치민주연합

새정치연합

2021　2022　2023　2024

정당개혁과 정치개혁, 열린우리당

박정희, 김대중 두 후보가 격돌했던 1971년 제7대 대통령 선거 이후, 1972년 10월 박정희 대통령의 유신 선포로 대통령 직선제는 이 땅에서 잠시 사라졌다. 대통령 선거가 사라졌던 이 시대를 우리는 군사독재 시대라고 부른다. 1987년 6월 항쟁으로 대통령 직선제 개헌이 이루어지기 전까지 야당은 '민주화'라는 시대정신을 위해 투쟁해왔다. 박정희 정권 시절의 주요 야당은 신민당이었다.

1987년 6월 항쟁으로 대통령 직선제가 부활했지만, 야당은 통일민주당과 평화민주당으로 분열되면서 김영삼, 김대중 두 지도자의 대권 도전을 위한 정당의 시대가 시작되었다. 이 분열은 통일민주당이 민주정의당, 신민주공화당과 민주자유당이라는 이름으로 통합하면서 정리가 되었지만, 이는 야당의 지역이었던 부산·경남권의 보수화를 초래했고, 영·호남 지역주의 대결 구도가 심화하는 결과를 낳았다.

1992년 대통령 선거 패배 이후 정계 은퇴를 선언하고 영국으로 떠났던 김대중 후보는 귀국한 이후 당시 이기택 총재의 민주당과 결별하고 1995년 9월 5일 새정치국민회의를 창당했다. 이는 1996년 제15대 총선, 1997년 제15대 대선을 위한 분열형 창당이었다.

이후 새정치국민회의는 제15대 대선에서 승리해 5·16 쿠데타 이후 38년 만에 첫 정권 교체를 이룩한 정당이 되었다. **김대중** 대통령이 총재를 겸임했던 새정치국민회의는 정권 교체 후 **이인제**의 국민신당과 통합해 몸집을 불렸지만, 의석수는 100석을 간신히 넘는 수준이었다.

김대중 총재는 2000년 1월 20일, 제16대 국회의원 총선을 앞두고 새정치국민회의를 확대해 새천년민주당을 창당했다. 과반수 의석을 확보하기 위한 정치적 승부수였다. 새로운 인물을 영입하고, 밀레니엄 시대의 정치개혁을 목표로 내걸었다. 나도 이 시기에 이른바 '젊은 피 수혈'의 일환으로 창당에 참여했고, 제16대 총선에 출마했다. 제16대 총선에서 새천년민주당은 115명을 당선시켰지만, 과반수 목표는 이루지 못했다.

정당개혁, 정치개혁에 관한 본격적인 논의는 이 새천년민주당 시절부터 시작된다. 새정치국민회의에서 새천년민주당으로 당명이 바뀌고 새로운 사람들이 국회에 진출했지만, 당의 운영 방식이 바뀐 것은 아니었다. 당의 총재는 여전히 **김대중** 대통령이었기 때문에 당과 청와대의 관계는 수직적이었다. 당의 주요 직책은 동교동계(김대중 전 대통령을 따르던 정치 세력. 김 전 대통령의 자택이 서울 마포구 동교동에 위치한 것에서 유래했다. '양김'으로 불리던 김영삼 전 대통령을 따르던 '상도동계'와 함께 한국 정치의 양대 산맥을 이루었다)의 핵심 인사들이 맡았고, 당내 의사결정기구가 열려도 주요 안건이 토론 없이 처리될 때가 많았다.

"이 안건에 대해서 총재님은 이러저러한 방향으로 하는 게 좋다고 하셨습니다."

"대통령님께서 지시하셨으면 그대로 결정합시다."

"그러면 이 안건은 제안대로 결정하겠습니다. 이의 없으시죠?"

회의를 마치고 나오는 개혁적 정치인들은 한숨을 내쉬었다.

"이런 회의 방식이 민주정당의 모습은 아니잖아요?"

"그러게나 말이에요."

2000년 제16대 총선 이전에는 정권 교체를 통한 민주 정부 수립과 경제 위기 극복이 절대적 과제였기 때문에 다른 정치적 의제는 중요하게 다루어질 수가 없었다. 그러나 16대 총선이 끝나고 2002년 대선이 다가오자 민주당 내에는 당내 민주화와 정치개혁 담론을 주장하는 사람이 늘어났다.

동교동계를 중심으로 한 당시 주류 세력은 아무래도 **김대중** 대통령의 성공적인 임기 마무리를 당의 최우선 과제로 생각하고 있었기에 정치개혁 의제에 부정적이었다. 반면 민주당 내 정당개혁파는 정치개혁 과제를 더는 미루어서는 안 된다고 판단하고 있었다.

1부에서는 2000년 제16대 총선 이후 새천년민주당에서 진행된 정당개혁 노력과 그 결과로 탄생한 2002년 **노무현** 정권 탄생의 감동을 다룬다. 2002년 대선과 2004년 열린우리당 창당을 둘러싸고 벌어졌던 치열한 당내 투쟁과 정치개혁파의 결단은 지금 돌이켜봐도 가슴이 뛴다. 정치 변화를 위해 고뇌하고 토론하며 새로운 제도를 실험했던 그 시기는 대한민국 정치 역사상 가장 역동적인 시기였다.

  노무현 대통령 탄핵 기각 이후, 과반수 의석 달성에 성공한 제 17대 총선의 짜릿한 경험도 평생 잊을 수 없는 장면이다. 그런 열정과 도전에도 불구하고 열린우리당은 2007년 이후 급격히 몰락의 길을 걸었다. 4년여 동안 도대체 어떤 일들이 벌어졌고, 우리가 되새겨야 할 교훈은 무엇일까?

  드라마틱했던 2000년대 초·중반의 민주당 역사를 1부에 담았다.

1장

새천년민주당 창당과 정치 입문

정계 입문

1999년 11월 **김대중** 대통령의 영입 제안을 받아들인 나와 **이인영**, **오영식**, **임종석**이 새천년민주당 창당에 참여했다. 당시에는 '젊은 피 수혈'로 불리며 언론을 떠들썩하게 했던 영입이었다. 지금까지도 회자하는 사건이지만, 실제 영입 대상은 4명뿐이었으니 그 수가 많은 것은 아니었다.

당시 여당은 새정치국민회의였다. 1999년 가을, **김대중** 대통령이 정치개혁을 위해 신당을 창당하겠다고 하자 당내에서는 볼멘소리가 나왔다.

"아니, 대통령 선거에서 이긴 여당을 깨고 왜 재창당을 해?"

일견 일리가 있는 이야기였다. 사실 새천년민주당의 창당은 이례적이었다.

그전까지 창당의 유형을 잠시 살펴보자면, 신한민주당 **이민우** 총재의 내각제 추진에 분노한 **김영삼, 김대중** 양김이 합작해 1987년 4월 통일민주당을 창당한 모형이 있었다. 두 번째로는 평화민주당이나 새정치국민회의처럼 **김대중** 총재의 대선 출마를 위해 창당한 모형이 있었다. 세 번째로는 **노태우**의 민주정의당, **김영삼**의 통일민주당, **김종필**의 신민주공화당 세 당이 합쳐진 정계 개편용 3당 합당(민주자유당)이 있었다.

대선에서 승리한 이후 여당을 재창당하는 돌파형 창당은 처음이어서 새정치국민회의 내부는 어리둥절할 수밖에 없었다. 그러나 **김대중** 대통령은 제16대 총선에서 승리하려면 정치개혁이라는 미래 비전을 내걸고 새로운 인물을 영입해서 승부를 걸어야 한다고 보았다. 일종의 승부수를 던진 것이다. 새천년민주당의 대표는 흥사단 출신의 시민운동가 **서영훈** 선생이 맡았다.

영입된 사람 중 **이인영, 임종석**은 한나라당 중진 국회의원이 있는 지역을 출마지로 선택했다. 비록 젊은 피로 수혈되었지만, 안락하게 출발하지 않고 상대 당의 중진 정치인과 싸워보겠다는 취지였다. **임종석**은 당시 성동구의 중진 의원이었던 **이세기** 의원에게, **이인영**은 구로의 중진이었던 **김기배** 의원에게 각각 도전장을 냈다.

일찍 지역구를 낙점받은 동료들과 달리 나는 차일피일 미루어지다가 마지막 공천 발표에서 서대문갑 지역구에 전략공천이 결정되었다. 서대문갑은 5선의 **김상현** 의원이 현역으로 활동하던 지역구였는데 **김상현** 의원이 공천에서 탈락하자 난리가 났다. 급하게 사무실을 계약하고 조직 작업에 착수했지만, **김상현** 의원이 오래 관리했던 지구당이었던지라 반발이 만만치 않았다.

"나는 이번에 투표하지 않을 거요. 잘 해보슈!"

"전화하지 마세요. 나는 우상호란 사람 몰라요!"

핵심 당원들에게 전화를 걸면 퉁명스러운 반응도 있었다.

지역구 활동은 새로운 경험이었다. 상가를 돌면서 인사를 나누거나 경로당을 방문해 큰절을 하다 보면 따뜻한 격려의 말씀을 해주는 분도 있었고, 명함을 안 받는 분도 있었다. 어떻게 보면 다 정겨운 이웃인데 지지하는 정당에 따라 대하는 태도가 다르니 당황스러웠다.

2000년 선거 때만 해도 돼지갈빗집에서 소모임이 많이 열렸다. 참석자들에게 소주 한잔씩 따르고 인사말 한마디 한 후 다음 식당으로 이동하는 일이 주요 저녁 일과였다. 선거비용의 상당 부분이 저녁 식사 값을 대신 내주는 비용이어서 당시 중앙당의 지원금이 없었으면 선거를 치를 수가 없었다. 2004년 정치개혁 입법이 이루어지면서 선거 때 밥 사는 문화가 없어지지 않았다면, 아마 나같이 돈 없는 정치인은 정치 활동을 계속하기가 불가능했을 것이다.

선거 중반 이후 내 지지도가 급상승하자 막판에는 연희동 일대에 '우상호는 북에 갔다 왔다'는 내용의 흑색선전물이 뿌려지기도 했다. 밤새도록 수거했고 나중에는 경찰에 고발하기도 했지만, 누가 뿌렸는지 확인되지 않아 처벌할 수도 없었다. 어떤 동네에서는 '우상호에게 숨겨진 사생아가 있다'는 헛소문이 돌아 해명에 어려움을 겪기도 했다. 내가 경험한 2000년 지역구 선거는 혼돈 그 자체였다.

한편으로는 재미있는 일도 있었다. 당시 대학로에서 연극배우로 활동하고 있던 대학 후배 **우현**, **안내상** 등이 자기 후배 연극배우들을 모아 율동팀을 조직해 운영했다. 처음에는 다들 어색해하더니 음악을 틀어놓자 동네를 들썩거리게 할 정도로 판을 휘어잡았다. 지금은 유명한 배우가 되었지만, 당시에는 무명 연극배우였던 **이종혁**, **이필모** 씨가 아르바이트 삼아 구전홍보팀으로 뒷골목을 다니다가 우리 당원의 신고로 경찰에 연행되는 사건도 있었다. 그 당원은 웬 잘생긴 청년들이 상대 후보 지지운동을 하는 줄 알고 신고했다고 한다(당시 우리 당원 중에는 그렇게 젊고 잘생긴 청년이 없었다).

합동연설회 등을 거치면서 동네 분위기가 좋아졌다. 선거운동원들도 승리를 확신하는 분위기였는데, 막상 개표 결과를 보니 1,300여 표 차이로 낙선하고 말았다. **김상현** 의원이 창당한 민국당 후보가 수천 표를 가져가면서 생긴 분열의 결과였다.

선거 결과 성동의 **임종석**은 당선되었지만, 나와 구로의 **이인영**은 낙선했다. 4년간의 지루하고 고통스러운 원외 생활이 시작되었다.

2000년 제16대 국회의 '젊은 희망'

이른바 86세대 중 제16대 총선에서 당선된 사람은 **송영길**, **임종석** 두 명이었다. 그래서 원내 인사, 원외 인사를 섞어서 젊은 정치인들 중심으로 정치 그룹을 만들었다. 원내의 **이종걸** 의원과 송파구 원외 지역위원장이었던 **김영술**을 공동대표로 하고 내가 총무를 맡았다. 그룹 이름은 '젊은 희망'으로 정했다.

현역 의원으로는 **이종걸**, **김민석**, **송영길**, **임종석** 등이 참여했고, 원외 지역위원장으로는 송파갑 **김영술**, 강동갑 **노관규**, 마포갑 **김윤태**, 마포을 **유용화**, 구로갑 **이인영**, 서대문갑 **우상호**, 구리 **윤호중**, 동두천·양주 **정성호**, 수원 권선 **이기우**, 안성 **김선미**, 그리고 비례대표로 도전했던 **김영주** 등 20여 명이 가담했다. 언론에서는 민주당 내 대표적 소장파 청년 모임으로 다루어 주었다.

이 모임은 당내 정치개혁 이슈에 항상 동참했고, **노무현** 대통령 시기 대북송금 특검에 반대해 1인 시위를 전개하는 등 꾸준하게 개혁적 활동을 전개했다. 2002년 대선이나 전당대회 때 후보들이 젊은 정치인을 만나려면 '젊은 희망'과의 면담을 추진했을 정도니, 새천년민주당 내 젊은 정치 세력의 상징이나 다름없었다. 하지만 이 모임은 열린우리당 창당 과정에서 각 회원이 서로 다른 선택을 하면서 해체되었다.

2장

노사모와 2002년 대선

2001년 당내 쇄신운동

2002년 제16대 대통령 선거 국면은 2001년 가을부터 달궈지기 시작했다. 야당인 신한국당은 일찌감치 **이회창** 총재의 대선 후보 선출이 기정사실화된 반면, 새천년민주당은 오리무중 상태였다. 당내 주류인 범汎동교동계의 지원을 받는다고 알려진 **이인제** 후보가 대세를 형성했다고 평가받는 중에도 **한화갑** 의원, **노무현** 상임고문 등과 같은 도전자들도 맹렬한 활동을 전개했다.

당시까지 대통령 후보 경선은 지구당별로 배정된 대의원들에게만 투표권을 부여했기 때문에 대의원들에게 막강한 영향력을 발휘하는 지구당 위원장을 누가 더 많이 확보하느냐가 승부를 가르는 기준으로 알려졌다. 충청권 출신인 **이인제** 후보는 범주류 진영이 지원하고 있어 지구당 위원장을 가장 많이 확보한 상황이었다. 한편 **한화갑** 후보는 호남권에서 유리하다고 판단되었고, **김대중** 대통령의 당선 당시에 영남 지역을 책임졌기 때문에 영남권에서도 만만치 않은 세를 형성하고 있다고 알려졌다.

반면 **노무현** 후보는 부산 출신이었지만, **김영삼** 전 대통령의 야당 총재 시절 정치에 입문했기 때문에 조직적 기반은 강하지 않았다.

"지역주의 극복을 위해 여러 번 결단을 내린 좋은 사람이야. 하지만 세가 약하지 않겠어? 조직도 없고…."

대세론이라는 것이 한번 형성되면, 도전자들이 그 열세를 극복하기가 상당히 어려워지기 마련이다. 당내 개혁파 의원들도 대선에서 후보 진영에 바로 참여하기보다는 당내 개혁 사안의 이슈화에 더 몰두하는 편이었다.

2001년 10월 25일 보궐선거에서 새천년민주당이 패배하자, 당내 쇄신운동이 본격화되었다. **천정배, 신기남, 정동영** 의원 3인방을 지칭하는 '천신정' 등 민주당 내 개혁 그룹들은 '비공식·비선 라인의 국정 당무 개입 금지, 당내 민주주의 확대, 인적 쇄신, 공식 기구를 통한 쇄신 방안 협의' 등 5개 항에 걸친 전면적 쇄신을 요구했다.

11월 8일 **김대중** 대통령은 이들의 요구사항을 받아들여 총재직을 사퇴했고, 당내에 '당 쇄신과 발전을 위한 특별대책위원회'가 구성되었다. 그리고 여기서 만들어진 쇄신안은 2002년 1월 7일 당무위원회에서 확정되었다.

쇄신안의 주요 내용은 첫째, 당 총재직 폐지 및 최고위원회 형태의 집단지도체제 도입, 둘째, 대선 후보와 당 대표를 분리하는 당정 분리, 셋째, 원내총무(현 원내대표) 권한 강화 및 의원총회 정책 의결권 부여 등 원내정당화, 넷째, 상향식 공천제도 도입, 다섯째, 대선 후보 선출시 국민참여경선제 도입 등 상당히 파격적인 내용이 포함되었다.

이 논의의 주요 방향은 3김 시대의 사당화를 극복하고 정당 민주주의를 정착하자는 것이었다. 당 총재직 폐지는 이제 **김대중** 대통령이 더는 당내에 영향력을 발휘하지 말라는 뜻이었고, 원내총무의 위상 강화는 의원들의 자율성을 강화하자는 취지였다. 상향식 공천제도도 당 대표의 공천권을 당원들에게 돌려주는 방식이었으니, **김대중** 총재 시대의 당으로서는 혁신적인 안이었다.

이런 정치개혁안의 도입은 사실상 **김대중** 대통령이 개혁안을 전격적으로 수용했기에 가능했다고 평가할 수 있다. 그러나 당내 민주주의를 위해 싸웠던 의원들은 당시만 해도 대선 후보 선출 시 국민참여경선제가 더 큰 변화를 만들어낼 것이라고는 예상하지 못했다.

제16대 대통령 후보 경선

대통령 후보 경선 일정은 2002년 4월로 결정되었다.

2002년 초 **김민석**에게서 전화가 왔다. 당내 서울시장 경선에

나가려고 하는데 도와달라는 요청이었다. 우리 세대가 서울시장에 도전한다는 점에 의미가 있겠다 싶어 **김민석** 서울시장 경선 캠프에 합류했다. 광역단체장 후보 경선이 먼저였고, 대선 후보 경선도 기다리고 있었으므로 두 가지 경선이 동시에 진행된 셈이었다.

여의도는 4월로 예정된 제16대 대통령 선거 후보의 당내 경선 준비로 한창이었다. 2002년 3월 9일 제주를 필두로 전국 16개 시도를 도는 식으로 진행되었다. 대의원 20%, 일반 당원 30%, 국민 50%의 비율로 국민참여경선 방식이 도입되었는데, 국민선거인단 모집에 무려 190만여 명이 신청할 정도로 좋은 호응을 받았다.

김민석 서울시장 경선 캠프에 들어가 보니 한 블록도 안 되는 거리에 **노무현** 대통령 경선대책위도 있었다. 금강빌딩 캠프에서 **안희정**을 만났는데 나에게 경선대책위에 들어와달라고 요청했다. 나는 **김민석** 서울시장 후보와 **노무현** 대통령 후보 모두 폭넓게 '우리 세대'라고 생각했다. **김민석**도 돕고 **노무현**도 도와야겠다고 생각하고 활동하기 시작했다.

이미 2001년 7월 25일에 서대문구 당원 300~400명을 모아 **노무현** 상임고문 초청 강연도 진행했던 터라, 서대문구 당원 대의원들은 내 의중을 알고 있었다. 원로 당원 중에는 날 찾아와 **이인제**가 대세인데 **노무현**에 줄 서면 다음 총선에 불리할 수 있다고 조언해준 분도 있었다. 하지만 나는 **이인제** 후보를 도울 생각은 조금도 없었다.

대선 경선이 시작되자 전혀 다른 양상이 전개되기 시작했다.

정당 사상 최초로 진행된 참여경선에 일반 국민의 참여 열기가 후끈 달아올랐다. 선거인단 공모에 응한 국민이 190여만 명에 달했는데, 조직 면에서 제일 약한 **노무현** 후보를 돕자는 자발적인 정치 운동이 흐름을 바꾸기 시작했다.

제주도에서 **한화갑** 후보가 1등을 차지하고, 울산에서 **노무현** 후보가 1등을 차지하는 것 정도까지는 예상된 결과라고 할 수 있었다. 하지만 호남의 중심인 광주에서 예상을 깨고 **노무현** 후보가 1등을 차지했다. 모든 언론이 '광주 경선 노무현 후보 1등'이라는 제목을 대문짝만하게 실었다.

"이야, 이게 어떻게 된 거야?"

"혁명이네, 선거 혁명!"

이 충격과 감동은 민주당 대선 경선판에 국민의 관심을 더욱 집중시켰다.

며칠 뒤 **노무현** 캠프의 핵심이었던 **안희정**에게서 연락이 왔다. 그는 **노무현** 후보가 광주에서 승리한 덕분에 '붐'이 일어났지만, 충청도에서 **이인제** 후보에게 져 제동이 걸렸고, 다음 경선 지역인 강원도에서도 지면 불씨를 살리기 어려우니, 강원도 출신인 내게 강원도 대의원 표 작업 좀 해달라고 했다.

"언제부터?"

"지금 당장 내려가요. 시간 없어!"

"야, 양말도 없고, 아무것도 준비가 안 되었는데?"

"그냥 가서 사."

투덜거리면서 바로 고향인 철원으로 달려갔다. 당시 철원은 **이용삼** 의원의 지역구였는데, 그는 **이인제** 후보 캠프의 핵심 중 핵심이었다. **이용삼** 의원의 영향을 받을 수밖에 없는 대의원들을 **노무현** 후보 지지로 돌려세우는 일이 내 과제였다. 나는 40여 명의 철원 지역 대의원 명단을 들고 일일이 전화를 돌려서 그중 30명 이상을 만났다. 다들 반응이 한결같았다.

"이용삼 의원한테 나 만났다는 이야기하지 마세요. 나 당에서 쫓겨나니까."

다들 **이용삼** 의원이 대의원을 시켜준 사람들이었으니 그를 배신하는 느낌이었을 것이다. 광주에서 불기 시작한 바람이 그곳에서는 미미했다. 결국 한 사람씩 설득하는 방법 외에는 길이 없었다. 대의원 중에는 우리 형이나 누나의 친구도 있었고, 내 친구의 친척도 있었다. 무릎 꿇고 읍소하기도 했다. 소주 한잔하면서 매달린 사람도 있었고, 집마다 방문해 비밀리에 만난 사람도 많았다. 여관에서 자면서 미친 듯이 돌아다닌 덕분에 14명에게서 **노무현** 후보를 반드시 찍어주겠다는 다짐을 받아내는 성과를 거두었다.

14명의 명단을 **안희정**에게 넘길 때는 조금 쑥스러웠다. 그는 내가 아니었으면 설득하지 못했을 표니 소중하다고 고마워했지만, 내게는 부족하다는 느낌이 들었다. 그러나 막상 강원 지역 경선 결과의 뚜껑을 열어 보니 **이인제** 후보 623표, **노무현** 후보 630표로 단 7표 차이의 승리였다. 아슬아슬한 박빙 승부에 내가 도움이 된 듯해 흐뭇했다. 강원도는 원래 조직이 단단한 **이인제** 후보의 낙승이 예상되던 지역이었다. 그런 곳에서 **노무현** 후보가 이기자 다시금 분위기가 후끈 달아올랐다.

강원 지역 경선이 끝나고 나는 서대문갑 지구당 대의원 모임을 소집해서 공개적으로 커밍아웃을 했다.

"예상하셨겠지만, 저는 노무현 후보를 지지합니다. 여러분도 도와주세요."

강원 지역 경선이 끝난 이후, **노무현** 후보는 그 여세를 몰아 이어 벌어진 경남, 전북, 대구, 인천, 경북 지역 경선에서 연이어 **이인제** 후보를 압도적으로 누르며 국민의 관심을 계속 집중시켰다. **이인제** 후보는 텃밭인 충북에서 이기긴 했으나, 다음 날 치러진 전남 지역 경선에서 **노무현** 후보가 62%라는 압도적인 득표율로 승리하자 더는 역전 가능성이 없다고 판단, 4월 17일 후보 사퇴를 선언했다.

하지만 **이인제** 후보는 비겁하게도 단지 경선 하차에서 그치지 않았다. 그는 당이 자신을 탈락시키고 **노무현**을 당선시키려고 공작했다는 음모론을 펼치며 탈당을 한 뒤, **이회창** 한나라당 후보 지지를 선언했다.

전남 지역 이후의 경선은 사실상 의미가 없었다. **노무현** 단독 후보의 지지세를 확인하는 투표나 마찬가지였다. 4월 18일부터 26일까지 실시된 인터넷 투표에서 **노무현** 후보는 81.3%의 압도적인 지지를 받았고, 4월 27일 서울 경선장에서 최종적으로 대선 후보로 확정되었다.

노무현을 사랑하는 사람들의 모임

제16대 대통령 후보 경선 과정에서 보여준 노사모의 활동은 나를 감동시켰다. 각 지역 경선 때마다 노란 풍선을 든 노사모 회원들이 전국에서 몰려들었는데, 그들은 대의원 당원들에게 끊임없이 전화를 했다.

"안녕하세요. 저는 평범한 직장인인데요. 노무현 후보가 대한민국 개혁의 적임자입니다. 대의원님, 제발 노무현 후보에게 한 표를 부탁드려요."

"저는 노무현을 지지하는 평범한 주부입니다. 이번 대선에서 처음 투표하려 합니다. 노무현 후보를 대선 후보로 선출해주세요."

이런 전화를 받은 대의원들은 너무 신기해했다. '아니 이 사람들이 왜 나한테까지 호소하는가?' 하는 놀라움과 '왜 이렇게까지 노무현을 지지하지?' 하는 궁금증 때문이었다. '노무현이 도대체 어떤 사람이기에?'라고 다시 생각하게 하는 이 '노무현 현상'은 동시에 '노사모 현상'이기도 했다.

정치인 **노무현**의 진심과 개혁 의지는 말 그대로 돌풍을 일으키고 있었다. 직장에 휴가를 내고 새천년민주당 경선장에 찾아와 **노무현**을 목이 터져라 외치는 노사모의 열정은 대한민국 정치사에 '참여형 지지자'라는 새로운 문화를 만들어낸 이정표가 되었다.

그동안 민주당에는 이른바 '김대중 당원'이 전체 당원의 80%

에 달했다. 또한 국회의원 후보 경선, 지방선거 후보 경선 때 일시적으로 가입했다가 선거가 끝나면 떠나는 동원형 당원이 20~30%를 차지했다. 그러다 보니 특정 지역 출신 당원이 다수를 이루어서 '당심과 민심의 괴리'라는 문제점이 늘 대두되었다.

'김대중 당원'이란 1970년대 초 대선에서 **박정희**와 맞붙은 젊은 **김대중**에 환호하며 민주당 당원이 되어 함께해온 호남 출신 당원들을 말한다. 이들은 **김대중**이라는 정치 지도자와 수십 년간 희로애락을 같이해왔다. 이들은 자발적으로 자기 돈을 써 가면서 선거운동을 했고, 민주당과 **김대중**을 자신과 동일시한 사람들이었다.

그러니까 **김대중** 당원도 애초에는 자발적 참여형 당원이었던 셈이다. 뒤에서 따로 다루겠지만 **김대중** 당원, **노무현** 당원, **문재인** 당원, **이재명** 당원에 이르기까지 민주당 250만 권리당원(당비를 납부하는 당원)의 역사는 수없이 많은 정치적 풍파를 겪으면서 대한민국 민주주의와 정당 지도자를 지키기 위한 참여의 역사라고 할 수 있다. 세계 정당사에 이러한 당원 참여의 역사를 보유하고 있는 정당 이야기는 많지 않다. 민주당은 이런 자랑스러운 역사를 잘 기록해두어야 할 의무가 있다. 훗날 노사모는 2000년 초반, 광장의 시민이 기존 정치의 제도적 과정에 참여해 기적을 만들어낸 사례로 기록될 것이다.

대중운동에 관해서는 누구보다 잘 이해하고 있다고 생각했지만, 대중의 힘을 빌려 정당을 바꾼다는 생각은 해본 적이 없었기에 내가 받은 신선한 충격은 작지 않았다. '뜻 맞는 동지들이 국회의원이 되어 정당을 개혁하자'는 전략을 견지했던 우리 세대에게 새로운 문제의식을 던져주었다. 정치인은 늘 국민에게 배워야 한다.

노무현은 지역감정을 깨겠다는 가치를 위해 낙선을 각오하고 민주당 간판으로 부산에서 출마했다. '바보 노무현'이라는 호칭은 세속적으로 성공할 수 있는 길을 포기하고 세상의 변화를 위해 싸우는 **노무현**에 대한 무한한 애정 표현이었다.

노사모는 정치인이 진정성을 가지고 일관된 가치를 제시하면 그걸 알아주고 함께하는 지지자들이 자연스럽게 생긴다는 놀라운 경험을 하게 해주었다. 당시 정치권에 들어온 지 2년밖에 안 된 나는 이미 기존 정치권의 문법 속에서 허우적거리고 있었다. **노무현**과 노사모는 이런 나를 깨우쳐주었다.

자당 후보를 흔드는 사람들

2002년 4월 대통령 후보 경선은 각본 없는 드라마였다. 민주당을 지켜보는 국민의 시선도 바뀌어 갔다. 그러나 당내 분위기는 딴판이었다. 대선 후보 경선에서 **노무현**의 기적을 경험하고도 2002년 6월 지방선거에서 새천년민주당은 참패했다. 광주, 전남, 전북, 제주를 제외한 전 지역에서 한나라당이 압승을 거두었다. **김민석** 의원이 후보로 나선 서울시장 선거에서도 한나라당의 **이명박** 후보가 손쉽게 이겼다. 한마디로 임기 말 **김대중** 정부에 대한 심판 성격의 선거 결과였다.

그런데 이 참패의 책임을 이제 막 대통령 후보로 선출된 **노무현**에게 덮어씌우려는 당내 움직임이 나타났다. 경선에서 **이인제** 대세론에 편승했다가 낭패를 본 정치인들이 경선에서 승리해 대통령 후보가 된 **노무현**을 인정하지 않고 흔들어대기 시작했다.

"지방선거에서 참패했으니 노무현 후보가 책임져야지."

선거 참패 책임론부터 시작해 사람들이 **노무현** 후보를 흔드는 이유는 다양했다.

"설렁탕 한 그릇 안 산 놈을 내가 왜 지지하냐?"

이는 범동교동계의 한 중진 의원이 실제로 했던 발언이다. '설렁탕 한 그릇'에 담긴 함의는 바로 구태 정치를 의미한다. 이 중진 의원은 스킨십이 부족한 **노무현** 후보의 단점을 지적하고자 이렇게 말한 것이지만, 가치와 노선보다도 '설렁탕 한 그릇'을 사야만 지지하는 당시 당의 관행과 문화를 보여주는 이야기기도 했다. 나는 민주당 선배들의 이런 태도에 격분하고 또 실망할 수밖에 없었다. '당원들과 국민이 선출한 후보를 마음대로 흔들어도 되는가?', '민주주의에 대한 인식 수준이 이 정도밖에 안 되는가?' 하는 회의감이 들었다.

노무현은 구태 정치를 바꾸자는 깃발을 든 사람이었다. 후보의 가치와 노선이 무엇인가에 대한 고민 없이 술 사고 밥 사는 친교의 수준에 따라, 혹은 정치적 이해관계에 따라 형성되는 당심은 우리의 정당 문화를 썩어가게 만들었다.

당시 당의 주류였던 범동교동계가 **이인제** 후보를 지지한 데는 여권 내 역학관계도 어느 정도 영향을 미쳤다. 야당일 때는 다음 대권을 꿈꾸는 정치 지도자들을 중심으로 계파가 형성되고, 자유로운 경쟁 관계가 만들어진다. 그러나 여당에는 강력한 영향력을 지닌 대통령이 있기 때문에 흔히 주류와 비주류로 역학관계가 나누어진다.

대통령을 중심으로 한 주류 세력은 대통령의 성공을 제1과제로 설정하기 때문에 권력 분산의 우려가 생길 수 있는 2인자를 발굴하여 키우기가 어렵다. 그러다 보니 인기가 떨어질 수밖에 없는 정권 말기에도 새로운 주자를 주류 안에서 키울 수가 없다. 물론 주류 세력 안에도 차기 대권을 생각하는 사람이 있을 수는 있지만, 그 역시 정권에 대한 평가를 함께 받게 되기 때문에 대중적으로 성장하기 어렵다.

결국 여권 내 주류 세력은 주류 내부에서 직접 출마하려는 사람의 편과 새로운 사람을 세워 재집권하려는 편으로 소분화하게 된다. 당시 동교동계 안에서도 **한화갑** 의원처럼 주류 내부에서 직접 대권의 꿈을 꾸는 사람의 세력과 주류 바깥의 **이인제** 후보를 도와 대통령으로 만들려는 세력의 분화가 이루어졌다.

그렇다면 범주류 세력은 왜 **이인제** 후보를 도우려 했을까? 첫째, 완전한 비주류 인사면서 아웃사이더인 **노무현** 후보의 당선 가능성을 낮게 평가했기 때문이다. **김대중** 대통령이 1997년 대선에서 자유민주연합(자민련)과 연정해 호남·충청 연합을 만들어서 승리했다고 평가한 그들은 2002년 대선에서도 충청 출신의 **이인제**

를 내세우고 호남이 도와야 승리할 수 있다고 보았다. 반면 **노무현**은 영남의 표도 제대로 가져올 수 없는 개인에 불과하므로 차기 재집권 전략의 적임자로 보지 않았다.

동교동계의 핵심 인사들과 주류 전략가들이 재집권 전략의 일환으로 **이인제**를 선택했던 시점에 당의 호남 출신 중진들은 **노무현**을 미숙하고 위험한 사람으로 평가하고 있었다. **노무현**이 당선 가능성도 낮지만, 그가 당을 장악하면 자신들의 영향력이 급속하게 약화할 것으로 판단했기 때문이다. 결국 여기에는 정치적 계산도 작용하고 있었다. **노태우** 정권에서 **박철언**이 **김영삼**을 반대한 이유도, 훗날 **이명박**, **박근혜** 정권이 상대 계파를 철저히 배제한 이유도 이런 정치적 이해관계가 결합되었기 때문이다. 이렇듯 여권의 정권 재창출 전략이 복잡할 수밖에 없다는 점은 교훈으로 삼을 만하다.

한편 민주당에는 천신정 그룹(천정배, 신기남, 정동영) 같은 신흥 세력도 있었다. 이들은 동교동계를 혁신 대상으로 삼아 정치개혁 담론의 주도권을 쥐고 싶어 했다. 동교동계 같은 낡은 정치 세력이 호남 정치의 계승자가 되어서는 안 되고, 자신들처럼 개혁적이고 참신한 세력이 민주당의 미래를 책임져야 한다고 생각했기 때문이었다. 이런 정치적 이해관계의 충돌은 추후에 열린우리당을 창당하는 동력의 일부가 되기도 한다.

노무현 후보로는 대선에서 이길 수 없다는 구실로 **이인제** 후보를 도왔던 세력은 곧이어 다른 출구를 모색했다. 그들은 **노무현** 후보에 대한 지지도가 약해 2002년 지방선거에서 졌으므로 **노무현**

후보의 힘만으로는 대통령 선거에서 승리할 수 없다고 보았다. 그래서 후보 단일화를 통해 대선 승리의 희망을 만들어야 한다고 결론을 내렸다.

그들은 '후보 단일화 협의회'(후단협)를 만들어 노골적으로 **노무현** 후보를 흔들었다. 그해 여름에 열린 2002 한·일 월드컵에서 한국이 4강까지 진출하며 '히딩크 신화'가 만들어지자 당시 월드컵 공동조직위원장 겸 대한축구협회장을 맡고 있던 **정몽준**의 인기가 급격히 치솟았다. 대선 후보 지지도 여론조사에서도 1위가 **이회창**, 2위가 **정몽준**이었고, **노무현** 후보는 3위로 밀려났다.

당내 주류 정치인들은 후단협을 통해 단일화를 압박했다. 말이 좋아 단일화지 **정몽준** 후보 지지율이 훨씬 높았던 시점이었으니, 사실상 대선 후보를 **노무현**에서 **정몽준**으로 교체하자는 이야기나 다름없었다. 자기 당의 민주적 경선에서 선출된 후보를 적임자가 아니라고 흔들어대고, 그 결과로 **노무현** 후보의 지지율이 떨어지자 **정몽준**으로 후보 단일화를 압박했던 그 기간은 구태 정치의 모든 면이 드러난 시기였다.

국민참여운동본부와 희망돼지저금통

'붉은악마'가 광화문을 가득 메웠던 2002년 6월, 나는 **노무현** 후보를 지원하기 위한 별도 캠페인 조직인 '국민참여운동본부'(약칭 국참)에 합류했다. **한화갑** 대표의 중앙당에서 대선 후보를 도와주기는커녕 사사건건 발목을 잡고 늘어지니 자발적 지지자들을 주축으로 선거운동을 하려면 선거운동 조직을 따로 꾸릴 필요가 있었다.

국민참여운동본부는 현역 의원인 **정동영, 추미애** 의원이 상임본부장을, **임종석** 의원이 청년특보단장을 각각 맡았다. 사실 현역 의원인 **임종석** 의원이 부본부장을 맡아야 했지만, 그는 원외인 내게 그 자리를 양보했다.

대통령 선거를 치러야 하는데 중앙당의 지원도 너무 없었다. 통장 잔고가 수백만 원밖에 안 되어서 **정동영, 추미애** 두 본부장이 동분서주해 자금을 마련했다. 당에는 돈이 넘쳐나는데 선거 준비를 위한 자금을 집행해주지 않아 여당의 대선 캠프가 움직일 수 없다는 사실에 울분이 치솟았다.

국참은 상근 실무자 전원이 무급 자원봉사자로 발걸음을 시작했다. 여러모로 부족한 대선 조직이었지만, 실무에서는 노사모 회원들이 열성적으로 손발이 되어주었다. 돼지저금통 아이디어도 노사모 회원이 내놓은 방안이었다. 물론 처음에는 '돼지저금통 돌려서 얼마나 들어오겠어?', '100원짜리, 1,000원짜리 모아서 어떻게 선거를 치르지?' 하는 반응이 주를 이루었다. **정동영, 추미애** 본부장도 이에 대해 긍정적으로 생각하지 않았다.

그래도 노사모 회원들은 포기하지 않았다.

"그거라도 합시다. 당에서 돈도 지원해주지 않는데 우리 후보 얼마나 불쌍합니까. 우리라도 십시일반 모아야지요."

대선운동의 신기원을 연 '희망돼지저금통' 모금은 그렇게 시작되었다. 처음에는 희망돼지저금통 5,000개를 만들어 노사모 회원들에게만 시험 삼아 나누어 주었다. 노사모 회원들이 돼지저금통을 들고 다니며 직접 모금했는데 선거관리위원회에서 경고가 들어왔다. 저금통을 나누어 주는 행위가 기부행위 금지에 해당한다는 해석이었다. 또한 모금한 돈에 대해서도 누가 얼마를 냈는지 신고해야 한다고 지적했다. 우리는 할 수 없이 희망돼지저금통을 그냥 나누어 주지 않고 적정가에 팔기로 했다.

모두가 달라붙어 돼지저금통을 포장해 전국에 배포했다. 이 작업을 하고 있노라니 말이 상임부본부장이지 택배 직원과 다를 바 없었다. 공장에서 돼지저금통을 만들어 오면 그 수를 세서 하나씩 종이 상자로 포장하고 대구, 부산, 광주 등 전국 각지로 나가는 종이 상자에 일일이 손으로 주소를 썼다. 그런데 이렇게 택배를 보내고 나면 신기하게도 그다음 날에는 두 배, 세 배 주문이 들어왔다. 우리도, 노사모 회원들도 모두 신이 났다.

"신선하다. 대통령 후보가 얼마나 돈이 없으면 돼지저금통을 돌리지?"

"당에서 돈도 안 주고, 도와주지도 않고… 너무 짠하네."

전국에서 이런 반응이 올라오기 시작했다. 나중에 알고 보니 돼지저금통을 파는 과정에서 수많은 노사모 회원이 선거법 위반으로 벌금형을 받았다. 그런데도 그들은 굴하지 않고 나섰다. 전국에서 주문량이 폭주하자 돼지저금통을 제작하는 플라스틱 사출업체에 외상으로 5만 개, 10만 개씩 주문을 넣었다. 전국으로 확산된 희망돼지저금통 캠페인은 국참 본부의 중심 선거운동이 되었다. 희망돼지저금통은 선거 자금을 모으는 용도를 뛰어넘어 일약 **노무현**을 홍보하는 상징이 되어버렸다.

국참 본부의 선거운동에서 만난 수많은 대중의 활기와 정성스러운 마음을 접하면서 나는 당에서 받은 스트레스로 병들어 가던 몸과 마음이 치유되는 듯했다. 열심히 희망돼지저금통을 팔러 다니는 노사모 회원들과 지지자들을 보면서 우리 정치의 희망을 보았다.

표면적으로 제16대 대선은 한나라당 **이회창** 후보와 새천년민주당 **노무현** 후보의 대결이었지만, 어떤 의미에서는 구태 정치에 물들어 있던 집단과 이름을 남기지 않은 자원봉사자 다수, 노사모, 새로운 정치를 바라는 시민들의 싸움이었다. 대선 이후에 **이회창** 후보 측이 대기업들로부터 뜯어낸 수천억 원대의 차떼기 대선 자금을 사용했다는 사실이 밝혀졌을 때, 나는 2002년 대선이 구舊정치와 새로운 정치의 한판 승부였음을 다시 한번 절감할 수 있었다.

문화예술인의 대선 참여

노무현 후보의 대선 캠페인 과정에서 특이했던 현상 중 하나는 대중문화예술인이 선거운동에 대거 참여했다는 점이다. 그 이전 선거에서도 문화예술인들이 지지 연설을 했던 적은 있었지만, 정치적 노선과 신념을 피력하기보다는 자기가 왜 그 후보를 좋아하는

지, 왜 지지하는지를 알리는 형식이 대부분이었다. 그래서 유권자들도 유명 연예인이 왔다고 좋아는 했지만, 그 행위에 정치적 비중을 두는 편은 아니었다. 그러나 **노무현** 후보를 지지·지원하는 연예인들은 과감하게 세상의 변화를 역설했다. **문성근** 배우의 연설은 폐부를 찔렀고, 많은 사람이 감동받았다. **명계남** 배우의 해학은 통쾌함 그 자체였으며, 많은 청중의 박수를 끌어내었다.

서대문구에서 유세할 때였다. 작은 유세차를 이화여자대학교 앞에 세워두고 학생들을 상대로 연설을 시작했다. 내가 연설할 때는 10여 명의 여학생만 지켜보고 있었는데, 내 다음 연사로 가수 **신해철**이 나서자 갑자기 수백 명의 여학생이 운집했다.

"안녕하세요. 신해철입니다."

"어머, 어머. 진짜 신해철이야!"

"진짜? 어디, 어디? 꺄악!"

솔직히 자존심이 좀 상했다. 비록 원외 인사이긴 하지만, 나도 나름 연세대학교 총학생회장 출신이고 언론도 꽤 탔는데, 이렇게 반응이 다르다니….

"저는 정치를 잘 모릅니다. 음악만 잘하면 된다고 생각합니다. 하지만 세상이 변화해야 한다는 노무현의 외침을 외면할 수 없어서 이렇게 나섰습니다."

마왕 **신해철**의 담담한 연설에 수백 명의 여대생이 고개를 끄덕였다. 나는 소신과 신념이 담긴 대중문화예술인들의 호소가 국민에게 더욱 순수하게 다가가는 모습을 보면서 감동받았다. 그들은 그냥 연예인이 아니었다. 유세가 끝나고 여학생들에게 사인해주던 **신해철**은 내게 다가와 한마디 건넸다.

"저 서강대 87입니다. 6월 항쟁 때 저도 시위에 참여했습니다. 그때의 우상호를 기억합니다. 변함없이 노력해주세요!"

가슴이 뭉클했다. 한편으로 지금은 그때의 **우상호**가 아닌 듯하다는 나 혼자만의 생각도 들어 뜨끔했다. 이 세상에는 변화를 꿈꾸는 소신 있는 전문인이 많이 있다. 우리 사회의 소중한 자산이기도 하다.

후보 단일화

진통 끝에 **노무현**, **정몽준** 두 후보 진영은 여론조사를 통한 후보 단일화 방식에 합의했다. 모두 가슴을 졸이는 가운데 여론조사가 진행되었고, 그 결과 **노무현** 후보가 승리하면서 단일 후보로 확정되었다. 그러나 대통령 선거 투표일 전날 **정몽준**은 단일화 파기와 **노무현** 후보 지지 철회를 선언했다. 하루 전까지도 한 치 앞을 알 수 없었던 2002년 16대 대선이었다.

12월 19일, 투표가 끝나고 개표하는 시간이 되었다. 중앙당 상황실은 현역 의원들이 다 차지하고 있었기에 나는 우리 지구당 당원들과 함께 지역 사무실에서 개표 방송을 시청했다. 초반에는 **이회창** 후보가 앞서 나갔다. 나도 모르게 고개를 숙이고 손을 모아 간절한 기도를 시작했다. 나는 교회에 다니기는 하지만, 사실 성실한 신도는 아니었다. 하지만 그날은 태어나서 가장 간절한 기도를 올렸다. 주변 소리가 하나도 안 들릴 만큼 기도에 무아지경으로 몰입했다.

'하나님 아버지, 정말 간절합니다. 노무현 후보를 도와주세요. 너무 많은 사람이 모든 것을 걸고 뛰었습니다. 대한민국을 살려주세요. 노무현 후보가 당선되면 교회 열심히 나갈게요. 정말 열심히 할게요. 제발 한 번만 도와주세요.'

초등학생 같은 기도였지만, 그렇게 간절히 기도하고 나서 "아멘" 하고 머리를 드는 순간부터 **노무현** 후보의 표가 막 올라가기 시작했다. 두 시간쯤 더 지나고 수도권 개표함이 열리면서 드디어 역전했다. 지켜보던 당원들은 서로 끌어안고 난리가 났다.

밤 11시가 넘어 **노무현** 후보가 **이회창** 후보와 득표 차를 25만 표 정도로 벌리면서 '당선 유력'이라는 자막이 개표 방송 화면에 떴다. 지지자들의 함성이 사무실을 가득 채우고 있는 와중에 "당선자가 당사보다 국민참여운동본부부터 먼저 방문하시겠답니다. 부본부장님도 빨리 국참 사무실로 오세요"라는 연락이 왔다. 중앙당사가 아닌 외곽 선거 캠프에 불과한 국민참여운동본부를 먼저 방문한다는 이야기는 **노무현** 후보가 이번 선거 과정이 어떻게 진행되었는지 정확히 알고 있다는 뜻이었다.

차를 타고 부리나케 여의도 국참 사무실로 달려갔더니 어이없는 풍경이 펼쳐져 있었다. 선거 기간 내내 국참 본부에 한 번도 들르지 않았던 현역 의원 20여 명이 좁은 국참 본부장실을 가득 채우고 있었다. 정작 국참 상임부본부장으로 활동했던 나는 앉을 자리도 없었다. 노무현 당선인이 사무실에 입장했을 때, 나는 본부장실 바깥의 사무실 구석에 서 있을 수밖에 없었다. 그래도 마음은 승리의 충만감으로 가득했다. 우리가 온 마음을 다해 지지한 후보가 대통령이 되다니!

'내가 뭐 후보에게 인정받으려고 뛰었나? 이겼으면 되었지.'

승리의 포만감 때문에 행복했다. 대통령이 된 **노무현**을 다시 만나 악수할 기회는 2년 후에나 돌아왔다. 2004년 제17대 총선 당선자들을 청와대로 초청한 자리였다.

3장

열린우리당 창당과 정치개혁

창당론과 리모델링론

2002년 대선이 **노무현** 후보의 승리로 끝나고 대통령에 취임한 이후, 새천년민주당은 일상적인 당무로 돌아왔다. 그러나 내부에서는 대선 과정에서 시작된 여진이 이어지고 있었다. 자당 후보를 버리고 외부 인사인 **정몽준**을 후보로 옹립하려 했던 '후보 단일화 협의회'에 대한 비판과 자성의 목소리가 높아졌다. 이와 함께 본선에서 **노무현** 대통령을 만드는 데 앞장섰던 소위 천신정 그룹은 새천년민주당이 수명을 다했다고 판단하고 앞으로 당을 어떻게 바꿔야 할지에 관해 고민하기 시작했다.

당내 개혁 세력은 당내 민주화, 원내정당화 등의 정당개혁 과제를 놓고 함께 고민하다 결국 두 갈래로 나누어졌다. 하나는 천신정 그룹과 **추미애** 의원 등을 중심으로 한 '바른정치연구회'였다. 이들은 새천년민주당으로는 이제 더는 희망이 없으니 새천년민주당을 깨고 신당을 창당해야 한다는 입장이었다. 또 하나는 **김원기**, **김근태**를 비롯한 소위 당내 온건개혁파와 재야 운동권 그룹이었다. 이들은 신당 창당은 분열의 길이라며 당명 변경과 민주적 당헌, 당규 개정을 통해 당을 리모델링하자는 입장이었다.

노무현 대통령도 처음에는 리모델링 창당론자였다. 신당을 창당하는 과정에서 **노무현** 대통령이 동교동계를 중심으로 한 '구김대중 세력'을 척결하려 한다는 논란이 불거질 것이 분명했기 때문이었다. 이 같은 대통령의 입장이 천신정 그룹에 전달되었지만, 그들은 따르지 않았다. 천신정 그룹은 신당창당추진위원회를 만들어서 토론회를 하고 언론에 지속적으로 신당 창당에 관한 담론을 던졌다.

2003년 4월 24일, 기초단체장 2인과 국회의원 3석, 광역의원 4석을 놓고 치러진 재보선은 여당의 참패로 끝났다. 개혁국민정당(개혁당) **유시민** 후보를 연합 공천한 고양 덕양갑 단 한 곳을 제외하고는 아무 데서도 이기지 못했다. 그러자 신당 창당파들은 4월 재보선 참패를 두고 국민이 당을 탄핵한 것이라 주장했고, 4월 28일에 25인이 모여 신당 창당을 결의했다.

정균환 원내총무를 중심으로 한 일부 구주류 의원들은 이에 대한 맞불로 4월 30일 '통합과 개혁을 위한 모임'을 출범했다. 이들이 말하는 통합은 자신들을 배제하지 말라는 뜻이었다. 이어 5월 16일에는 **김원기** 의원을 중심으로 한 재야파들이 리모델링 신당론을 내세우며 '정치개혁과 국민 통합을 위한 신당 추진 모임'을 만들었다. 이렇게 당의 진로에 관한 여러 주장이 각자 구체적인 세력화로 이어지면서 갈등의 양상도 점차 격화했다.

1차전은 2003년 6월 16일 당무회의에서 벌어졌다. **이상수** 당시 사무총장이 회의를 주재하던 중이었는데, 후단협 출신 전 사무총장 **유용태** 의원이 막말을 마구 내뱉었다. "왜 당을 너희들 마음대로 하느냐?", "너희가 당 주인이냐?"라고 쏘아붙였고, 이에 덩치가 큰 **이상수** 총장이 흥분해서 거칠게 맞받아쳤다. 이어서 양쪽 의원들과 당직자들이 몸싸움을 벌였다.

구주류 의원들은 신당 창당파와 리모델링 신당파를 싸잡아서 공격했다. 신당 창당파와 리모델링 창당파는 함께 협의체를 만들어서 창당 방법론을 놓고 논의를 지속했지만, 서로 생각이 너무 달라 의견 일치를 보지 못했다. 구주류 측에서는 이 두 파를 한통속으로 보고 두 그룹 모두에 대한 징계를 요구했다.

7월 7일, 소위 '독수리 5형제'라 불리는 **이부영**, **이우재**, **김영춘**, **김부겸**, **안영근** 등 한나라당 소속 의원 5인방이 신당을 창당하면 합류하겠다는 의사를 타진해왔다. 리모델링파와 신당파 간의 논의가 계속되는 동안 무게 추는 점점 신당 창당 쪽으로 기울어갔다. 하지만 신당 창당 논의가 본격화된 이후에 열린 대여섯 번의 당무회의에서도 양측은 매번 서너 시간씩 논쟁하다 정회 후 해산을 반복하는 데서 더 나아가지 못했다. 신당 창당파와 반대파 사이에서 불거진 감정의 골은 점점 깊어져만 갔다.

결정타는 2003년 9월 4일 당무회의였다. 이날 회의의 주요 의제는 다름 아닌 신당 창당이었다. 신당 창당파와 리모델링 창당파는 일단 당무회의에서 신당 창당을 의결하고 준비 기구를 만들자고 합의했다. 일단 신당 창당부터 결정한 뒤, 구체적인 방법론은 추후 합의한다는 구상이었다. 따라서 이날 당무회의에서 신당 창당이 의결되면 그 흐름을 다시 되돌리기가 어려워질 수밖에 없었다.

이런 사실을 잘 알고 있었던 구주류 세력은 회의를 무산시켜 어떤 의결도 못 하게 하기로 하고, 그에 따른 세부 행동 계획까지 세웠다. 당시 나도 당무위원이어서 회의에 참석했는데, 구주류 세력이 사람을 동원해 회의장을 점거하려 한다는 소문을 이미 듣고 알고 있었다. 회의 시작 10분 전에 회의장에 들어섰는데, 전운이 감돌고 있었다. 당무위원이 아닌 사람들이 회의장 벽 쪽의 보조 의자에 앉아 있었는데, 실무자들이 당무위원이 아닌 분은 나가달라고 요청하는데도 요지부동이었다.

문팔괘 여사는 구주류 중에서도 여걸(?)로 꽤 유명한 분이었는데, 내가 인사를 건네자마자 다짜고짜 이렇게 내뱉었다.

"우 위원장, 이미경 그 X은 언제 온대?"

"모르죠. 제가 참석 시간까지 알 수 있나요?"

"내가 오늘 가만두지 않을 거야!"

자리에 앉아서 좌중을 둘러보니 모두 긴장한 모습이었다.

팽팽한 긴장감이 잔뜩 깔린 가운데 **정대철** 대표가 회의 시작을 선언하며 의사봉을 두드렸다. "땅, 땅, 땅!" 개의를 알리고 안건 심의를 시작하려는데, 갑자기 구주류 세력의 행동대원들이 회의장 안으로 "와!" 하고 몰려들었다. 장내는 순식간에 아수라장이 되었다. 그들의 주목표는 천신정 그룹이었다. **천정배, 신기남, 정동영** 세 사람의 이름을 부르면서 욕설이 쏟아졌다.

"배신자 놈들 나와!"라고 소리를 지르는 사람과 **정대철** 대표의 의사봉을 빼앗으려는 사람, 그리고 이를 저지하려는 사람까지 모두 뒤엉켰다. 웃통을 벗어젖힌 사람도 있었다. 정장 차림의 남성부터 진한 색깔의 '빽바지'를 입은 여성에 이르기까지 순식간에 난장판이 된 회의실에서 허둥대었다.

그 와중에 **이미경** 의원의 머리채를 잡아채는 사건도 벌어졌다. 회의 시작 전부터 잔뜩 벼르고 있었던 바로 그 **문팔괘** 여사였다. 여당의 당무회의를 취재하러 온 사진기자들은 신나게 사진을 찍어댔다. 혼란스러웠던 잠깐의 시간이 지나고, **정대철** 대표가 정회를 선포하며 회의는 무산되었다. 회의에 참석했던 당무위원들이 하나둘씩 회의장을 빠져나가기 시작했다. 그런데 회의장 입구 복도에서 갑자기 **천용택** 의원이 소리를 질렀다.

"나를 왜 때려! 이 사람들이 정말!"

"너도 천정배와 같은 천 씨잖아!"

다소 어이없는 상황에 "와~" 하고 웃음이 터졌다. **천정배** 의원을 공격하려고 회의장에 들어왔던 누군가가 **천정배** 의원이 회의에 불참하는 바람에 임무를 달성하지 못하자, 다른 엉뚱한 사람에게 분풀이했던 것이다. 참으로 부끄러운 민주당의 모습이었다. 그날 오후부터 머리채가 잡힌 **이미경** 의원의 모습과 서로 멱살을 잡고 뒹구는 당직자들을 담은 사진이 언론에 대서특필되었다. '폭력과 욕설로 얼룩진 여당의 민낯' 등과 같이 당시 현장 상황을 있는 그대로 지적한 기사 제목들이 아주 가관이었다.

그날 저녁 신당 창당을 둘러싸고 약간의 이견을 보였던 사람들이 북악터널 입구의 올림피아호텔에 다시 모였다. 현직 의원들과 나 같은 원외 위원장들을 포함해 30여 명 정도였던 것으로 기억한다. 그 회의에서 그간 리모델링형 신당 창당을 주장했던 사람들은 입장을 바꿀 수밖에 없었다. 이대로라면 구주류 세력이 계속 회의를 무산시키려고 할 테니 당 차원의 신당 창당 결정은 불가능했다. 또 회의 때마다 맞아가면서 버틸 수도 없는 일이었다.

토론 끝에 신당 창당에 동의하는 사람들을 모아 새천년민주당을 탈당하기로 했다. 합류할 의원이 얼마나 될지 불안한 가운데, 나와 **이인영** 위원장이 원외 위원장들을 규합해보기로 했다. 이 난장판을 지켜보며 정당의 모습이 이래도 되는가 하는 근본적인 고민이 밀려왔다. 후단협을 통해 **노무현** 후보를 흔들어댈 때도 기가 막혔는데, 대한민국 민주주의의 상징인 **김대중** 대통령이 만든 정당에서 합리적 토론조차 차단하고 폭력으로 의사결정을 막는 모습에서 상당한 충격을 받았다.

구주류 세력은 민주당을 '자신들의 것'이라고 생각하고 있었다. 자신들이 고생해서 만들고 지켜온 정당에서 국회의원을 시켜주었더니, 감히 자신들을 밀어내고 신당을 창당하려 한다며 의심의 끈을 놓지 않았다. 그렇게 새로운 당을 만들고 싶으면 나가서 따로 만들라는 뜻을 강하게 내비쳤다. 정당개혁이란 허울일 뿐, **노무현** 후보를 도와주지 않은 자신들을 제거하려 한다고 생각했다. 3김 시대에 형성된 '사당화'의 후과였다.

당시 신당 창당에 합류한 새천년민주당 현역 의원은 최종적으로 40명이었다. 개혁당 소속이었던 2명과 한나라당에서 건너온 독수리 5형제를 포함해 열린우리당 창당 시 현역 의원은 총 47명이었다. 리모델링파가 신당 창당을 주저했던 이유가 바로 이 지점에 있었다. 아무리 계산해도 탈당 후 신당 창당에 합류할 사람은 소수에 불과한데, 너무 무모하다는 것이었다.

현실적으로 바로 다음 해에 총선을 치러야 하는데 그 소수 인원으로 어떻게 선거에 임할 수 있겠느냐는 입장이었다. 그러나 천신정 그룹은 "국회의원 수는 중요하지 않다", "노무현이 세력이 있어서 이긴 것이 아니지 않느냐", "우리가 나가서 대세를 장악하면 다 따라오게 되어 있고, 그 과정에서 구태 정치인들을 걸러야 한다"라고 주장했다.

문제는 나 같은 원외 위원장들의 거취였다. 현역 의원들은 지명도가 높으니 지역구 선거에서 상대적으로 유리할 수 있다. 그러나 이전 총선에서 1,300여 표 차이로 낙선한 상황에서 새천년민주당 후보가 나오고 내가 신당 소속으로 출마한다면, 표가 분산될 수밖에 없으니 당선 가능성은 그만큼 낮아질 수밖에 없었다.

그래서 새천년민주당 소속이었던 원외 위원장들은 상당한 고민에 빠질 수밖에 없었다. 결국 '젊은 희망'에 참여했던 원외 위원장 중에 신당으로 옮기는 사람은 절반도 되지 않았다. 낙선을 각오한 신당 합류 결정이었다. '결국 국회의원도 못 해보고 정치를 그만둘 수도 있겠구나!'라는 생각이 들었지만, 떨어지더라도 정치개혁의 편에 서자고, 또 떨어지면 정치를 그만두겠다고 결심했다.

시간이 촉박했다. 9월 중으로 탈당을 마무리하고 신당창당준비기구가 만들어졌다. 리모델링 의견에 가까웠던 **노무현** 대통령도 9월 29일에 탈당했다. 10월에 열린우리당으로 당명을 정했고, 11월에는 개혁당이 합류를 선언했다. 창당은 11월 11일에 이루어졌다. 창당준비위원장과 초대 당 대표는 **김원기** 의장이 맡았다. 그리고 2004년 1월에 열린 임시전당대회에서 **정동영**이 당 의장으로 선출되었다. 젊은 얼굴로 가야 총선에서 승리할 수 있다는 당원들의 뜻이었다. 초대 원내대표는 **김근태** 의원이 맡았다.

세 가지 갈등 요인

열린우리당 창당 과정에서 불거졌던 각 세력 간 갈등은 민주당의 역사를 이해하는 데 필수적이다.

첫째, 호남 출신 정치 세력 내 신·구 세력간의 갈등이다. 3김 시대의 지역 대표 맹주는 누가 뭐라 해도 **김대중, 김영삼, 김종필** 세 사람이었다. 이에 반기를 드는 행위는 자신의 정치생명을 걸 만한 일이었다.

김대중 총재가 대통령이 된 이후, '포스트 김대중'이 누가 될지는 호남 출신 정치인들에게 초미의 관심사일 수밖에 없었다. 동교동계는 **김대중** 대통령의 가신 그룹으로서 자신들의 영향력을 유지하려 했고, 천신정 같은 신흥 리더 그룹은 자신들이야말로 동교동계를 대체할 호남의 차세대 주자라고 생각하고 있었다. 호남 지역을 주요 지지 기반으로 삼았던 정당으로서는 호남을 누가 대표하느냐가 정치생명의 사활을 걸 만한 문제였고, 이는 때마다 갈등 사안이 되었다. 열린우리당 창당 단계에서 범동교동 세력과 천신정의 한판 싸움이 그러했고, 2007년 **정동영, 천정배** 의원 그룹의 탈당 또한 호남 패권과 관련한 문제 때문이었다. 2011년 12월 신당 창당을 둘러싼 갈등도 **박지원** 의원 그룹을 비롯한 호남 지역 출신 정치인들과 영남 기반의 친노·**문재인**과의 갈등이 원인이었으며, 2015년 국민의당 창당 과정도 본질적으로는 호남 패권 문제와 연관이 있었다.

둘째, 대선 후보 진영 간의 갈등이다. 이 문제는 모든 정당에 공통으로 존재하는 사안이다. **이인제** 후보를 돕다가 **정몽준** 후보로 단일화를 시도했던 세력과 경선, 본선을 거치며 **노무현** 후보를 도왔던 세력 간의 사후 갈등은 어느 정도 예견된 순서였다. 이럴 때는 대체로 승자 진영이 주도권을 쥐게 되어 있는데, 주류 진영의 통합 의지에 따라 갈등 수위가 달라지곤 한다.

셋째, 열린우리당 창당 과정에서 견해 차이가 드러난 세력 갈등이다. 앞서 언급한 두 가지 갈등 사례와 비교하면 큰 갈등이라고 할 수는 없겠으나, 신당 창당을 둘러싸고 신설 창당 방식을 주장한 전문가 재선 그룹과 리모델링을 주장한 온건파 및 운동권 출신 정치 세력 사이에는 작은 입장 차이가 존재했다. 당시 **정동영** 의원 등 비운동권 전문가 출신을 주축으로 한 초·재선 개혁파는 재야파의 개혁 의지를 신뢰하지 않았다. **김대중** 대통령과 동교동계의 도움을 받아온 과거에 얽매여 확실하게 단절하지 못한다고 보았기 때문이었다. 이후 열린우리당 시절에 발생했던 **정동영**, 김근태 두 사람의 갈등에도 이런 판단이 근저에 깔려 있었다.

세력 개념에 따른 이 세 가지 갈등 요인을 이해하는 것은 향후 민주당 계열 정당의 분열과 통합의 역사를 이해하는 데 필수적 요소다.

새천년민주당 창당이 총선에서 과반수 의석 확보를 목표로 삼았던 **김대중** 대통령의 돌파형 기획 창당이었다면, 열린우리당 창당은 정당개혁을 둘러싼 노선과 가치의 싸움 속에서 진행되었던 우여곡절의 창당이라고 할 수 있다. 열린우리당이 총선에서 실패하면 정당개혁도 실패하는 셈이었고, 열린우리당이 성공하면 정당개혁을 본격적으로 실현할 수 있는 계기가 마련될 수 있었다.

대한민국은 개혁 사안 대부분을 거친 싸움과 파열음 속에서 개진할 수밖에 없는 운명을 가졌는지도 모른다. 그러나 분열은 분열이었다. 이 분열은 2007년 대통합민주신당 창당을 비롯해 몇 차례의 정계 개편 과정을 거치고 나서야 봉합될 수 있었다.

분당의 앙금이 탄핵으로

열린우리당 창당 직후에는 분당을 잘못했다는 여론이 훨씬 높았다. 열린우리당의 지지도는 바닥이었다. 특히 호남에서는 대부분이 열린우리당보다는 새천년민주당을 지지했다. 창당의 주역인 **천정배, 신기남, 정동영** 세 사람은 모두 호남 출신인데도 정작 호남 지역에서는 배신자 취급을 당하고 있었다.

나는 리모델링론을 지지했지만, 폭력 사태 이후 올림피아호텔에서 신당 창당을 결의했던 멤버 중 한 사람이라 열린우리당에 참여하기로 했다. 신당에 참여할 때는 낙선도 각오했다. 지역의 참모들을 불러 놓고 내 생각을 이야기하자, 호남 출신 참모들은 "나서지 마세요. 큰일 납니다. 그래도 국회의원 배지는 한 번 달아야지, 우리 대장 떨어지면 어떡합니까"라며 나를 만류하기도 했다.

나는 그들에게 총선에서 두 번 연속 떨어지면 정계를 떠나겠다고 누차 말했던 점을 상기시키며 내 선택에 대한 책임을 질 것이고, 2004년 총선에서 떨어지면 정계에서 은퇴하겠다고 말했다. 그렇게 어려운 상황에서 나는 신당 합류를 선택했다.

탈당을 결심한 후 나는 서대문구갑 지역의 당원 교육에서 신당에 합류하는 이유를 계속 알렸다. 내 설명을 들은 당원들은 대부분 나를 따르겠다는 뜻을 보여주었다. 지역 당원들이 나한테 정이 많이 들었는지 호남 출신 당원들끼리 모인 자리에서 '우상호가 불쌍하다. 노무현도 못마땅하고 신당 창당도 마음에 안 들지만, 우상호는 한 번 도와주자'고 뜻을 모았다는 이야기도 들었다. 그렇게 지역구 당원 90% 가까이가 내 선택에 동참해주었다. 우리 지역은 서울에서 열린우리당에 동참한 호남 당원들이 가장 많은 편이었다. 고맙기 이를 데 없었다.

분당 이후 새천년민주당에서는 **조순형** 의원이 새 대표가 되었다. 애초에 신당 창당론자였다가 잔류한 **추미애** 의원은 대표가 되지 못했다. 이후 새천년민주당은 한나라당과 연합해 **노무현** 대통령을 괴롭히기 시작했다. 대통령 측근을 겨냥한 특검 법안과 **노무현** 대통령을 괴롭히는 각종 법안을 발의했다. 그러다 마침내 **노무현** 대통령이 "총선에서 국민이 열린우리당을 지지해줄 것으로 믿는다"라고 덕담을 한마디 한 것을 두고 선거법 위반이라고 트집 잡더니 탄핵소추안까지 발의했다. 탄핵으로 정국은 엉망이 되었다.

국회에서 탄핵소추안이 가결된 날, 나는 국회 앞에 와 있었다. 가결되는 상황을 지켜보면서 분노를 쏟아냈다. 한편으로는 대통령 탄핵소추안이 가결되었으니 선거는 물 건너간 일이 아닌가 하는 좌절감이 밀려들었다. 일부 흥분한 사람들은 "탄핵에 참여한 놈들을 만나면 혼내주겠다"라며 여의도를 훑고 다녔다.

암담한 저녁이 지나고 새날이 밝자 기적이 일어났다. 어마어마한 역풍이 불어닥쳤다. 설마설마하던 국민은 자신들이 직접 뽑은 대통령을 말도 안 되는 이유를 붙여 탄핵하려는 작태를 용납하지 않았다. 분위기가 하루 이틀 사이에 심상치 않게 바뀌더니 3~4일 만에 열린우리당과 새천년민주당의 지지율이 역전되는 일이 벌어졌다.

2004년 총선과 108명의 초선

탄핵 이전에는 탈당하고도 당선될 수 있겠냐고 나를 걱정해주던 많은 사람이 탄핵 이후에는 내가 노란 점퍼를 입고 서 있으면 뛰어와서 "열린우리당이에요? 명함 주세요"라고 했다. 기류가 180도 달라졌다.

선거운동 중에 이런 일도 있었다. 당시 내 상대는 2000년 선거와 마찬가지로 한나라당의 **이성헌** 의원이었다. 그는 현역이었고 재선에 도전하고 있었기에 쉽지 않은 상대였다. 당시 민방위 소집 교육은 보통 아침 6~7시에 시작했는데, 젊은 남성 유권자들이 교육장에 많이 모이므로 꼭 챙겨야 할 곳이었다. 선거운동을 하려면 일찌감치 가서 좋은 장소를 잡고 명함을 건네면서 인사해야 한다. 그런데 내가 인사하러 간 날에 하필 **이성헌** 의원이 먼저 입구에 자리를 잡고 있었다. 나는 할 수 없이 5~6미터 떨어진 위쪽에서 사람들을 기다렸다.

잠시 후 **이성헌** 의원이 한 사람에게 다가가 명함을 건네었는데, 받은 사람이 그 명함을 한 번 쓱 보고는 "한나라당이에요?" 하고 훑어보았다. **이성헌** 의원이 "네"라고 대답하자, 그 사람은 보는 자리에서 명함을 찢어 **이성헌** 의원의 가슴팍에 던졌다. 목구멍까지 욕이 올라온 표정으로 쳐다보며 "탄핵을 해? 에이 씨"라고 화를 냈다. 그런 사람이 한둘이 아니었다. **이성헌** 의원은 그다음부터 자기 명함에서 한나라당 당명을 뺐다. 그래도 한나라당을 상징하는 파란 점퍼(당시 한나라당의 당색은 파란색이었다)를 입고 인사하고 있으면 지나가는 사람들이 나지막한 소리로 욕설을 내뱉었다. 일부러 그의 명함을 받지 않으려고 빙 둘러 가는 사람도 있었다.

반면 내게는 사람들이 "열린우리당이에요? 뭘 쭈뼛거려요. 명함 주세요"라면서 먼저 다가왔다. 명함을 건네면 "열심히 하세요. 이번에 찍을 거예요"라며 응원해주었다. 분위기가 이렇게 되니 몇 시간을 지하철 입구와 거리에 서 있어도 하나도 힘이 들지 않았다. 정치권에 들어온 이후 그렇게 하늘을 날아갈 듯한 기분은 처음이었다. 길거리에 나서면 온통 내게 응원을 보내는 사람뿐이었다. 상대 후보에게는 명함을 던지고 욕하는데 내게는 먼저 명함을 달라 요청하고, "노무현 대통령을 지켜주세요"라고 부탁했다. 민심이 무섭다는 사실을 뼈저리게 체감했다.

그런데 탄핵 이후 한동안 열린우리당의 바람이 거세게 부는 과정에서 악재가 터졌다. **정동영** 의장이 "청년들의 투표 참여가 세상을 바꾼다. 어르신들은 좀 투표를 안 하셔도 된다"라고 발언한 사실이 알려지면서 이른바 '노인 폄하 발언' 파동이 생기고 말았다. 170석, 180석까지도 가능하다는 예측이 나오던 중이었는데,

갑자기 노인 유권자들의 반발이 거세졌다. 열심히 하라고 격려하던 경로당 중에는 이 발언이 알려진 이후 강하게 반발하며 분위기가 바뀐 곳도 있었다.

"노인 표 필요 없다면서 여기는 왜 찾아왔어? 나가!"

경로당에 해명하러 갔다가 들어가지도 못하고 쫓겨난 적도 있었다. 난감했다. 선거 기간에 특정 계층이 불편해할 만한 발언을 하면 어떤 파장을 일으킬 수 있는지 절감할 수 있었다.

우여곡절 끝에 선거운동이 끝나고 개표가 시작되었다. 결과는 비교적 이른 시간에 발표되었는데, 2,000여 표 차이로 승리했다. 지난 4년간 내 곁을 지켜주었던 당원들이 함성을 지르며 눈물을 흘렸다. 당선 소감 인터뷰를 마치고 사무실 바깥으로 나오다가 급히 뛰어오시던 장인을 만났다.

"우 서방, 됐네. 됐어!"

흐느끼며 우시는 장인의 모습을 처음 보았다.

"감사합니다. 아버님!"

내 눈에서도 눈물이 흘러내렸다.

제17대 총선에서 열린우리당 당선자는 총 152명이었다. 그야말로 대승이었다. 당선자 중 초선 의원이 108명이었다. 나중에 '108번뇌', '탄돌이'(탄핵 열풍으로 된 국회의원) 등과 같은 여러 평가가 있었지만, 현역 의원 47명으로 시작한 정당이 과반수가 되려면 당연히 초선 의원이 많을 수밖에 없었다. 이제 와서 하는 이야기지만, 제17대 총선 초반에는 출마할 후보를 구하기 어려운 지역도 많았다. 그러니 당시로서는 준비도 제대로 되지 않은 상황에서 출마를 결심하고 나서준 정치 신인들이 고마울 따름이었다.

제16대 총선 이후 새천년민주당 시절에 활약했던 '젊은 희망'이 해체되었기 때문에 제17대 총선에서 당선된 초·재선 의원을 중심으로 다시 개혁 블록을 결성했다. 이름은 '새로운 모색'으로 정하되, 386 모임으로 규정되는 상황을 피하고자 1970년대 중·후반 학번과 1980년대 학번 출신 정치인들의 공동 모임이 되도록 구성했다.

1970년대 학번 출신으로는 **김부겸, 우원식, 문학진, 노영민, 안영근, 최용규, 김영주, 이종걸** 의원 등이 참여했고, 1980년대 학번 중에서는 나를 포함해 **강기정, 김교흥, 김영춘, 김태년, 김현미, 김형주, 백원우, 복기왕, 송영길, 오영식, 윤호중, 이인영, 이철우, 이화영, 임종석, 정봉주, 정성호, 정청래, 조경태, 조정식, 최재성, 한병도** 등 총 35명의 의원이 함께했다. 나는 또 총무를 맡았다.

열린우리당이 변화시킨 것들

정치개혁을 위한 공방이 신당 창당으로, 창당이 대통령 탄핵으로, 그리고 탄핵이 열린우리당의 총선 대승으로 이어진 일련의 과정은 말 그대로 우여곡절의 연속이었다. 하지만 그 출발점은 여전히 정치개혁이었다. 열린우리당은 태생적으로 정치개혁을 핵심 담론으로 가져갈 수밖에 없는 정당이었다.

첫째, 정치개혁의 핵심은 정당 민주주의였고, 그중에서도 당원의 권리를 획기적으로 보장하는 일이 중요했다. 과거 정당의 모든 의사결정은 총재가 내렸고, 그것이 일상이었다. '총재님의 뜻'이라고 하면 토론 없이도 의사가 결정되곤 했다. 그러나 열린우리당 창당 후에는 모든 의사결정이 토론과 표결로 이루어졌다. 총재나 당 대표로 구성되던 지도부도 최고위원회라는 집단지도체제로 바뀌었다. 국회의원 공천도 당원 투표와 여론조사를 병행한 상향식 공천제도로 변경되었다. 과거 제16대 총선까지는 당의 심사결과를 토대로 총재가 공천하는 방식이었다. 하지만 열린우리당에서는 경선을 원칙으로 하는 제도로 변경되었다.

아울러 당원 참여를 제도화하고자 기간 당원제도도 도입했다. 당비를 일정하게 납부하고 당 활동에 적극적으로 참여한 당원에게 우선적으로 투표권을 주는 제도였다. 본인의 의사와 무관하게 다른 사람이 당원 가입 원서를 작성해 숫자만 부풀리던 관행을 극복하자는 취지였다.

둘째, 원내정당화였다. 의원들이 선출한 원내대표의 위상을 당의 '넘버 2'로 격상했다. 원내부대표 등을 비롯한 원내 당직자의 임명권도 부여했다. 국회 일정 조정 등 국회 운영에 관한 전권을 원내대표가 행사하도록 하고, 의원총회는 정책 당론을 정하는 최고 기구가 되도록 만들었다.

중앙위원회는 전국대의원대회의 바로 아래에 있는 의사결정 기구였다. 열린우리당 중앙위원회는 충분한 토론을 보장하고 다수결 원칙을 통해 의사결정을 하는 기풍을 수립했다. 대한민국 정당사의 오랜 관습이었던 보스 중심의 수직적 체계를 탈피하고, 수평적 관계에 기반을 두어 당원들과 의원들에 의해 지도부가 상향식으로 구성되고 운영되는 정당 체계가 비로소 출범했다. 우리나라 정당의 모습은 열린우리당 이전과 이후로 나눌 수 있다고 해도 과언이 아니다.

정당과 같은 큰 조직에서 제도를 바꾼다고 해서 그에 알맞은 문화가 곧바로 정착되지는 않는다. 오랜 관행에 젖어 있는 사람들을 변화시키기 위해서는 상당한 노력과 교육이 필요하다. 선거를 치르는 동안 경험을 쌓고 수시로 교육을 진행해야 조금씩 정착 단계에 가까워질 수 있다. 그 과정을 거치면서 내가 겪은 고생은 실로 만만치 않았다. 기존 당원들은 투표권을 주지 않는다고 항의하기 일쑤였다.

"내 돈으로 주변 사람들 밥 사줘 가면서 김대중 대통령과 민주당을 지켜왔는데, 그깟 당비 1,000원 안 냈다고 투표권을 안 줘? 나 탈당할 거야!"

반면 기존 정당 문화를 받아들일 수 없는 개혁당이나 노사모 출신 젊은 당원들은 당이 과거의 낡은 문화와 시스템을 획기적으로 변화하지 못하는 점에 불만이 있었다. 이런 당이 어떻게 당원 중심 정당이라고 할 수 있느냐고 항의하기도 했다. 이 간극을 해소하는 데 정말 많은 노력과 시간이 들었다. 이렇게 민주적 정당 운영이 정착하는 데는 많은 시간과 노력이 필요했지만, 열린우리당 창당 이후 21년이 지난 지금은 합리적 토론 문화, 당원 전체 투표 등의 상향식 민주주의, 당원의 당비 납부 등은 당연한 일이 되었다. 비록 열린우리당의 이름은 사라졌지만, 그 정신은 우리 정치 전반에 고스란히 녹아들어 있다.

이런 정당 민주화의 흐름 속에 당·정·청의 관계도 수평적으로 변모했다. 중간에 김근태 지도부가 대통령 인사에 대해 비판하면서 대통령의 감정이 상한 적도 있었고, '계급장 떼고 토론하자'는 식으로 갈등이 불거진 적도 있었지만, 이와 같은 에피소드들은 한편으로 그런 일이 벌어질 수 있을 정도로 당·청 간에 수평적 관계가 정립되었음을 의미했다. 당·정·청 정책협의회도 정기적으로 열렸다.

셋째, 열린우리당 창당 이후 가장 큰 변화 중 하나는 정당이 잘 돌아가려면 돈이 있어야 한다는 정치 관행을 없앴다는 점이다. 열린우리당 창당 이전까지는 모든 선거가 다 돈이었다. 여당이든 야당이든 주요 선거에 출마한 후보는 선거 한 번 치를 때마다 수억 원에서 수십억 원의 돈을 써야만 했다. 당원을 동원하고, 합동 유세장에 청중을 모으는 일조차도 다 돈으로 이루어졌다. 선거 기간 내내 여기저기 식당을 돌면서 그곳에 모인 사람들에게 인사치레를 하곤 했는데, 그 밥값만으로도 억대의 비용이 발생했다.

그런데 알다시피 정치인이라고 해서 다 돈 많은 사람은 아니다. 그러니 그 막대한 비용을 어디서 조달하겠는가. 결국 기업에서 받거나 유력자들에게서 지원받는 방법밖에 없는데, 이는 종종

정경유착이나 관행적인 이권 개입, 정실 인사 문제의 근원이 되기도 했다. 하지만 정치 구조가 근본적으로 바뀌면서 선거비용에 대한 부담을 덜어내고 나니 정치인이 떳떳하게 자기 소신대로 정치를 할 수 있게 되었다.

정치개혁 입법이 이루어진 이후, 나는 불법적으로라도 정치자금을 조달해야 하나 하는 고민에서 해방되었다. 선거법 개정으로 밥을 산 정치인뿐만 아니라 밥을 얻어먹은 사람도 50배의 벌금을 내게 되자 식당을 돌면서 밥 사는 관행은 순식간에 사라졌다. 심지어 경조사 때 부조금을 내거나 개업하는 가게에 시계를 돌리는 행위 등도 다 금지되었다.

과거에는 정치하겠다고 나서는 사람에게 제일 먼저 물어보는 질문이 "자네 돈은 얼마나 있어?"였는데 요즘은 "당원 모집은 얼마나 할 수 있어?"로 바뀌었다. 이 한 가지 질문만으로도 얼마나 큰 변화가 이루어졌는지 실감할 수 있다. 내가 경험했던 2000년 선거와 2004년 선거의 차이는 그야말로 상전벽해였다.

2004년 열린우리당은 152석을 확보하며 원내 과반 정당이 되었다. 과반수 의석을 차지한 만큼 우리에게는 정치개혁이라는 큰 과제를 수행할 의무가 주어졌다고 할 수 있었다. 열린우리당의 첫 원내대표는 **천정배** 의원이 되었다. 원내대표도 경선을 통해 뽑았는데, **천정배** 의원이 **이해찬** 의원과 맞붙어 승리했다.

개혁적 성향의 **노무현** 대통령, 정치개혁을 슬로건으로 내걸고 제도와 문화를 일신하면서 새롭게 창당한 열린우리당, 과반수에 해당하는 152석의 원내 의석, 이런 조건들이 갖추어지니 어떤 개혁이든 다 해낼 수 있을 듯했다. 그러나 그 개혁을 실제로 진행하기가 얼마나 어려운 일인지 나는 곧 깨달았다.

4장

열린우리당은 왜 좌절했는가

내가 정치에 입문한 2000년부터 2004년까지를 회고하면 도전의 역사라 할 수 있을 만한 굵직한 이슈가 넘쳐났던 시기였다. 2000년 6·15 남북정상회담과 **김대중** 대통령의 노벨평화상 수상은 대결과 반목의 남북 관계를 평화와 협력의 관계로 전환하는 계기를 만든 역사적 사건이었다. **김대중** 대통령이 IMF 경제 위기를 극복하고 정보통신 산업 부흥의 기틀을 만든 일은 산업화 이후 대한민국의 경제 발전 전략에 새로운 장을 연 것이었다. 생산적 복지라는 국가 아젠다를 세워 각종 복지제도의 기틀을 만든 일도 **김대중** 대통령의 업적이었다.

　노무현 대통령의 당선과 노사모의 등장, 열린우리당의 창당, 정치개혁 입법 등은 정치 분야의 혁명적 변화를 만들어낸 일이었다. 다시 말해 대통령부터 정당에 이르기까지 새로운 것을 시도해 보고, 변화를 만들어보자는 열정이 계속되었다는 이야기다. 물론 그 과정에서 갈등이 생긴 적도 있었고 분열하기도 했지만, 대한민국 사회를 변화시켜보자는 분위기가 경제, 사회, 정치, 남북 관계 등에서 넘쳐났던 시기였다.

열린우리당 창당 이후, 정당제도, 선거제도, 의회제도 전반에 걸쳐 변화가 이루어졌으니 정치 분야에서의 성과도 적지 않았다. 그런데 2007년 노무현 대통령 임기 후반 무렵에 열린우리당은 인기가 급락하면서 위기에 처한다. 결국 2007년 제17대 대선과 2008년 제18대 총선에서 연이어 참패했고, 그간 시도했던 열린우리당의 실험들에 대해서는 실패했다는 평가가 내려진다. 그 사이에 도대체 무슨 일들이 벌어졌던 것일까.

4대 개혁 입법 좌절과 오만 프레임

2004년 제17대 총선 승리로 열린우리당은 152석을 차지하며 원내 과반 정당이 되었다. 과반수 의석을 확보한 만큼 개혁이라는 큰 과제를 수행할 의무가 주어졌고, 국민의 기대도 컸다.

열린우리당의 첫 번째 원내대표가 된 천정배 의원은 제17대 국회의 첫 정기국회에서 다룰 주요 입법 과제로 네 가지를 선정했다. 국가보안법, 사립학교법, 과거사진상규명법, 언론관계법 등 이른바 '4대 개혁' 입법이었다. 하지만 결과적으로 이 4대 개혁 입법은 언론관계법에 해당하는 신문법 하나만을 제외하고 모두 통과되지 못했다. 열린우리당이 제17대 국회의 출발점부터 개혁의 상징으로 삼아 야심차게 내놓았던 4대 개혁 입법은 왜 실패했을까?

먼저 당 내부에서 의견을 통일하지 못했다. 국가보안법에 대해서는 전면 폐지냐, 부분 개정이냐를 놓고 당내외에서 큰 논란이 일었다. 사립학교법은 종교계의 거센 반발에 직면하자 개혁 동력이 현저히 약화되었다. 과거사진상규명법은 야당이 사활을 걸고 막겠다고 선언하기도 했다. 오직 언론관계법만 여야가 의견을 절충해 유일하게 본회의를 통과할 수 있었다.

아무리 152석을 차지하고 있다고 해도 당 내부 의원들의 절대적 합의가 없이는 아무것도 통과시킬 수 없다. 그저 몇 명만 이탈해도 의결 정족수인 절반을 넘기지 못하게 되기 때문이다. 더구나 탄핵 이후에 국회에 입성한 혈기 왕성한 의원 중에는 안건이 당론으로 결정되어도 자기는 소신 투표를 하겠다고 버티는 의원이 꽤 있었다. 결국 수차례의 난상 토론이 의원총회에서 진행되었지만, 쉽게 결론이 나는 일은 거의 없었다.

개혁 과제는 눈 한 번 질끈 감고 달려들어서 돌파하고 나면 끝나는 간단한 과제가 아니다. 첩첩산중 겹겹의 관문을 돌파하는 지난한 과정에 가깝다. 그런 긴 과정을 뚫고 나가려면 먼저 내부 단합이 꼭 필요한데, 당의 몸집이 갑자기 불어나다 보니 서로 생각이 조금씩 다른 구성원들 간의 의견 차이를 줄이기 위한 정치 리더십을 발휘하기가 쉽지 않았다.

크게 보자면 과반수 의석을 확보했으니 거침없이 개혁적으로 가야 한다는 한 축과 의석수가 많아도 오만하게 보이지 않도록 신중하게 행동해야 한다는 한 축이 대립했다. 야당은 4대 개혁 법안을 '4대 국론분열법'이라 칭하면서 똘똘 뭉쳐 결사적으로 막고 있는 판인데, 여당은 내부에서 혼선이 생기고 있었으니 돌파력을 상실할 수밖에 없었다.

개혁 입법에 대한 국민의 지지가 계속 하락했다는 점도 타격이 컸다. 지도부가 개혁 입법을 강행하려면 강한 내부 합의 못지않게 국민의 강력한 지지도 필요하다. 국민의 지지가 뒷받침되지 않으면 개혁 동력은 시들고 만다. 여기서 유심히 살펴야 하는 부분은 이른바 중도층 여론이다. 중도층은 대개 어떤 법안을 개혁하는지와 그 세부 내용보다는 개혁을 추진하는 세력의 태도를 중요하게 지켜본다. 만약 일방적으로 밀어붙이는 모양새가 되면 이들은 곧바로 "아무리 옳은 일이라고 해도 그렇게 막 밀어붙여도 되는가?"라고 반문한다. 민주당에서는 이 점이 항상 딜레마로 작용했다. 우리 당의 열성 지지층은 과감한 개혁 내용과 속도를 중요하게 여겼지만, 중도층에는 그런 태도가 오만과 독선으로 보일 수 있었다. 이 두 유권자 집단을 각각 어떻게 설득해야 하는가에 대한 방안이 바로 지도부의 법안 통과 전략에 담겨 있어야 한다.

개혁을 열망하는 지지층은 될 수 있는 최대한의 철저한 개혁을 원한다. 당연한 현상이다. 하지만 이는 여야 간의 대립과 갈등을 일으킬 수도 있다. 그런 상황을 피하고자 최대한 합의 통과를 시도해보려고 노력하지만, 야당이 반대 입장을 고수하면 교착 상태에 빠지게 된다. 이러면 지지층은 다수 의석을 가지고 대체 뭐하느냐고 질타하기 시작한다. 지도부는 고민에 빠질 수밖에 없다. 내심 단독 처리를 통해 지지자들을 통쾌하게 만들고 싶어진다. 하지만 단독 처리를 자주 하다 보면 일방적이라는 이미지가 형성될 수 있다. 이런 시점에서 단독 처리로 밀어붙일지, 아니면 핵심 내용 일부를 수정해서라도 합의 통과를 유도해볼지는 전적으로 지도부의 결단에 달려 있다.

결과적으로 이와 같은 딜레마를 열린우리당은 잘 해결하지 못했다. **천정배** 원내 지도부는 4대 개혁 입법을 주요 과제로 내세웠지만, 국가보안법 문제에서 우왕좌왕하면서 성과를 내지 못했다. 2005년 하반기 **정세균** 원내대표 겸 비대위원장은 몸싸움을 불사하면서까지 사학법을 통과시켰다. 그러나 이듬해 **김한길** 원내대표는 당시 한나라당 **이재오** 원내대표와 합의해 기존 안에서 다소 후퇴한 형태의 사학법 개정안을 통과시켰다. 3년 동안 갈팡질팡한 셈이었다. 그 사이에 일관성 없는 열린우리당의 모습을 지켜보던 국민은 고개를 갸웃거리기 시작했다.

개혁을 추진할 때는 정치적 언어 선택에도 특별히 조심해야 한다. 특히 선민의식이 그대로 드러나는 용어 선정은 자제해야 한다. 개혁을 추진하는 나 자신, 우리 또는 개혁 세력은 선이고, 이에 반대하는 자들은 반개혁 세력이자 악인에 가깝다는 식의 논리로 잘못 흘러가면, 즉시 '오만 프레임'에 빠져 공격받기 십상이다.

그런 측면에서 나는 고 **노회찬** 의원의 정치 언어를 높게 평가한다. 그는 가장 진보적인 주제를 풍자와 해학, 귀에 쏙 들어오는 사례로 소화해냈으며, 얄밉게 들리지 않는 단어를 잘 골라 선택했던 품격 있는 진보주의자였다. 진보적이고 개혁적인 정치인들이 대중에게 간혹 오해를 사는 일이 있는데, 이는 결국 정치 언어를 어떻게 사용했느냐의 문제라고 본다. 자신도 모르게 우월적 선민의식을 드러냈기 때문이다.

당시 열린우리당 소속 국회의원들의 발언 중에서도 내용의 잘못을 따지기에 앞서 언어의 품격 때문에 독선적이라는 비판을 받은 사례가 꽤 있었다. 독선 이미지는 오만 프레임을 강화하는 주요 요인이며, 오만은 정치하는 사람이라면 누구나 가장 경계해야 할 태도다. 안타깝게도 열린우리당은 어느 순간부터 독선과 오만 프레임에 갇혀 버렸고, 마지막까지 이를 극복하지 못했다.

리더십 붕괴와 계파 정치가 불러온 분열 프레임

열린우리당의 실패 원인 중 두 번째는 리더십의 잦은 교체와 분열 프레임이었다. 3김 체제 정당 시절의 권위주의를 극복하기 위해 집단지도체제를 도입하고 정당 민주주의를 강화하자는 취지는 좋았지만, 잦은 지도부 교체는 리더십 약화를 불러왔다. 리더십의 붕괴는 결국 당의 위기 대응 능력을 약화했다.

열린우리당은 크고 작은 선거에서 지기만 하면 무조건 책임

	의장	취임	사퇴	재임 기간 (일)	사퇴 이유	원내 대표
1대	김원기	2003.10.27	2004.01.11	76	전당대회	김근태
2대	정동영	2004.01.11	2004.05.17	127	통일부 장관 임명	
3대	신기남	2004.05.17	2004.08.20	95	부친의 일제 경찰 경력	천정배
4대	이부영	2004.08.20	2005.01.03	146	개혁 입법 통과 실패	
비상대책위원장	임채정	2005.01.05	2005.04.02	87	전당대회	
5대	문희상	2005.04.02	2005.10.28	209	4월 보궐선거, 10월 보궐선거 참패	정세균
비상대책위원장	정세균	2005.10.28	2006.01.05	69	산자부 장관 임명	
비상대책위원장	유재건	2006.01.06	2006.02.18	43	전당대회	
6대	정동영	2006.02.18	2006.06.01	103	4회 전국지방선거 참패	김한길
7대	김근태	2006.06.09	2007.02.14	250	전당대회	
8대	정세균	2007.02.14	2007.08.18	185	당 해산	장영달

평균 재임 기간: 126일

을 져야 한다면서 당 대표를 포함한 지도부가 사퇴했다. 총선, 지방선거 같은 전국 단위의 선거였으면 그리 할 만하다고 하겠는데, 두세 석짜리 보궐선거에서도 똑같은 책임을 물었다. 당시에는 보궐선거를 1년에 두 번(4월, 10월)씩 치렀기 때문에 보궐선거는 반년마다 찾아오는 당 지도부의 무덤이나 마찬가지였다.

상황이 이러니 열린우리당 지도부의 수명은 평균 5개월을 넘지 못했다. 5개월 정도 기간이면 업무 파악하고 부속 인사를 진행해 손발 맞추고 이제 막 본격적으로 일을 시작해볼까 하는 정도밖에 안 되는 기간이다. 그런데 매번 이런 식으로 지도부가 쉽게 교체되니 당 운영의 연속성이나 교훈이 생길 수가 없었다.

노무현 대통령 임기가 절반을 지나가던 2005년 후반기부터는 차기 대선을 의식한 의원들의 비공식 모임이 만들어지고, 전국 단위의 사모임도 결성되기 시작했다. 이른바 '계파 형성'이었다. **노무현** 대통령과 인연이 있는 친노 성향 의원들의 모임이 '참여정치실천연대'(참정연)나 '의정연구센터'(의정연)라는 이름으로 활동하고 있었으며, 차기 대권을 준비하는 '정동영계'와 '김근태계'도 형성되기 시작했다. 물론 당시 두 사람은 모두 현직 장관이었지만, 당에 돌아올 때를 미리 준비하고 있었다.

2006년 제4회 지방선거를 앞두고 2월 18일 당 지도부 선출을 위한 전당대회가 개최되었는데, 마치 차기 대선 경선의 전초전이라도 되는 듯이 치열하게 진행되었다. 결과적으로 **정동영** 의원이 당 의장이 되었는데, 후유증이 남았다. **유시민**을 포함한 친노계, 정동영계, 김근태계에 이어 대통합민주신당이 만들어진 2007년 이후로는 손학규계, 정세균계까지 형성되면서 그야말로 계파를 정확히 분석하지 않고서는 열린우리당을 제대로 해석할 수 없는 상황까지 이르렀다. 그리고 이런 당내 계파 간 대립 구도는 분열 프레임을 씌우는 데 아주 좋은 재료가 되었다.

열린우리당이 추구했던 민주주의에 대한 열정은 왜 리더의 권한을 약화하는 방향으로 쏠려갔을까? 아마도 처음에는 보스 중심의 권력 구조에서 탈피하기 위해서는 상향식 민주주의를 통해 선출된 권력이 더 강력해져야 한다는 순수한 의도에서 출발했을 것이다. 하지만 계파 간 대립 구도의 심화는 특정 계파가 지탱해주는 사적 권력의 강화를 야기했고, 결국 당 구심력의 약화를 초래했다. 아무도 당 대표나 비대위원장을 존중하지 않았고, 그래서 당의 권위는 더욱더 약화되었다.

부동산 정책 실패가 불러온 무능 프레임

열린우리당에서 국민이 떠나간 세 번째 요인은 부동산 정책 실패에 따른 무능 프레임이었다.

주요 정책, 특히 개혁성이 강한 정책일수록 정부 출범 초기에 기틀을 잘 다져야 한다. **노무현** 정부를 무너뜨린 가장 큰 원인은 부동산 문제였다. **문재인** 정부도 부동산 문제에서 국민에게 가장 큰 불만을 주었다. 두 정부 모두 초기에 강력한 서민 정책을 표방하면서 출범했던 정부였다.

아이러니하게도 대통령 임기 초 지지율이 높고 리더십이 강하면 시장은 안정적인 모습을 보인다. 이때 정부와 여당은 방심을 한다. 시장 상황이 안정적이니 굳이 자신들이 추진하려고 했던 과감한 개혁 정책을 도입할 필요성을 못 느끼거나, 그 진행 속도에 안이해진다. **노무현** 정부 말기에 부동산 가격은 30%가 뛰었다. 그

덕에 지지율은 20%가 빠졌다.

임기 중반 **이미경** 의원이 부동산 문제를 해결하기 위해 대출을 규제해야 한다고 열심히 주장한 적이 있었는데, 정부 관료들이 나서서 시장 지표가 안정적이니 불필요하고 과도한 규제라고 반대했다. 임기 말이 되어 부동산 가격이 급등하자 **노무현** 대통령은 대출 총량 규제를 시작했지만, 이미 늦은 시점이었다. 30% 이상 급등한 주택 가격 때문에 서민들은 분노와 실망을 노골적으로 드러내면서 떠나갔다.

"노무현을 믿고 있었는데 집값 하나 못 잡나? 서민을 위한 정당이라더니 서민의 아픔을 알기는 하나?"

"당 안에서 자기들 밥그릇 싸움에만 정신이 팔려 있지, 국민들 밥그릇은 한 번이라도 챙겨보았나?"

뼈아픈 질타가 이어졌다. 서민의 삶을 향상시키는 데 실패했다는 비판을 받으며 무능이라는 프레임이 덧씌워졌다. 여당은 정부 정책에 대한 책임도 함께 져야 했으므로 이런 무능 프레임을 극복하기가 어려웠다.

노무현의 대연정 구상

정책만이 아니라 커다란 정국 구상에도 마찬가지로 문제가 있었다. 열린우리당이 자중지란에 빠지고 국민의 지탄을 받게 된 또 하나의 큰 실패는 대연정 주장이었다. **노무현** 대통령이 던졌던 이슈 중 정국에 가장 큰 파장을 불러왔고, 그 파문의 정도와는 별개로 어떤 성과도 거두지 못했던 일이 바로 대연정이었다.

나는 **노무현** 대통령이 말했던 대연정의 방향과 방법, 시기 모두가 적절치 않았다고 평가한다. **노무현** 대통령은 대연정 카드를 임기 후반기에 꺼내 들었다. 나중에 이야기를 들은 바로는 **노무현** 대통령은 집권 초창기에 이미 '임기 전반에는 개혁, 후반에는 통합'이라는 국정 계획을 세웠다고 한다. 취임사에도 "개혁과 통합을 동력으로 도약하겠다"라는 말이 실제로 들어가 있었다. 그리고 그 계획에 따라 임기의 절반인 2년 6개월이 지난 시점에서 대통합을 던졌다.

연정은 새 정부가 출발할 때 시도해야 효과가 있다. 또한 우리나라는 내각제가 아닌 만큼 권력 연정의 형태가 될 수밖에 없다. 대표적인 사례가 바로 DJP 연합이다. **김대중** 대통령은 자민련의 **김종필** 총재에게 국무총리 자리를 맡기고 경제부처의 임명권을 주었다. 이렇게 출범 초기에 실질적인 권력을 내주어야 한다. 또 하나는 협의된 정책의 실천이다. DJP 연합이 깨진 주된 이유는 바로 내각제 개헌을 합의하고도 실행하지 않았기 때문이었다.

노무현 정부는 임기 전반에 걸쳐 개혁 입법을 놓고 야당과 한참 몸싸움을 벌였다. 그러다 후반에 접어들어 갑자기 이제부터 화합하자면서 대연정을 제시했으니 상대가 받아들일 리 만무했다. 게다가 이 문제에 대한 야당의 반발은 어찌 보면 당연한 일이었지만, 더 큰 문제는 정부와 여당 지지층이 반발했다는 점이었다. 이들은 탄핵 주도 세력이자 개혁 대상인 한나라당과 대연정을 한다면 더는 열린우리당을 지지할 이유가 없다면서 탈당하기 시작했다.

결국 2007년 5월, 노무현 대통령의 지지율은 12%, 열린우리당의 지지율은 8%까지 하락했다. 오만과 무능, 분열 이미지에다 지지층 붕괴에 이르기까지, 대선이 코앞으로 다가와 있던 2007년은 열린우리당으로서는 너무나 고통스러운 해였다. 오만과 무능, 분열 프레임을 뒤집어쓴 정당이 선거에서 승리한다는 것은 불가능에 가깝다. 국민이 싫어할 만한 이미지를 개선하고 극복하는 일도 혁신의 중요한 과정 중 하나다. 그리고 혁신에 성공하려면 지도부의 의지와 전략이 제일 중요하다. 끈질기게 끌고 나가 당의 이미지를 바꾸어야 하기 때문이다.

정동영·천정배의 탈당과 맞불 탈당

여당의 위치에서 만들어낸 수많은 성과에도 불구하고 열린우리당의 이미지는 너무 악화하고 있었다. 그리고 낮아진 지지율은 분열을 더욱더 가속하는 재료가 되어버렸다. 열린우리당의 변화를 위해 여러 아이디어가 백가쟁명처럼 터져 나왔지만, 이미 당은 발전적인 결론을 끌어내고 정상적인 의사결정을 내릴 수 없을 만큼 무너져 있었다.

2007년에는 차기 대선을 겨냥한 분열이 더 심화했다. **노무현** 대통령과 열린우리당의 지지율 하락은 대선을 노리고 있는 세력들에게 차별화의 빌미가 되었다. 호남 지역을 기반으로 한 정치 지도자들과 이른바 비非노 성향 정치인들은 **노무현** 대통령 및 친노 진영과 선을 긋기 시작했다. **노무현** 대통령은 이미 실패했으니 친노 세력이 중심인 열린우리당을 깨고 다시 판을 짜야 한다는 논리였다.

2007년으로 해가 바뀌자마자 국회의원들의 탈당이 시작되었다. 2007년 2월, 김한길계에 해당하는 의원 23명이 열린우리당을 나가면서 1차 탈당이 발생했다. 이들은 곧바로 '중도개혁통합신당 추진모임'이라는 교섭단체를 만들었다. 이름에서 알 수 있듯이 중도·개혁을 표방했는데, 이는 친노 진영이 지나치게 과격한 개혁을 추진하는 바람에 지지를 잃었다는 평가와 명분을 반영한 명칭이었다.

또한 여기서 말하는 통합의 대상은 1차적으로 열린우리당 창당 후 명맥만 유지하고 있었던 호남 기반의 새천년민주당이었다. **노무현** 대통령과 친노 진영은 실패한 정치 세력이었으므로 통합 대상이 아니었다. 한마디로 새천년민주당 등 중도 세력과 합치면서 친노 세력을 배제하자는 구상이었다. 이들의 집단 탈당으로 열린우리당은 사실상 분당의 길로 접어들었다.

2007년 3월 중순, 한나라당에서 **손학규** 의원이 탈당했다. 정국이 요동쳤다. 한나라당의 유력한 대선 후보 중 1명이 탈당했으니, 이제 정계 개편은 열린우리당만의 문제가 아니게 되었다. 열린우리당 탈당파가 새천년민주당 잔류 세력과 손잡고 **손학규** 의원 등과 힘을 합한다면, 열린우리당 소속 의원 상당수가 동요할 것이 분명했다. 물론 당시 친노 진영에도 **이해찬, 한명숙, 유시민** 등 쟁쟁한 정치인들이 포진하고 있었지만, 대선 후보로 보았을 때 경쟁력이 높은 사람은 없었기 때문이었다.

나는 **임종석, 최재성, 한병도** 의원 등 86 출신 의원들과 상의에 상의를 거듭했다. 당시 당 의장은 합의로 추대된 **정세균** 의원이 맡고 있었다.

"아무래도 대응하지 않고 이대로 가만히 있다가는 당이 공중분해될 것 같습니다."

"어떻게 하려고 그래?"

"몇 사람이 나가서 제3지대를 만들어놓고 새천년민주당 선배 일부와 손학규 의원을 설득해보겠습니다."

"잘 될까?"

"어떻게든 해봐야죠."

6월 8일, 나와 **이인영, 임종석** 등 이른바 86 초·재선 의원 17명이 중심이 되어 이른바 '맞불 탈당'을 감행했다. 이른바 2차 집단 탈당이었다. 이대로 당의 분당 사태를 지켜보다가 정말로 중도개혁신당모임과 새천년민주당이 통합이라도 하면 열린우리당의 분열이 고착화할 가능성이 있으니, 우리가 먼저 나가서 제3지대를 만들고 그곳을 기반으로 대통합을 추진하자는 구상이었다. 우리가 내세운 주장은 '친노 배제 없는 대통합'이었다.

6월 15일, **문희상** 전 의장을 비롯한 16명이 3차 집단 탈당을 진행했다. 하지만 이 탈당은 사전에 우리와 의논한 계획에 따른 것이 었다. 이미 1월에 탈당한 천정배계 7석과 **김근태** 의원 등 2차 탈당파, 3차 탈당파 등이 합세해 43석의 '대통합추진모임'을 결성했다.

그 이후로는 소통합파와 대통합파의 수 싸움이 시작되었다. 6월 18일에는 **정동영** 전 의장이 탈당했고, 6월 27일에는 구舊민주당과 김한길계의 중도개혁통합신당이 손을 잡고 '중도통합민주당'이 출범했다.

결국 키는 **손학규** 전 경기도지사가 쥐고 있었다. 당시 30% 가까운 국민 지지율을 얻고 있었던 대선 후보였기 때문이었다. 그래서 그가 어떤 선택을 하느냐는 매우 중요했다. 오래지 않아 나를 비롯한 몇몇 86세대 의원은 **손학규** 전 지사와 만났다. 인사동에서 시작한 술자리는 새벽까지 이어졌다.

"한나라당을 나오신 이상 어차피 제3신당을 만드시거나 저희 진영에 합류하시는 두 가지 길 중 선택하셔야 할 듯합니다. 그렇다면 저희 진영에 합류해주시기를 부탁드리려 합니다."

"어떤 취지에서 하는 이야기인가?"

"지금 정동영, 김한길 선배 측은 친노 진영을 배제한 채, 구민주당과 선배님과 함께 가려고 합니다. 하지만 저희는 선배님께서 친노를 배제하지 않는 대통합을 주창하신다면, 실제로 대통합이 가능하다고 생각합니다."

"내가 그렇게 하면 자네들이 내게 무엇을 해줄 수 있는가? 그것까지도 고민해보았을 거 아닌가?"

"선배님께서 대선에 출마하시면 저희 모두 돕겠습니다."

일단 그날은 별다른 결론 없이 헤어졌다. 한편으로 우리는 **임종석** 의원을 중심으로 **김효석, 이낙연** 등 구민주당 소속 중진 의원이면서 대화가 될 만한 선배들과 계속 접촉하고 있었다. 이들은 **손학규** 전 지사가 결단을 내려 '친노 배제 없는 대통합'을 선언하면서 우리 진영에 합류를 결정했다. 8월 3일, 의석수 84석을 보유한 대통합민주신당이 창당했다.

2007년 8월 18일, **정세균** 의장의 열린우리당이 전당대회에서 대통합민주신당과의 합당을 결정했고, 8월 20일에 합당이 이루어졌다. 그리고 열린우리당이라는 이름은 대한민국 정치 역사에서 퇴장하게 되었다. 한편으로는 착잡했다. 정당개혁, 정치개혁을 주창하면서 과감하게 정당의 문을 열어젖혔던, 152석이라는 과반 의석을 차지하면서 화려하게 막을 열었던 열린우리당의 간판을 내리는 현장에 서 있자니 허망한 마음뿐이었다.

연이은 선거 패배

2002년 대선 후보 경선은 국민의 자발적인 참여 열기 속에서 흥행에 성공했다면, 2007년 대통합민주신당의 대선 후보 경선은 상처투성이였다. 선거인단 수를 무한정 늘리려는 경쟁 속에서 본인 동의도 받지 않은 주소록 등을 상자째로 실어 나르다가 적발되는 '박스떼기' 논란이 빚어졌고, **손학규** 후보의 경선 중단 소동으로 이어지는 등 민망한 일이 속출했다.

　나는 약속대로 **손학규** 캠프에 합류해 대변인을 맡았다. 친노 배제 없는 대통합을 위해 탈당까지 감행하며 분열을 막았지만, 어떤 사람들은 정체성도 따지지 않고 유력한 대선 후보에게 줄을 선 86이라고 비난하기도 했다. 결국 대통합민주신당의 대선 후보는 **정동영** 의원으로 결정되었다. 곧이어 치러진 2007년 제17대 대선에서는 **정동영** 후보가 완패하고, 한나라당의 **이명박** 후보가 완승을 거두었다. **정동영** 후보의 득표율은 26.14%에 그쳤다. 민주·진보 지지층이 대거 투표에 불참한 결과였다.

　대선에서 패배한 대통합민주신당은 거의 그로기 상태였다. 전당대회를 열기조차 어려울 정도로 구심점이 사라졌다. 2008년 1월 10일, 당내 합의로 **손학규** 대표를 추대하고 총선 체제가 출범했지만, 이미 떠나간 민심을 추스르기는 불가능했다. 더구나 **이명박** 대통령 취임 2개월 만에 치러지는 총선이라 분위기를 바꾸기가 훨씬 어려운 상황이었다. 엎친 데 덮친 격으로 참여정부 시절에 국무총리를 지냈던 **이해찬** 의원이 탈당을 선언했고, 1월 16일에는 **유시민** 의원이 유연하고 새로운 진보정당을 만들겠다며 탈당했다. 친노 진영의 대표 인사들이 탈당하자 대통합민주신당의 외연은 더 협소해 보였다.

　2008년 4월 9일에 있었던 제18대 총선에서 야당은 다시 완패했다. 한나라당은 지역구와 비례를 합해 153석을 차지하며 과반수 당이 되었고, 대선 패배 이후 통합민주당으로 당명을 바꾼 야당은 81석으로 쪼그라들었다. 이전의 152석에서 거의 반토막이 난 셈이었다.

제18대 총선에서는 나 역시 쓰라린 패배를 맛보아야 했다. 나는 지금까지 여섯 번의 총선에 출마해 두 번의 낙선을 경험했다. 2000년의 첫 도전에서 낙선했고, 2008년 제18대 총선에서 다시 한번 낙선했다. 선거 패배는 언제나 크나큰 상처가 되고 정신적 타격을 안기지만, 현역 의원 신분으로 낙선하고 보니 그 쓰라림은 처음 선거에 나섰을 때의 패배와 비교할 바가 아니었다.

처음 낙선했을 때만 해도 '내가 신인이라 누구인지 몰라서 안 찍을 수 있지'라고 생각하면서 자기 위안을 할 수 있었다. 그런데 하루아침에 현역 국회의원에서 낙선자가 되고 나니 '지역구민들이 나에 대한 신임을 버렸다' 또는 '그간 나를 지지해주었던 지역구민들에게 내가 정말 큰 실망감을 안겼구나' 하는 생각이 들어 열패감이 이만저만이 아니었다.

2007년 초반부터 2008년 초반까지 나는 줄곧 심신이 지친 상태로 일했다. 끝없는 분열과 대립이라는 당내 상황은 절망적이었다. 심지어 2008년 제18대 총선 선거운동 기간 첫날에는 허리 디스크로 쓰러져 입원할 수밖에 없었다. 병원에 입원한 상태로 선거운동을 하려니 제대로 될 리도 없었다. 선거에서 패배한 이후, 역시 종로구 선거에서 낙선하고 당 대표직에서 사임한 **손학규** 대표와 한식집에서 단둘이 만나 마지막 만찬을 했다.

"허리 디스크였다며?"

"예. 지금도 치료받는 중입니다."

"…."

"죄송합니다. 저희 당으로 오시라고 권유해놓고 결국 책임을 지지 못했네요."

"책임은 무슨… 다 내가 부족한 탓이지."

"…."

한동안 침묵이 흘렀다.

"그런데 말이야."

"네."

"한번 물어보자. 이 손학규에게 다음이 있겠나?"

나는 숨을 들이마셨다. 어려운 주제였다.

"잘 모르겠습니다. 지금부터 어떻게 헤쳐 나가시느냐에 달려 있지 않을까요?"

하나 마나 한 대답이었다. 식사를 마치고 헤어지는데 어두운 골목길로 휘적휘적 걸어가는 정치인 **손학규**의 뒷모습이 적적해 보였다.

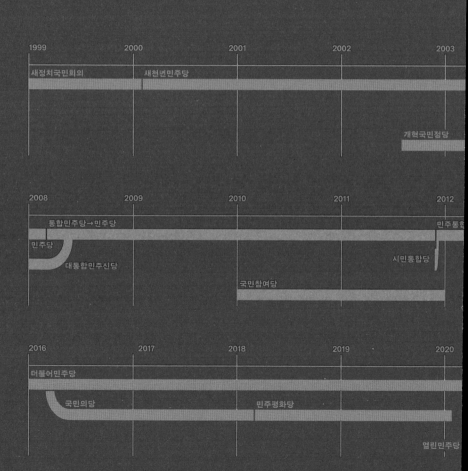

1999　　　　2000　　　　2001　　　　2002　　　　2003

새정치국민회의　　새천년민주당

개혁국민정당

2008　　　　2009　　　　2010　　　　2011　　　　2012

통합민주당→민주당　　　　　　　　　　　　　　　　민주통합

민주당

대통합민주신당

시민통합당

국민참여당

2016　　　　2017　　　　2018　　　　2019　　　　2020

더불어민주당

국민의당

민주평화당

열린민주당

진보 담론의 재정비와 통합(2008~2015)

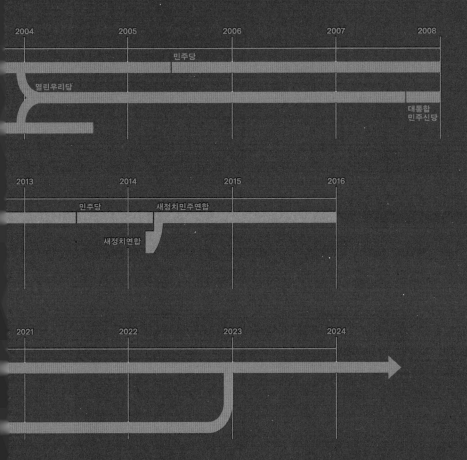

2004   2005   2006   2007   2008

민주당

열린우리당

대통합
민주신당

2013   2014   2015   2016

민주당   새정치민주연합

새정치연합

2021   2022   2023   2024

분열 극복과 진보적 색채 강화, 민주통합당

2008년 제18대 총선 패배 이후, 민주당 계열 정당은 침체의 늪에 빠져들었다. 대선, 총선 등 전국 선거에서 잇달아 완패한 데다, 각 세력의 분열로 지지 기반이 와해하기 직전이었다. 한편으로 이 시기는 분열된 세력을 통합하고, 새로운 가치와 비전을 정립해 다음 대선 승리의 기틀을 만드는 시기였다. 하지만 열린우리당 몰락 이후 민주당 계열 정당은 10년간의 여당 생활에서 벗어나 힘들고 어려운 야당의 길을 걸어야만 했다.

2008년부터 2016년 제20대 총선 사이에 야권에서는 무슨 일이 벌어졌을까? 2008년에는 광우병 집회가 주말마다 도심에서 벌어졌고, **이명박** 대통령은 **노무현** 전 대통령에 대한 보복성 수사를 강행했다. 2009년 5월 **노무현** 대통령이 비극적으로 생을 마감한 이후, 야권 지지자들은 이를 악물기 시작했다.

2009년과 2010년 제5회 지방선거를 거치는 동안 전개되었던 무상급식 투쟁은 단일 이슈로 전국적 쟁점을 만든 모범 사례였다. 야권은 제5회 지방선거 승리로 회생의 발판을 마련했고, 2011년 보궐선거로 당선된 무소속 박원순 서울시장의 등장 이후 민주·진보 진영 대통합을 추진했으며, 같은 해 12월에는 시민 정치 세력과 함께 훨씬 진보화한 민주통합당을 출범시켰다.

2012년 제19대 총선과 제18대 대선은 야권의 입장에서는 실패한, 그러나 연구할 가치가 있는 전국 선거였다. 이명박 대통령은 임기 말에 있었고, 정권심판론과 정권교체론이 국민 여론의 60%를 웃돌았는데도 패배했기 때문이다. 아울러 2015년 문재인 새정치민주연합 당 대표 시절 야권의 대분열은 충격적이었다. 민주당 분열의 역사를 연구할 때 반드시 포함해야 할 사례라고 할 수 있다.

2016년 제20대 국회의원 총선거에서 더불어민주당은 김종인 비대위원장의 등장에 힘입어 원내 1당이 되기는 했으나, 안철수 대표가 만든 국민의당이 38석을 차지하며 거대 3당으로 화려하게 등장하기도 했다. 참으로 희한한 대한민국 야당 정치사가 아닐 수 없다.

2부에서는 10년에서 조금 모자란 기간에 걸친 이명박, 박근혜 정권 시절 야당의 굴곡진 흐름을 교훈 중심으로 정리해보려 한다.

5장

정권 교체를 위한 정비의 시간

노무현 전 대통령 수사와 비극적 결말

2008년 제18대 국회의원 선거에서 압승한 이명박 정부는 4월 18일에 한·미 소고기 2차 협상이 타결되었다고 발표했다. 뼈와 내장을 포함한 30개월 이상, 특정 위험 부위 대부분을 포함한 30개월 미만의 미국산 소고기 수입을 허용한다는 내용이었다. 이는 한·미 자유무역협정(FTA)의 전제 조건으로 미국이 제시한 사안이었기 때문에 나름 중요한 문제였지만, 애초에 농·수·축산물 수입 관련 이슈는 주로 농민과 진보적 시민단체의 관심사여서, 대중에 대한 확산력은 크지 않은 뉴스였다.

그러나 2008년 4월 29일, MBC 〈PD수첩〉 방송에서 '미국산 소고기, 광우병에서 안전한가?'라는 주제로 이 사안을 집중적으로 다루면서 이 문제는 국민 전체의 건강 문제로 대두되었다. 사안은 '미국의 축산업자를 위해 우리 국민의 건강을 위협할 수 있는 축산물의 수입을 허용하는 일이 과연 옳은 일인가'라는 주제로 확대되었다. 이런 분위기 변화에 이어 5월 2일, '제1차 미국산 소고기 수입 반대 촛불문화제'가 열렸고, 여기에 시민 2만여 명이 운집했다. 이후 이 촛불집회는 주말마다 진행되었다.

이명박 대통령은 5월 22일 "정부가 국민께 충분한 이해를 구하고 의견을 수렴하려는 노력이 부족했습니다"라는 내용의 대국민담화를 발표하며 상황을 진정시키려고 했다. 하지만 촛불집회는 오히려 5월 24일부터 주요 도심을 점거하는 가두시위로 변모했다. 6월 10일 촛불집회는 주최 측 추산으로 70여만 명이 참가한 사상 최대 규모 집회가 되었다.

6월 19일 이명박 대통령은 "국민이 원하지 않는 한 30개월령 이상의 미국산 소고기가 우리 식탁에 오르는 일이 절대 없도록 하겠다"라는 내용의 특별 기자회견을 진행했다. 2008년 8월 15일 광우병 국민대책회의가 '100일 기념 촛불집회'를 마지막으로 개최할 때까지 촛불집회는 주말마다 산발적으로 계속되었다.

집권 세력에서는 이 일련의 촛불집회가 야권이 개입해 의도적으로 혼란을 일으킨, 일종의 대선 불복성 집회라는 인식이 강했다. 그러나 당시 통합민주당(이하 민주당)은 제18대 총선 패배 이후 사퇴한 손학규 대표의 후임 지도부를 선출하기 위한 전당대회

(2008년 7월 6일 개최)를 준비하느라 5~6월에 대규모 장외 집회를 이끌어갈 여유가 전혀 없었다. 광우병 국민대책회의의 주요 구성원은 **노무현** 대통령 시절부터 한·미 FTA 체결을 반대하며 지속적으로 열린우리당에 대해 투쟁했던 분들이었다.

게다가 야당은 당시 광장에서 환영받지도 못했다. **노무현** 정부도 임기 중에 한·미 FTA를 추진했고, 20개월 이하 소고기 수입에도 동의했기에 민주당이 광우병 소고기 전면 반대 투쟁에 적극적으로 나설 만한 명분도 약했다. 그러니 당시 집권 세력은 광우병 집회의 배후 세력에 관해 잘못 알고 있었던 셈이다.

당시 촛불집회에 개인 자격으로 여러 번 참여한 나는 집회 전개 양상에 전혀 적응할 수가 없었다. 단상을 중심으로 진보적 인사들과 단체 소속 구성원들이 집회를 진행하는 모습은 익숙한 광경이었지만, 단상과 50미터, 100미터 떨어진 거리에서는 난생처음 보는 시위 대열이 움직이고 있었다. 스카프와 치마를 두르고, 선글라스에 하이힐을 신은 젊은 여성 수백 명이 스크럼을 짜고 "이명박 아웃!"을 외치면서 행진하고 있었고, 유모차에 아이를 태운 젊은 엄마들 역시 수백 명씩 줄지어 걸어가면서 구호를 외치고 있었다.

"0교시 도입 반대한다! 고등학생 단결하여 이명박 정권 타도하자!"

이렇게 외치는 고교생들도 100여 명 넘게 행진하고 있었다.

집회를 주도하는 단상에서 어떤 연설과 공연을 하는지와 상관

없이 커뮤니티별로 이루어지는 시위 모습이 너무도 생경했다. 나는 조직화된 대학생, 노동자, 농민, 청년단체 등 이른바 운동권 집회 문화에 익숙한 사람이었기에, 이런 새로운 시위대의 등장을 처음 목격하고 다소 당황했다.

이는 다양한 주제에 관심을 두고 정보를 교환하던 커뮤니티가 광장으로 진출해 자신들의 주장을 표출하는 참여형 정치 문화로 발전하는 과정으로 볼 수 있다. 하지만 민주당은 한동안 이런 새로운 문화에 적합한 의사소통 체계를 만들지 못했다. 반성해야 할 대목이다.

광우병 집회로 일격을 당했다고 판단한 집권 세력은 반격을 시작했다. 이른바 '박연차 게이트'를 매개로 **노무현** 전 대통령을 향한 수사에 들어갔다. 실제로 2008년 7월 무렵부터 검찰이 **박연차** 태광실업 회장을 타깃으로 삼고 광범위한 수사에 나섰다는 이야기가 확산되어 있었다. 국세청 세무조사에서 태광실업의 탈세 사실이 밝혀지자 9월부터 대검찰청 중수부가 본격적인 내사에 착수했다. 국세청은 자체 세무조사 결과를 근거로 **박연차** 회장을 고발했고, 세무조사 자료를 검찰에 넘겼다.

이후로는 구속수사의 연속이었다. 2008년 12월 4일, **노무현** 전 대통령의 형 **노건평** 씨가 구속되었고, 12월 12일에는 **박연차** 회장이 구속되었다. 2009년 3월, 검찰은 **추부길** 전 청와대 홍보기획비서관을 구속한 데 이어서 **박정규** 전 민정수석, **장인태** 전 행자부 차관, **이광재** 전 상황실장을 구속했다. **노무현** 전 대통령의 후원자였던 **강금원** 창신섬유 회장을 4월에 구속했고, 노 전 대통령의 조카사위인 **연철호** 씨를 체포했다. 4월 11일, **권양숙** 여사가 부산지검에서 소환 조사를 받았고, 그다음 날에는 아들 **노건호** 씨가 미국에서 귀국하자마자 소환 조사를 받았다.

한편 4월 14일에는 **박지원** 의원이 국회 법사위에서 이른바 '한상률 리스트' 의혹을 제기했다. **이명박** 대통령의 형인 **이상득** 의원이 **한상률** 국세청장을 만나 **박연차** 회장 관계 회사의 세무조사를 지시했다는 의혹이었는데, 당시 **한상률** 국세청장이 자신이 확보한 자료를 **이명박** 대통령을 직접 만나 보고했다는 의혹까지 제기되면서, **노무현** 전 대통령 관련 검찰 수사가 **이명박** 대통령의 하명 수사였다는 문제 제기였다.

한상률 국세청장은 **노무현** 정권 시절에 임명된 국세청장이었는데, 자신의 연임 로비를 위해 "박연차를 잡으면 노무현 전 대통령을 잡을 수 있다"라며 **박연차** 회장을 잡을 수 있는 국세청 정보를 제공했다는 소문이 여의도에 파다하게 퍼졌다.

2009년 4월 22일, 검찰은 **노무현** 전 대통령에게 서면 질의서를 발송했고, 4월 25일에 답변서를 제출받은 이후, 4월 30일에는 **노무현** 전 대통령을 서초동 대검 중수부로 소환 조사했다. 5월 13일에는 **박연차** 회장이 각각 1억 원 상당의 고가 시계를 2006년 **노무현** 대통령 부부에게 선물했고, 이를 나중에 논두렁에 버렸다는 인신공격성 기사까지 언론에 보도되었다. 이에 관해 **이인규** 대검찰청 중앙수사부장은 검찰발 정보가 아니라 국정원발 정보였다고 주장했는데, 어느 쪽에서 제공했든 참으로 치졸한 언론 플레이였다.

2009년 5월 23일 일요일, 나는 10여 년간 매월 참여했던 통일 산악회 정기 산행에 나섰다. 산악회원들과 함께 전세 관광버스를 타고 이동하는 중에 전화를 받았다. **노무현** 전 대통령이 서거하셨다는 소식이었다. 눈앞이 노래지는 듯했다.

"무슨 소리야? 왜? 사고가 났나?"

"아니요. 스스로 그러셨답니다. 부엉이바위에서 투신하셨다는데, 자세한 내용은 모르겠습니다."

급히 서울로 복귀해서 가족과 함께 봉하마을로 내려갔다. 눈물이 그치지 않았다. '우리가 한나라당에 정권을 넘겨준 결과가 이런 식으로 부메랑이 되어 돌아오는구나' 하는 안타까움과 회한이 가득 밀려왔다. 봉하마을에 도착해 문상하려고 줄지어 서 있는데 억수 같은 장대비가 내렸다.

'하늘도 같이 우는구나!'

서울에 설치할 분향소에서 상주 역할을 맡아달라는 연락을 받고 봉하마을에서 다시 서울로 올라왔다. 엄청나게 많은 시민이 분향소를 찾아왔다. 서럽게 흐느끼는 시민들을 보니 또 눈물이 났다.

영결식은 5월 27일 경복궁 앞에서 거행되었다. 영결식장에서 **김대중** 전 대통령은 헌화와 분향을 한 이후 **권양숙** 여사의 손을 부여잡고 대성통곡했다. 그 뜨거운 날씨에 대성통곡까지 했던 **김대중** 전 대통령은 이후 건강이 악화해 결국 8월 18일 운명했다. 그해 우리는 그렇게 민주당 출신의 걸출한 정치 지도자 두 사람을 떠나보내야만 했다.

노무현 전 대통령을 겨냥한 과도한 수사와 그에 따른 비극적 결말은 민주당 지지층에 돌이킬 수 없는 상처가 되었다. 그들에게는 **이명박** 대통령과 정치 검찰에게 반드시 복수하겠다는 강렬한 적개심이 내재화되었다. 훗날 민주당이 검찰개혁에 '올인'하게 된 이유도 따지고 보면 **노무현** 전 대통령의 죽음이 큰 영향을 미쳤다고 볼 수 있다.

무상급식 투쟁과 2010년 지방선거

노무현 전 대통령의 영결식이 끝난 이후인 2009년 8월 초, **정세균** 당 대표가 내게 당직을 계속 맡지 않을 생각이냐고 물었다. 그간 현역 의원이 아니라서 당직을 고사했는데, 더는 뒤로 빠져 있을 수 없었다.

"뭐라도 맡아 보탬이 되겠습니다."

정세균 대표는 사임한 **김유정** 대변인 후임으로 나를 대변인에 임명했다. 선거 캠프 대변인을 포함해 여섯 번째로 맡은 대변인 직책이었다. 당시 현역 의원 중에서는 **노영민** 의원이 대변인을 맡고 있었는데, 원외 인사인 내가 시간적 여유가 더 많을 테니 적극적으로 활동하라고 격려해주었다.

2008년 총선에서 의석수가 81석으로 쪼그라든 후, 야권이 의회에서 할 수 있는 일은 거의 없었다. 과반수의 거대 여당에 맞서기 위한 집회와 농성이 반복되었다. 야권 부활을 위해서는 승부수가 필요했다. 정당은 선거로 살고 선거로 죽는다. 선거에 패배하면 침체를 맞게 되고, 선거에 승리하면 사기가 오른다. 그런 관점에서 보면 결국 정당의 운명은 국민의 손에 달려 있다.

노무현 전 대통령 서거 이후 치러질 첫 번째 선거는 2009년 10월 28일로 예정된 5개 지역 국회의원 보궐선거였다. 전국 규모 선거는 2010년 6월 2일로 예정된 제5회 지방선거였다. 중요한 선거들을 앞둔 민주당의 과제는 다음 세 가지로 압축되었다.

첫째, 2007년 대선 경선 이후 이탈한 친노 세력 등 전통적 야권 세력을 어떻게 통합할 것인가.

둘째, 민주당의 가치와 비전을 보여줄 수 있는 정책 과제를 어디에 집중할 것인가.

셋째, 지방선거의 후보 전략, 특히 광역단체장 후보 전략을 어떻게 짤 것인가.

첫 번째 이슈와 관련해 **정세균** 대표는 2009년 7월 취임 1주년 기자회견에서 민주대통합론을 거론했다. 2010년 지방선거 승리와 2012년 집권의 디딤돌을 마련하고자 **한명숙, 문재인, 유시민** 등 주요 친노 인사들의 복당과 출마를 추진할 계획이라고 천명했다.

2009년 10월 16일, 범친노계 모임인 '시민주권'이 출범했다. **이해찬** 전 총리가 대표를 맡았고, **문재인, 문성근** 등 당외 인사와 **안희정, 이광재, 김진표, 김태년** 등 당내 인사가 함께 모임에 참여했다.

본격적인 정치조직은 아니었지만, **노무현** 정권 시절 청와대와 내각에서 활동했던 사람들의 모임이었던 만큼 자연스럽게 정치적 주제를 논의하기도 했다. 그중에서 가장 주목받은 사람은 아무래도 **문재인** 전 비서실장이었다. 하지만 당시 그는 정치 참여를 완강하게 거부했다.

이런 일도 있었다. 10월 28일 국회의원 보궐선거를 앞두고 민주당에서는 청와대 출신 **송인배** 전 비서관을 경남 양산 지역 후보로 공천했다. 선거 사무실을 구하고 개소식을 하기로 했는데, 사람들은 그때 **문재인** 전 비서실장이 당연히 참석할 테니, 사무실 개소식이 끝나면 참석자 모두 자연스럽게 근처 유세장으로 이동하고, 그곳에서 **문재인** 전 실장의 지지 발언을 유도하자고 사전에 계획을 세웠다. 그런데 개소식이 끝나고 선거 사무실에서 나와 100여 미터 걸었을까? 우회전만 하면 유세차가 서 있는 거리가 나오는 찰나, 갑자기 **문재인** 전 실장이 걸음을 멈추었다.

"저는 여기까지만 함께하겠습니다. 다들 수고하십시오."

"아니, 요 앞에 유세차가 있는데, 거기까지는 갑시다."

"아닙니다. 저는 여기까지만 하겠습니다. 죄송합니다."

그러고는 돌아서서 휘적휘적 걸어가 버렸다. 함께 작전(?)을 짰던 **한명숙** 총리가 한숨을 내쉬었다.

"거 대단한 고집이네, 참!"

그때 나는 '저분은 정치는 절대 안 하시겠구나'라고 생각했다.

10·28 보궐선거에서 민주당은 5개 지역 중 3개 지역에서 승리

하고 2개 지역에서 패배했다. 언론에서는 이를 민주당의 승리로 평가했다. 당내에서는 곧 이어질 지방선거도 해볼 만하겠다는 분위기가 서서히 확산하기 시작했다. 그렇다면 어떤 정책 과제를 지방선거의 밥상에 올릴 것인가? 어느 당이나 민생을 이야기하지만, 조금 더 구체적인 정책을 상징적으로 제시할 필요가 있었다.

민주당은 2010년 2월 18일 의원총회에서 모든 초등·중학생에게 무상으로 급식을 제공하는 방안을 당론으로 확정했다. 사실상 이를 지방선거의 대표 정책 과제로 설정한 셈이었다. 사실 무상급식은 2001년 당시 **안상수** 한나라당 국회의원의 선거구였던 과천시에서 제일 먼저 시행되었고, 2007년에는 경남 거창에서 면 단위 초·중·고교를 대상으로 진행한 바 있었다. 2008년 이후에는 경남 남해, 창녕, 고성, 함안, 의령, 하동, 합천, 산청, 통영 등지로 무상급식이 자발적으로 확산했다. 다시 말하자면 무상급식 제도는 한나라당의 아성인 영남 지역에서 먼저 도입하고 확산했다.

무상급식 정책이 중앙 차원에서 본격적으로 이슈화된 시기는 2009년 5월, 혁신학교와 무상급식, 고교 평준화를 3대 핵심 공약으로 추진하겠다던 **김상곤** 경기도 교육감이 취임하면서부터였다. 예산을 다루는 경기도 의회는 당시 한나라당 도의원이 92명으로 압도적 다수를 점하고 있었는데, **김상곤** 교육감이 추진하려던 의제를 정쟁적 시각에서 다루면서 여야 간의 갈등으로 비화되었다. 민주당은 찬성, 한나라당은 반대 입장이었다.

민주당이 당론으로 무상급식 의제를 정하자, 이는 경기도 의회 차원이 아닌 중앙 차원의 이슈로 급부상했다. 경기도 의회에 이어 서울시의회에서도 2010년 3월부터 동일한 이슈가 제기되었다. 그러자 **오세훈** 서울시장은 4월 14일 서울시장 재선 출마 기자 회견에서 전면 무상급식을 거부하고 소득 수준 하위 30%까지만 무상급식을 제공하겠다는 입장을 밝혔다. 그러면서 무상급식은 전국적인 선거 이슈가 되었다.

사실 무상급식 정책에 대해서는 민주당 내에서도 이견이 존재했다. '무상'이라는 용어가 공산주의를 연상시켜 자칫 좌파정당으로 몰릴 수 있다는 견해와 '그러면 이건희 손자 같은 사람에게도 무상급식을 제공해야 하나'라는 한나라당의 주장이 대중적으로 먹힌다는 주장이었다. 그러나 민주당 내 진보파를 포함한 다수 의원은 지방선거 승리를 위해서는 더 선명한 정책을 전면에 내걸어야 하며, 하자는 쪽이 하지 말자는 쪽보다 해당 이슈에 관한 주도권을 잡을 가능성이 크므로 유리하다고 주장했다. 무엇보다도 학부모들의 전폭적인 지지가 따를 것이므로 선거에 유리하다는 주장이 다수 의원을 움직이게 했다.

지방선거가 점점 다가오면서 각 당의 후보 공천에 관한 전략적 고민이 시작되었다. 먼저 서울시장 후보로는 **한명숙** 전 국무총리가 유력 주자로 부각되었고, 경기도에서는 **김진표** 전 경제부총리가 유력 후보로 떠올랐다. 문제는 한 번도 당선된 적이 없는 열세 지역의 후보 결정 문제였다.

그래도 다행히 강원도는 당시 현역 국회의원이었던 **이광재**가 출마 결심을 굳힌 상태였다. 충남은 **안희정**이 일찌감치 마음을 정하고 지역을 누비고 있었다. 사실 **정세균** 대표는 2009년 10월 국회의원 보궐선거에서 **안희정**을 경기 안산 지역 후보로 내세우려고 구상하고 있었다. 나는 내심 생각이 달랐다. 안희정에게 연락해 만났다.

"정세균 대표가 자네에게 안산 지역 국회의원 공천을 주실 생각인데 연락 왔어?"

"그렇지 않아도 며칠 후에 뵙기로 했는데 그 문제였고만."

"내가 볼 때는 노무현 대통령의 적자嫡子가 안산에서 국회의원 공천을 받는 것보다는 취약 지역인 충남에서 도지사 후보로 도전하는 것이 훨씬 의미가 있을 것 같아. 만약 낙선하면 2년 후에 논산에서 국회의원 후보로 나가 이인제 의원과 대결하는 것도 가능하고 말이지."

"나도 형이랑 비슷한 생각을 하고 있었는데, 주변하고 상의해 볼게요."

그로부터 일주일 정도 시간이 지난 이후 **정세균** 대표가 참모회의에서 이야기를 꺼내었다.

"안희정이 안산에 출마할 생각이 없다고 하더라. 고향에서 뜻을 도모하겠다던데?"

나는 속으로 빙그레 웃었다.

지방선거를 앞두고 **송영길** 의원도 만났다. 인천시장에 도전해보면 어떻겠냐고 슬쩍 의중을 물었더니 펄쩍 뛰었다.

"인천에서 호남 출신이 단체장을 하는 것은 불가능에 가깝지. 상당히 보수적인 도시거든."

나는 40대 젊은 정치인들이 전면에 나서서 어려운 싸움을 해주어야 궁극적으로 지방선거에서 이길 수 있다고 하면서 고민해 달라고 권유했다. 결국 **송영길** 의원은 인천시장 선거 출마를 결심했다. 강원의 **이광재**, 인천의 **송영길**, 충남의 **안희정**, 그리고 경남의 **김두관**(당시 무소속)에 이르기까지 40대 중후반에서 50대 초반에 해당하는 젊은 정치인들이 광역단체장 후보로 출정했다.

결과적으로 전통적 우세 지역이었던 서울에서 **한명숙** 후보가 **오세훈** 후보에게 석패하고, 경기도의 단일 후보였던 **유시민** 후보가 **김문수** 후보에게 패배하기는 했지만, 그간 민주당이 단 한 번도 단체장을 배출하지 못하던 강원, 인천, 충남, 경남에서 야권 후보가 줄줄이 승리하면서 큰 성과를 거둘 수 있었다. 역대 지방선거 중에서 가장 거센 세대교체의 바람이 불었다는 평가를 받았고, 40대와 50대 초반 후보들을 전면에 내세운 민주당은 승리할 수 있었다.

또한 이 선거에서는 서울과 수도권 주요 도시의 기초단체장과 광역의원에 젊고 진보적 성향의 후보들이 대거 당선되었는데, 이들은 대부분 훗날 민주당의 주요 인재로 성장했다.

지방선거의 대승으로 민주당은 2007년 제17대 대선과 2008년 제18대 총선 패배 이후 겪어야 했던 긴 침체의 늪에서 빠져나올 수 있었다. 무상급식 같은 생활밀착형 민생 이슈의 전면

부각과 젊고 참신한 후보 선정 전략, 내부적 통합과 부분적 야권 연대 전략 등이 잘 맞아떨어진 선거였다. 한편 서울과 경기도 광역단체장 선거의 패배는 2012년에 찾아올 총선과 대선에서 승리하려면 전략을 좀 더 세밀하게 준비하고 실행해야 한다는 숙제도 남겨주었다.

오세훈 시장의 사퇴와 박원순의 등장

비록 서울시장 선거에서 **오세훈** 시장이 재선에 성공했지만, 무상급식 논쟁이 완전히 끝난 것은 아니었다. 서울시의회는 민주당 소속 의원이 다수를 차지했고, 서울시 교육감에는 **곽노현** 후보가 당선되었기 때문이었다.

오세훈 서울시장은 소득 수준 하위 30% 이하인 저소득층 자녀를 위한 예산 2,584억 원을 배정했으나, **곽노현** 교육감은 초·중·고교 무상급식을 추진하겠다고 밝혔다. 2010년 7월 6일, 서울시의회는 서울시 예산 편성과 재정 분석을 위해 전문가를 포함한 세 개의 TF(Task Force, 대책위원회)를 구성하고 친환경 무상급식 등에 사용할 예산을 확보하려 했다.

이 무상급식 논쟁에서 유의미하게 들여다볼 부분은 광역의회의 역할이었다. 애초에 광역의회의 구성원인 시·도의원들은 각 지역 국회의원과 지역위원장의 영향을 많이 받고, 광역단체장과 집행부의 협조를 받아 예산을 확보하는 데 우선 관심을 두어왔기 때문에 논쟁의 전면에 서기가 쉽지 않았다.

그러나 경기도의회에서 시작된 정책 대결이 서울시의회의 전면적 투쟁으로 이어지면서 양상은 다르게 전개되었다. 서울시의회에서는 **신원철** 의원을 중심으로 24명의 진보·개혁적 성향의 의원들이 '사람중심 서울포럼'이라는 모임을 만들어 **오세훈** 시장과의 싸움을 주도했고, 당시 **허광태** 서울시의회 의장과 **김명수** 서울시의회 민주당 원내대표가 이들과 협조하면서 **오세훈** 시장과 맞섰다.

오세훈 서울시장은 하위 30% 선별 지원 정책을 계속 고수했지만, 4개월여의 대치 끝에 민주당 주도의 서울시의회는 2010년 12월 1일 초등학교 무상급식 조례안을 통과시켰다. 이에 **오세훈** 시장은 바로 다음 날 무상급식 조례의 강행 통과에 반발하며 시의회와의 시정 협의 중단을 선언했다. 또한 의회를 통과한 조례의 공포를 거부했는데, **허광태** 의장이 2011년 1월 6일 무상급식 조례를 직권 공포하면서 갈등은 최고조에 달했다.

오세훈 서울시장은 1월 10일 무상급식 전면 실시 여부 주민투표를 시행하자고 제안했고, 민주당 소속 시의원들은 초등학교 무상급식에 들어가는 비용이 1년에 695억 원인데 182억 원을 더 들여 주민투표를 하는 일은 낭비라며 반대했다. 하지만 **오세훈** 서울시장은 2월 8일 보수 성향 시민단체들로 구성된 '복지포퓰리즘추방국민운동본부'에 청구인 대표자 증명서를 교부했고, 이들은 주민투표 시행을 위한 서명운동에 돌입했다.

주민투표를 하려면 180일 동안 청구권자 총수의 5%인 41만

2부 진보 담론의 재정비와 통합(2008~2015)

8,000명의 서명을 받아 청구해야 한다. 복지포퓰리즘추방국민운동본부는 2011년 6월 16일 청구인 약 80만 명을 토대로 한 무상급식 주민투표서를 제출했고, 한 달여의 검증을 통해 그중 67%에 해당하는 약 55만여 명의 서명이 유효하다고 발표했다. 주민투표일은 8월 24일로 확정되었다.

이와 더불어 **오세훈** 서울시장은 투표를 며칠 앞둔 8월 21일에 무상급식 주민투표 결과에 시장직을 걸겠다고 선언하면서, 투표율이 33.3%에 못 미쳐 투표가 무산되거나 개표 결과가 전면 무상급식 실시로 결정되면 서울시장에서 사퇴하겠다고 승부수를 던졌다. 사퇴 선언에 대해서는 여당 지도부까지 나서서 끝까지 만류했지만, 오 시장은 고집을 꺾지 않았다.

결국 8월 24일에 치러진 주민투표는 최종 투표율 25.7%에 그쳤고, 투표함은 개표해보지도 못하고 폐기되었다. 8월 26일, **오세훈** 서울시장은 자신이 말한 대로 시장직에서 사퇴했고, 10월 26일에 보궐선거가 치러지게 되었다. 이 사상 초유의 주민투표 추진과 서울시장 사퇴는 서울시의회 민주당 시의원들의 꾸준한 투쟁이 거둔 성과였으며, 보수 진영의 지도자로 떠오르려고 했던 **오세훈** 시장의 과욕이 부른 황당한 결말이었다.

나는 당시 개혁적인 서울시 의원들과 식사도 하면서 이 투쟁을 독려했다. 앞으로도 민주당은 광역의회 의원들과의 소통을 시·도당에만 맡기지 말고, 이들의 활약을 중앙당 차원에서 주요한 투쟁 동력으로 삼아야 할 필요가 있다.

2011년 박원순 시장의 등장과 시민 정치 세력 형성

서울시장 보궐선거가 결정되자, 경기도 안산의 **천정배** 의원이 뜬 금없이 서울시장 출마를 선언했다. 이에 반발한 서울 지역 의원들이 **박영선** 의원을 만나 출마를 설득했다.

"아니 서울에 인물이 없나요? 경기도에서 국회의원 하던 분이 갑자기 서울시장 출마라니요? 박 의원님이 나서 주세요."

"나는 출마를 고민해본 적도 없고, 천 의원하고도 친한 사이라서 난처한데요."

"서울 지역 의원들, 원외 위원장들이 열심히 도울게요. 고민해 주세요."

박영선 의원은 고민 끝에 서울시장 후보 출마를 선언했고, 치열한 당내 경선을 거쳐 민주당 서울시장 후보로 확정되었다. **천정배**(경선 2위), **추미애**(3위), **신계륜**(4위) 후보 순이었다.

그런데 갑자기 변수가 생겼다. **이명박** 대통령에게 탄압을 당하던 **박원순** 변호사가 산에서 내려와 서울시장 선거 출마를 검토한다는 보도가 이어졌다. 처음에는 박 변호사의 인지도가 그리 높지 않아 지지율이 5% 남짓에 불과했는데, 2011년 9월 6일에 당시 **안철수** 안랩 대표가 지지를 선언하면서 **박원순** 변호사의 인지도는 급상승했다.

9월 21일, **박원순** 변호사는 서울시장 출마를 선언했고, 이어서 23일에는 민주당의 야권 단일 후보 경선을 조건 없이 수용한다고 발표했다. 9월 25일, 민주당 서울시장 후보로 선출된 **박영선** 후보와 **박원순** 후보 두 사람은 10월 3일에 범야권 서울시장 보궐선거 후보 단일화 경선을 치르기로 합의했고, 여기에는 민주노동당 **최규엽** 후보도 참여하기로 했다. 제1야당의 후보와 **박원순**이라는 개인이 서울시장 후보 자리를 놓고 경쟁하는 구도 자체도 새로웠지만, 여론조사가 아닌 참여형 경선이라는 방식을 시도했다는 점도 참신했다.

나는 이 경선에서 **박영선** 후보 조직본부장을 맡아서 민주당의 선거인단 동원을 책임졌는데, 지역별로 전세버스를 동원해 당원 참여를 독려했다. 경선 당일에는 투표장이었던 장충체육관 입구 난간에서 속속 도착하는 전세버스들을 맞이하며 동원 인원을 확인하고 있었는데, 같은 시각 지하철역 입구에서 끊임없이 걸어 나오는 시민들을 바라보면서 놀라움을 감추지 못했다.

"이게 뭐지? 무슨 현상이지?"

"아니 왜 이렇게 사람이 많이 몰려오는 거야?"

박원순의 단일 후보 가능성을 낮게 평가하고 있었던 민주당 구성원들은 그제야 당황하기 시작했다. 2002년 **노무현**의 대통령 후보 경선 이후 10여년 만에 다시 시민들의 자발적 경선 참여를 목격했기 때문이었다. 그래도 **노무현** 전 대통령은 국회의원 출신에다 민주당 안에서 바람을 일으킨 사람이었지만, **박원순** 변호사는 시민단체 출신의 개인이 아닌가? 노사모 같은 자발적 조직도 없었고, 합의 이후 일주일 만에 치러지는 경선이었는데, 시민들이 어떻게 이렇게 많이 올 수 있는지 이해하기가 어려웠다.

그러나 이와 같은 시민들의 참여는 정치의 흐름을 바꾸는 또 하나의 계기가 되었다.

2011년 10월 3일, 민주당 **박영선** 후보와 민주노동당 **최규엽** 후보, 무소속 **박원순** 후보 세 사람은 서울시장 보궐선거 야권 단일화 후보 경선을 치렀다. 경선은 3만 명의 선거인단 중 60%라는 투표율을 기록하며 흥행에 성공했다. **박원순** 후보는 이날 경선에서 득표율 52.15%를 차지하며 45.57%를 얻은 민주당 **박영선** 후보를 이겼다. 한편 민주노동당 **최규엽** 후보는 2.28%를 얻었다.

게다가 **박원순**이 범야권 단일 후보로 확정된 직후 진행된 긴급 여론조사에서는 **박원순** 후보가 여당 후보보다 지지율이 9.1%p 앞선다는 결과가 나왔다. 강력한 바람이 불고 있었다. 이에 대해 **손학규** 민주당 대표는 서울시장 후보 범야권 단일화 경선을 "한국 정치사에 중요한 획을 긋는 역사적 사건"으로 규정하며 "유모차를 밀고 투표장에 오는 시민들의 물결은 정치와 정당에 변화를 요구하는 모습이었다. 민주당은 이를 겸허히 수용하고 시대적 흐름에 적극 대응할 것"이라고 말했다.

2011년 10월 26일, 서울시장 보궐선거의 최종 투표율은 48.6%로 집계되었고, **박원순** 후보는 전체 투표수 가운데 53.40%에 해당하는 215만 8,476표를 획득하여 서울시장에 당선되었다. **나경원** 한나라당 후보와의 득표율 차이는 7.19%p였다.

나는 이 선거에서 **박원순** 후보 측의 요청으로 **송호창** 변호사와 공동으로 서울시장 후보 대변인을 맡았는데, 개인적으로는 일곱 번째 대변인 역할이었다. 대변인으로 활동하면서 **나경원** 후보의 피부샵 문제를 집요하게 파고들어 박 시장의 선거 승리에 기여했지만, 또다시 검찰에 고발되어 조사받는 신세가 되었다. 대변인으로 활동하는 동안 고발을 하도 많이 당해서 대변인은 이제 그만해야겠다고 생각할 정도였다.

보편적 복지를 상징하는 무상급식 투쟁의 승리와 시민운동가 출신인 **박원순** 시장의 등장은 정치권에 발상의 전환을 가져온 계기가 되었다. 국민이 무상급식 같은 보편적 복지 정책을 지지한다는 사실은 다른 진보적 정책도 얼마든지 수용할 수 있다는 의미였다. 또 시민사회 출신 정치인을 기존 정치인보다 신뢰한다는 점은 정치권 외연 확장의 대상을 명확히 해주었다.

이 경험은 2012년 새로운 유형의 재창당으로 이어졌다. 2007년 제17대 대통령 선거와 2008년 제18대 국회의원 선거 패배 이후 침체의 늪에 빠졌던 민주당은 2010년 제5회 지방선거에서 승리한 데 이어 2011년 서울시장 보궐선거에서 야권 연대 후보 **박원순**을 당선시키면서 사기가 올랐다. 2012년 총선과 대선에서 승리할 수 있다는 전망도 밝아졌다.

6장

민주통합당의 등장과 두 번의 전국 선거

진보의 재통합, 문재인의 등장

서울시장 보궐선거에서 승리했지만, 민주당 후보가 이긴 것은 아니었다. 당시 민주당 핵심 인사들은 국민이 **이명박** 정권을 심판할 준비는 되어 있지만, 민주당을 전면적으로 지지할 의사는 약하다고 판단했다. 민주당의 환골탈태가 필요했다. 민주당은 2012년 제19대 총선과 제18대 대선 승리를 위한 정계 개편 구상을 본격화하기 시작했다. 이는 외연을 넓히기 위한 재창당 작업이기도 했다.

당시 민주당의 당세는 열린우리당 시절보다도 현저하게 약화되어 있었다. **정동영** 대선 후보 선출 및 **손학규** 대표 체제에 반발했던 친노 진영이 이탈한 상태였다. **유시민**은 **천호선** 등과 국민참여당을 만들어 딴 살림을 차렸고, **노무현** 전 대통령과 함께했던 **이해찬, 문성근, 명계남** 등도 민주당 소속이 아니었다.

최초의 정계 개편 구상은 이른바 민주·진보 진영의 '빅텐트Big Tent론'이었다. 민주노동당, 진보신당, 국민참여당, 그리고 친노 세력과 민주당이 하나의 당으로 뭉치고, 그 안에 각각의 블록을 두는 연합당을 만들자는 생각이었다. 이를 위해 **손학규** 대표의 위임을 받은 **이인영** 최고위원이 통합특별위원회(통합위) 위원장을 맡아 여러 차례 대화를 진행했다.

그러나 최종적으로 진보 진영은 따로 정당을 추진하기로 했고, 2011년 11월 20일에 민주노동당 **이정희** 대표, 국민참여당 **유시민** 대표, 새진보통합연대 **노회찬** 대표가 통합을 선언하면서 12월 13일 통합진보당이 출범했다.

박원순 서울시장과 함께했던 시민단체 진영과 민주당에서 탈당했거나 애초부터 민주당에 합류하지 않았던 친노 세력은 '혁신과 통합'(혁통)이라는 단체를 만들고 정치 참여를 위한 밑그림을 그려나갔다. 하지만 '혁신과 통합'은 정당이 아니어서 9일 동안만 존속했던 정당인 '시민통합당'을 잠시 만들어 민주당과 당대당 통합을 추진했다. 2011년 11월 24일, '시민통합당 창당준비위원회'(창준위)가 설립되었고, 창준위 대표로는 **이용선** '혁신과 통합' 상임대표, 사무총장에는 **최민희** 전 방송위원회 부위원장이 선임되었다. 시민통합당에는 혁통의 상임대표를 맡았던 **문재인** 노무현재단 이사장, **이해찬** 전 국무총리 등이 참여했고, 창조한국당 일부, 진보

신당을 탈당한 사람들이 설립한 '복지국가와 진보대통합을 위한 시민회의'(진보통합 시민회의)도 동참했다.

결과적으로 이 정당은 추후에 대통령을 역임한 **문재인** 전 비서실장이 정치에 입문하는 교두보 역할을 했다. 그간 지속해서 정치 참여를 거부해왔던 **문재인** 전 비서실장은 이렇게 운명처럼 정치에 참여하게 되었다. 한편 민주노동당 출신 **박용진**도 이때 합류했다.

그러나 이 통합은 민주당 내에서 격렬한 갈등을 거쳐야 했다. 특히 **박지원** 의원이 통합의 절차와 방법론에 대해 강력하게 반대했다. 2011년 12월 11일에 열렸던 통합 여부 결정을 위한 전당대회에서는 몸싸움까지 벌어질 정도였다.

박지원 의원은 "민주당의 깃발을 내리고 국민당원제가 되면 우리 대의원은 다 없어진다. 외롭고 험한 길이지만 민주당과 민주당원을 지키고 싶다. 밀실 야합이 아닌 당원이 전부 합의하는 통합을 이루고 싶다"고 반대 발언을 했다.

나는 통합파 대표로 단상에 서서 "지금의 분열이 누구에게 도움을 주나. 야권이 하나가 되면 국민이 표를 몰아주는데 왜 통합을 주저하나. 지금 통합은 민주당이라는 당명을 지키고 12만 당원의 참여도 보장되는데 어떻게 민주당의 정체성을 버리는 통합인가. 이는 민주당 중심의 통합이다"라고 주장했다.

대의원 표결을 통해 통합이 결정되었다. 결국 2011년 12월 16일, 민주당과 시민통합당, 한국노총이 힘을 합하면서 민주통합당이 출범했다.

민주통합당은 민주당 계열 정당사에서 열린우리당 다음으로 새로운 의미를 부여할 수 있는 정당이었다.

첫째, 시민사회 진영이 집단적으로 정치에 참여하면서 정치 세력의 외연이 확장되었다. 또한 한국노총이 정책 연합이라는 형식을 통해 특정 정당과 집단적으로 제휴한 첫 사례였다. 이 정신에 따라 민주당은 한국노총에 수천 명의 정책 대의원을 배정했다.

둘째, 정강·정책에 진보적 색채를 강화했다. 이 일은 정강·정책 분과장을 맡은 내가 주로 담당했는데, 민주주의 수호, 한반도 평화 정착이라는 기존의 주요 정강·정책 외에도 경제 민주화, 보편적 복지, 노동가치의 존중이라는 노선을 분명히 했다.

참고로 민주당은 **김대중** 대통령 시절에는 줄곧 '중도개혁'을 주요 노선으로 표방했고, **노무현** 대통령 시절에는 '민주개혁 세력'이라는 단어를 주로 사용했다. 민주통합당 시절부터는 '민주·진보 진영'이라는 용어를 쓰기 시작했다. 시대의 변화에 따른 노선과 가치의 변천사를 이해할 수 있을 것이다.

셋째, 정당의 의사결정 방식에 온라인 투표를 도입해 국민 참여와 당원 참여 기회를 대폭 확대했다.

이 세 가지 특징은 통합과 혁신의 상징이자 재창당의 근본 이유라고 할 수 있다. 이후 당명이 바뀌는 부침은 있었지만, 열린우리당이 만들어낸 새 정치제도와 형식, 당원 중심의 참여형 정당이라는 성격과 민주통합당의 진보적 가치는 계승되었다. 나는 이 두 가지 축이 현재 더불어민주당의 가장 큰 정체성을 형성하고 있다고 생각한다. 이는 민주당 계열 정당 역사에서 제일 오래 유지된 정당 모델이기도 하다.

2012년 1월 15일, 당 지도부 선출을 위한 전당대회가 열렸는데, 대의원 30%와 당원 및 일반 시민 70%가 참여하는 경선을 통해 지도부를 선출했다. 온라인 투표 방식의 길을 열자, 대표 경선에 참여하는 일반 시민 선거인단 수가 50만 명을 돌파했다.

당 지도부 경선에서는 **한명숙** 전 국무총리가 당 대표로 선출되었다. 2위로 **문성근** 후보가 당선되었고, **박영선, 이인영, 박지원, 김부겸** 후보도 함께 당선되어 6명의 선출직 지도부가 구성되었다. 지명직 최고위원에는 **이용득** 전 한국노총 위원장과 **남인순** 전 여성단체연합 대표가 지명되었다.

사실 이 전당대회 이전까지 당 대표로 유력했던 대세는 **박지원** 의원이었는데, 앞선 통합 과정에서 폭력 사태가 벌어지고, 대의원 정족수를 문제 삼아 전당대회 정당성을 흔들자 역풍이 불었다는 평가가 지배적이었다.

2012년 제19대 총선

한명숙 지도부가 들어설 때만 해도 친노 진영의 기존 민주당 복귀, 시민사회 세력 합류 등의 호재로 새로운 통합 야당에 대한 기대가 꽤 큰 편이었다. 더구나 2012년은 **이명박** 정권 마지막 해라서 정부에 대한 비판적 여론이 상당히 강했다. 2012년 제19대 총선은

이명박 정권을 심판하는 선거가 되리라는 분석이 정치면을 달궜다. 과반수 의석은 당연하고, 잘하면 160석도 넘길 수 있다는 전망이 여러 번 보도되었다. 하지만 이런 낙관론은 결과적으로 민주통합당에 독이 되었다.

아무래도 여러 세력이 모인 정당이다 보니 공천에서 자기 세력이 미는 후보가 선택되도록 하기 위한 움직임이 나타났고, 이에 따른 갈등이 생겼다. 예를 들어 **이용득** 최고위원은 한국노총과 노동계 인사가 가능한 한 더 많이 공천받아야 한다고 주장했고, 시민사회에서 온 사람들은 지역구와 비례에서 가능한 한 많은 인재가 공천받을 수 있도록 노력했다. **박영선** 최고위원은 **정동영, 천정배, 김한길** 등과 같은 전직 의원들의 공천을 위해 노력했고, 여성계는 여성계대로 광주에서 여성 전략공천을 받게 하기 위해 노력했다.

문제는 이런 각각의 행동이 여과 없이 보도되면서 심각한 갈등처럼 여겨졌고, 지도부는 쉽게 결론을 내리지 못하고 논의만 반복하는 모습을 보여주었다는 점이었다. 짧게 끝낼 수 있는 논란이 길어지고 정리를 못하는 모습으로 비춰지면서, '참신하고 새로운 정당이라더니 공천 싸움은 여전하네'라는 이미지를 남기고 말았다.

문재인 혁신과 통합 대표가 공천 심사장에 찾아와 친노 인사들과 논의한 결과라며 **임종석** 사무총장의 공천 취소 등 4개 항을 전달하는 일도 있었다. 이 소식을 들은 **임종석** 사무총장은 즉각 공천 반납 및 사무총장 사퇴 의사를 밝혔다. 그는 이후 12년 동안 국회의원 선거에 출마하지 못했다. 여러 세력의 이해관계가 백방에서 발생하고 충돌하고 있는데, 지도부는 이를 수습하지 못하는 총선 과정이었다.

통합진보당과의 연합 공천도 문제였다. 정당 통합 과정에서 빅텐트론까지 제기되었던 터라 총선에서의 야권 연합은 당연시되는 분위기였다. 문제는 그 방법에 있었다. **박선숙** 의원이 협상 대표를 맡았는데, 통합진보당에서 좀 과하다는 생각이 들 정도로 요구했다. 지역구의 일정 부분을 통합진보당 후보에게 양보하고, 나머지 지역에서도 후보 단일화 경선을 하자는 안을 제시했다.

나는 그 요구안이 너무 과도하다고 생각하고 자칫 선거 패배의 요인이 될 수도 있다고 주장하며 강하게 반대했다. 예를 들어 민주당 후보가 출마하면 확실히 당선될 수 있는데 통합진보당 후보만 출마할 경우 오히려 여당이 당선될 수 있는 곳은 양보하면 안 된다는 논리였다. 그렇다면 떨어질 만한 곳만 통합진보당이 받아야 하겠느냐는 반론도 있었지만, 선거에서 이기는 연합이 되어야 한다고 거듭 주장했다. 결국 내 주장은 기각되었고, 나는 선거 판세가 일주일마다 불리해지는 흐름을 지켜보고 있어야만 했다. 더구나 **박선숙** 협상 대표는 그 협상 결과로 많은 동지가 공천을 받을 수 없게 된 점에 책임을 지겠다며 지역구 공천을 고사해 주변을 안타깝게 했다.

2012년 제19대 총선 결과 민주통합당은 127석을 확보해 81석이었던 통합민주당 때보다 약진할 수 있었다. 그러나 애초 목표였던 과반수 의석 혹은 과반수에 육박하는 140석대 의석수 확보에는 실패했다. 반면 **박근혜**가 이끌었던 새누리당은 152석으로 과반 정당이 되며 승리했다. **한명숙** 지도부는 총선 결과에 책임을 지고 총사퇴했다.

나는 이 선거에서 **이성헌** 후보와 네 번째로 맞붙어 큰 차이로 당선되었다. 재선 의원으로 원내에 복귀한 나는 **이명박** 정부 내내 위축되어 있었던 남북 관계 회복에 힘을 쏟기 위해 국회 상임위원회 활동을 외교통일위원회에서 하기로 정했다. 또한 다가오는 2012년 대선에서 맡겨질 역할을 적극적으로 수행하겠다고 결심하고 6월 9일로 예정된 전당대회에 최고위원 후보로 출마했다.

지도부를 선출하는 전당대회는 참으로 어려움이 많았다. 당시 지도부 선출 방식은 순수 집단지도체제로서 가장 많이 득표한 사람이 당 대표가 되고, 2등부터 득표수 순서대로 최고위원 서열이 정해지는 방식이었다. 대의원 등 선거인단은 1인 2표를 행사했는데, 대체로 당 대표가 될 만한 사람에게 한 표, 최고위원이 될 만한 사람에게 한 표 던지는 분위기였다.

그래서 현실적으로는 유력한 당 대표 후보와 지역별로 연대하는 후보가 유리할 수밖에 없었다. 나는 유력한 당 대표와 연대하지 않고 독자적 캠페인을 진행했다. 그러다 보니 각 지역에 나를 도와줄 만한 사람이 튼튼하지 않으면 아예 독자적 모임이 어려울 정도였다. 부산, 울산에서는 시·도당 위원장이나 사무처장이 모임을 주선해주기도 했는데, 제주에 가니 아예 아는 사람이 없어 대의원 접촉 자체가 어려웠다.

호남, 충청은 해당 지역에 연고가 있는 최고위원 후보가 있어서 2순위 표 조직 자체도 어려움이 많았다. 내 고향인 강원도에서는 그나마 2위를 했는데, 대의원 수 자체가 적어 누적 득표수에 큰 변화를 주지는 못했다. 특정 계파가 밀어주지도 않았고, 유력 후보와 연대하지도 않았으니 가는 곳마다 외로움을 느낄 정도였다. 더구나 자금 사정도 여의치 않아서 처음 한두 지역에서만 호텔에서 숙박했고, 비용을 줄이기 위해 점차 모텔을 전전하게 되었다. 그 시기에 여러 유형의 모텔에서 정말 원 없이 숙박했는데, 대한민국에는 별별 모텔방이 다 있다는 사실을 체감했다. 모텔을 자주 이용하는 사람들은 내 이야기가 무슨 뜻인지 금방 이해할 수 있을 것이다.

여담이지만, 실제로 전당대회 현장에서 가장 인기 있었던 사람은 최고위원 후보들이 아니라 **김한길** 후보의 부인인 **최명길** 여사였다. 대의원들은 저마다 **최명길** 여사와 경쟁적으로 사진을 찍었는데, 다른 후보 부인들이 약이 올라 질투할 만큼 인기 만발이었다.

이때 가장 큰 이슈는 이른바 '이박연대'였는데, 당 대표는 **이해찬**, 원내대표는 **박지원**을 각각 밀어주기로 연합한 사람들에 대한 비판이었다. 특히 **김한길** 후보가 이 문제를 가장 강력하게 지적했고, 일부 지역에서는 큰 박수가 나오기도 했다.

나는 커트라인인 6위로 최고위원에 당선되었다. 1위 **이해찬** 후보와 2위 **김한길** 후보의 득표율 차이는 1%p를 넘지 않았다. 그래서 당 대표는 **이해찬**, 최고위원은 **김한길**, **추미애**, **강기정**, **이종걸**, 그리고 나로 지도부가 구성되었다.

당 지도부 구성이 끝나자 대선 경선이 시작되었다. 경선 과정에서 **손학규** 후보 측이 울산 경선을 앞두고 투·개표 프로그램과 관련한 문제를 제기해 경선이 잠시 중단되는 우여곡절을 겪었지만, 각 캠프에서 추천한 전산 전문가들의 검증을 거친 이후 경선이 재개되었다. 경선 결과 민주통합당의 대통령 후보로 **문재인** 의원이 선출되었다.

대통령 후보 선거대책위원회(선대위)가 한참 구성되고 있는 와중에 **문재인** 후보에게서 전화가 왔다.

"문재인입니다. 우상호 의원이 언론과 관계도 좋고 경험도 많아 공보단장에 적합하다고들 하던데, 이번에 저를 위해 공보단장 좀 맡아주십시오."

"아니 후보님. 제가 지금 민주통합당 최고위원입니다. 과거에는 최고위원이면 공동 선대위원장을 맡거나 선대본부장을 맡았거든요? 그런데 공보단장이면 2단계 강등인데요?"

"하하, 그런가요? 제가 잘 몰랐네요. 그러면 홍보본부장도 같이 맡아주시죠."

문재인 후보는 특유의 사람 좋은 웃음을 터뜨리며 말했다.

"아니, 제가 지금 등급이 떨어졌다고 항의하는데 오히려 일을 더 주시려고요? 그렇게는 안 되겠습니다. 저는 공보단장만 하겠습니다. 정권 교체해야 하는데 뭐라도 보탬이 되어야죠. 하하."

나도 농담조로 그렇게 대답하고 흔쾌히 공보단장직을 수락했다. 여덟 번째 대변인 역할이었다.

문재인 후보는 정치의 세대교체에 대한 비전이 매우 강했다. 그래서 선대위도 세대교체형으로 꾸리고 싶어 했다. 2012년 추석 연휴가 되기 전에 **문재인** 후보는 선대위원장으로 **이인영** 의원, **박영선** 의원, **김부겸** 의원 세 사람과 제도정치권 바깥의 시민사회 쪽에서 주빌리은행의 **제윤경**, 청년유니온의 **김영경**, 참여연대의 **김민영** 등을 발탁하겠다고 내게 말했다. 외부 인사들은 나이가 30대에서 40대에 막 접어든 상당히 젊은 청년들이었다. 그간 대한민국 정당사에서 대통령 후보의 선대위원장을 이렇게까지 연배가 낮은 사람들에게 맡긴 적은 없었다.

나는 좋은 생각이라고 대답하고, 이런 구상을 국민에게 드러내려면 추석 전에 발표해 추석 여론 밥상에 올릴 수 있으면 좋겠다고 건의했다. **문재인** 후보는 아직 **김원기**, **한명숙**, **문희상**, **이해찬** 대표 등 당 원로들에게 알리지 못했으니, 추석 연휴 이후에 그들과 모임을 갖고 해당 내용을 공유한 다음에 공식적으로 발표하자고 했다. 나는 당시 **이해찬**, **한명숙** 등을 겨냥한 '친노 상왕ㅗ王론'이 언론에서 회자하던 터라, 미리 발표하는 것이 이런 프레임을 바꿀 방법일 수 있다고 조언했지만, **문재인** 후보는 너무도 예의 바른 사람이었다.

추석이 지나고 당 원로들이 **문재인** 후보와 조찬 회동을 한다는 사실이 알려지자마자 언론에서는 대표적인 친노 어른들이 선대

2부 진보 담론의 재정비와 통합(2008~2015)

위원장을 맡는다고 멋대로 보도해버렸다. 나는 조찬 모임이 끝난 직후인 오전 9시에 서둘러 실제 선대위원장 명단을 발표했지만, 언론은 그 조찬 모임 참석자들이 대선 후보를 배후에서 조종하려 한다고 해석해버렸다. 아쉬운 대목이었다.

굳이 여기서 이 사례를 소개한 이유는 좋은 구상이라고 생각하고 발표한 내용이 발표 시점과 형식 때문에 바라는 만큼의 효과를 보지 못했던 사례가 있다는 점을 알려주기 위해서다.

문재인 대선 후보의 선대본은 기존 정치와 차별화하겠다는 의지가 너무 강했던 나머지, 민주당에서 이른바 잔뼈가 굵은 인물들을 배척하는 분위기가 약간 있었다. 지역 현장 유세가 있을 때, 해당 지역의 국회의원이나 지역위원장을 소개하지 않거나 연단에 올리지 않을 때도 있었다. 사실 유세 현장에 나오는 사람들은 그 지역 국회의원이나 지역위원장의 연락을 받고 나온 사람들이 대부분인데, 연설 한마디는 고사하고 이름 소개도 안 해주니 서운해하는 의원도 있었다.

2012년 **문재인** 선거 캠프의 또 다른 특징은 수평적 네트워크를 과다하다 싶을 정도로 추진했던 점이었다. **문재인** 후보는 세대교체형 선대위원장에 더해 선거 캠프를 정당 선대본과 시민 캠프, 그리고 학자들 캠프까지 3개 조직으로 꾸렸다. 각기 다른 성향의 세 그룹에 모두 참여 기회를 주려는 의도는 좋았는데, 문제는 선거 조직의 덩치는 커졌는데 수평적이다 보니, 효율성이 떨어지고 일사불란함이 없었다.

공보 업무 특성상 그날 집중적으로 알려야 할 테마가 명확해야 언론에 반영되는 기사의 주목도를 높일 수 있는데, 이 사람 저 사람이 각 캠프의 결정이라며 갖가지 주제로 기자회견장을 사용하니, 기자들은 도대체 오늘은 어떤 내용을 주제로 기사를 써야 할지 모르겠다며 짜증을 내기 시작했다. 그래서 공보단 차원에서 각 캠프에 전략 단위의 허락을 받고 오거나, 공보실 스케줄에 따라달라고 지침을 내렸다. 그러자 공보단이 무슨 상위 기구라도 되냐며 항의하기 시작했다.

수직적 권위주의를 싫어하고 수평적 관계를 중시하는 **문재인** 후보 성향이 그대로 반영되어 6인 공동 선대위원장 체제가 출범했지만, 이 6인 간에 합의가 이루어지지 않으면 결정이 보류될 때가 많았다. 본부장급 의원들도 자신들보다 어린 선대위원장들과 수평적인 위치에서 토론했고, 정작 결정을 밀어붙일 중심이 없으니 회의는 길어지기 일쑤였다. 전쟁 중인데 회의만 하냐는 지청구가 실무자들 사이에서 터져 나왔다. 나중에 **정세균** 상임 선대본부장이 합류하면서 캠프가 질서 있게 돌아가기 시작했지만, 너무 늦은 감이 있었다.

이런 상황은 2022년 대선에 임했던 **이재명** 캠프에서도 발생했는데, 상임 선대본부장을 7명이나 만들고 각 본부를 2~3인의 공동 본부장 시스템으로 운영하다 보니 마찬가지로 효율성이 저하된 측면이 있었다.

많은 사람을 합류시키기 위해 수평적 체계를 짜거나, 공동 본부장 체제로 갔을 때의 문제점은 무엇일까? 선거 시기에는 빠르게 결정하고 집행해야 하는 일이 많이 발생하는데, 이런 체제로는 결정이 늦어질 뿐만 아니라 누가 집행을 책임질지도 모호해지고 일이 제대로 돌아가지 않는다. 국민을 상대로 진행하는 캠페인 전략에도 선택과 집중이 이루어지지 않으니, 산만하기가 짝이 없게 된다. 기동성을 살려야 하는 선거 조직에서 이런 시스템은 절대 금물이라는 교훈을 잊지 말아야 한다.

이런 일도 있었다. 선거 중반에 선대본에서는 **정세균** 상임 본부장 주재로 여러 전략을 논의한 끝에 **문재인** 후보의 국회의원직 사퇴를 건의해 모든 것을 건다는 비장함을 보여주어야 한다고 결정했다. 그래서 주요 본부장들과 후보와의 저녁 식사를 추진했다. 나는 기자들과의 선약 때문에 1시간 반쯤 늦게 합석했는데, 분위기가 화기애애했다. 이야기가 잘 되었다고 생각한 나는 확인 차원에서 물었다.

"그 건에 대해서 말씀들 나누셨나요?"

그러자 **문재인** 후보가 무슨 이야기인지 궁금해했다.

"선대본에서 후보님의 국회의원직 사퇴를 건의하기로 했습니다. 좀 더 절실한 모습을 국민들에게 보여야 한다는 취지입니다."

나는 선대본 본부장들이 아직 그 안건에 관해 후보에게 말하지 않은 점이 의아했다. 그리고 **문재인** 후보는 생각이 달랐다.

"어… 저는 그럴 생각이 없는데요? 그리고 그 부분은 지난번 국회의원 선거 때 부산 시민들이 제가 대통령 후보가 되면 국회의원을 사퇴할 사람이라고 해서 쟁점이 되었기 때문에 공개적으로 그렇게 하지 않겠다고 약속했던 사안입니다.”

“대통령이 되시면 당연히 국회의원직을 사퇴하셔야 하니, 후보가 되신 지금은 부산 시민들도 양해해주실 겁니다. 대통령 선거에서 낙선했을 때를 대비해서 국회의원직을 사퇴하지 않는다고 사람들이 의심하게 되면 캠페인에 도움이 안 될 것 같습니다.”

“부산 시민들과의 약속을 지키는 것이 더 도움이 되지 않을까요?”

가볍게 던졌던 질문 한 마디는 어느새 나와 후보 간의 토론이 되어가고 있었다. 김경수 수행실장이 나를 말렸다.

“하지 않으시겠다고 하니 후보의 입장을 받아주시죠?”

나는 다른 본부장들에게 서운했다. 선대본 차원에서 전략을 결정했으면 후보를 설득하기 위해 노력하는 것이 당연하다. 후보와 생각이 다르다면 후보의 입장을 존중할 필요도 당연히 있지만, 전략적으로 도움이 된다고 판단한 사안이라면 후보를 설득하는 것이 캠프의 역할이다.

대통령 후보라는 위치는 상당히 강력하다. 특히 승리할 수 있는 후보의 위상은 더 강하다. 그래도 캠프는 전략적으로 판단한 사안에 대해 후보를 설득할 수 있어야 한다. 이 한 가지 사례를 패배의 원인이라고 할 수는 없겠지만, 당시 캠프의 정황을 있는 그대로 보여주는 사례라 설명해보았다.

그런데 이런 문제점들은 2017년 대선 캠페인 과정에서 완전히 개선되었다. 2012년의 **문재인** 후보와 2017년의 **문재인** 후보, 그리고 2012년의 대선 캠프와 2017년의 대선 캠프는 완전히 달랐다.

후보 단일화에만 매몰되다

야권 후보 단일화 논의에 너무 매몰되었다는 점도 결과론적으로 2012년 대선 패배의 한 원인이 되었다. 물론 **문재인**, **안철수** 두 대선 후보가 지지층을 양분하고 있었으므로 단일화 이슈가 대두되는 상황은 필연적이었다.

그러나 대선 후보가 확정되고 선대위가 만들어지기가 무섭게 언론은 후보 단일화 성사 여부에만 관심을 집중했다. 각자 독자적으로 캠페인을 진행해 지지층을 결집한 후에 은밀한 막후교섭을 통해 선거 막바지에 단일화를 이루는 형태가 훨씬 더 효과적이었을 텐데, 대선 초반부터 단일화 이슈에만 매몰되다 보니 **문재인**의 색깔을 드러내는 데 한계가 있었다.

더구나 **안철수** 후보와의 단일화 이슈가 9월 말부터 언론에 집중적으로 보도되기 시작했는데, 10월부터 11월까지 두 달 이상 지나는 동안 별 진전이 없자, 국민은 피로감을 느꼈고 단일화에 대한 기대감이나 감동이 약해졌다. 또한 여론조사 등 흥미진진한 경쟁을 통한 단일화가 무산되고, **안철수** 후보의 일방적인 후보직 사퇴로 흘러가는 바람에 극적 효과도 기대할 수 없었다.

단일화 이후에는 **안철수** 후보의 독자 행보가 후보 단일화의 의미를 반감시켰다. **안철수** 후보는 **문재인** 후보와 함께 유세를 다니지 않았고, 지원 유세도 **문재인** 캠프와 의논하지 않고 자기 계획에 따라 별도로 다녔다. **안철수** 후보 측은 자신이 양보를 해주었으니 대선 승리는 **문재인** 후보 측이 알아서 해야 한다는 입장이었다. 틀린 이야기는 아니었지만, 절박한 쪽에서는 아쉬울 수밖에 없었다.

게다가 **안철수** 후보는 홀로 지원 유세를 하면서 **문재인** 후보에 대한 적극적 지지 호소보다는, 세상이 어떻게 바뀌어야 하는가에 대해 자기 담론을 주된 주제로 연설을 했다. 그러면서 **문재인** 후보의 들러리처럼 보일 듯한 자리는 최대한 피했는데, 이 역시 단일화 효과를 반감시켰다.

후보 구도를 최대한 유리하게 만드는 전략은 선거에서 피할 수 없는 고려사항이지만, 단일화만 성공하면 무조건 승리한다는 도식은 성립하지 않는다. 2012년 대선은 어떤 과정과 절차에 따라 단일화를 해야 지지층 통합이 이루어지는지, 세심하게 고려할 필요가 있다는 사실을 교훈으로 보여주었다.

이해찬 당 대표와 최고위원들은 선거에 관해서는 당의 주요 권한을 선대위에 위임하고 당 지도부가 결정할 수밖에 없는 주요 당무에 대해서만 의사결정을 주관했다. 나는 최고위원이었지만 선대위에서 공보단장을 맡았기에 현장에서 활동하고 있었는데, 후보 단일화 협상이 무르익던 어느 날 **박영선** 협상 대표에게서 전화가 왔다.

"저쪽에서 이해찬 대표와 최고위원 모두 사퇴해달라고 합니다. 그렇게 연락이 왔어요."

당 지도부에서는 **안철수** 후보와의 단일화 협상에 필요하면 현 지도부의 거취 문제를 얼마든지 협상 카드로 써도 좋다고 이미 의견을 전달한 상태라 나는 이 사실을 **이해찬** 대표에게 알렸다.

"저쪽에서 그렇게 연락이 왔답니다. 사퇴해야겠는데요?"

"그러면 다른 최고위원들에게 알리고 내일 일괄 사퇴하지."

내 전화를 받은 **이해찬** 대표는 흔쾌히 응했다.

최고위원에 당선된 지 몇 개월이 채 되지 않았지만, 나도 함께 최고위원직에서 사퇴했다. 11월 18일이었다. 6월 9일 전당대회에서 지도부에 선출되었으니 5개월 10일 만에 물러난 셈이었다.

그런데 나중에 기자들이 상대 당 지도부까지 물러나라고 한 것은 좀 지나치지 않았냐고 묻자, **안철수** 후보는 자기가 그렇게 요청한 적 없다고 부인했다. 그 이야기를 듣고 나는 혼자 생각했다.

'그럼 뭐야? 안철수 후보의 요청도 없었는데 우리가 전부 사퇴했다는 말인가? 아니면 저쪽 협상 대표단의 개인적인 의견이었나?'

지금도 진실은 알 수 없다. 하지만 남들은 최고위원 임기 2년을 모두 채우고 물러나기도 하는데, 내 지도부 생활은 너무도 짧게 끝나고 말았다.

12월 19일, 제18대 대선은 새누리당 **박근혜** 후보의 당선으로 귀결되었다. 서울과 수도권에서 역대급 혼전을 벌였고 서울에서는 **문재인** 후보가 **박근혜** 후보보다 20만 표 앞섰지만, **박근혜** 후보는 경기도와 인천에서 14만 표를 더 받았다. 수도권에서의 격차는 6만 표에 불과했다. 충남과 충북에서 득표수 차이가 35만 표, 강원도에서 22만 표로 집결되어 사실상 강원과 충청권에서 승부가 갈린 셈이었다. 전체 득표율로는 3.53%p라는 근소한 차이였다.

민주당은 정권 탈환에 실패했고, **이명박** 정권이 **박근혜** 정권으로 바뀌는 과정을 착잡하게 지켜봐야 했다. 정권 교체 여론이 워낙 강했던 때였기에 **문재인** 후보의 승리 가능성을 높게 점쳤던 민주당 당원들과 지지층은 충격에 빠졌다.

나중에 여론조사 결과들을 다시 검토하다가 흥미로운 사실을 발견했다. 정권 교체를 원했던 국민 중 약 15%가량이 **박근혜** 후보의 당선을 정권 교체라고 인식하고 있다는 여론조사 결과였다.

'아, 문재인 후보가 아니라 박근혜 후보를 정권 교체의 대안으로 판단한 사람들이 이렇게나 많이 있었단 말인가?'

미처 고려해보지 않았던 부분이었다. 그리고 이 생각지도 못했던 대선 패배의 후유증은 제법 컸다.

7장

86세대 모임의 변천과 실패

2012년 대선 패배는 굉장히 큰 충격이었다. 진보·개혁 진영이 총집결한 선거였는데도 졌다는 사실이 잘 믿어지지 않았다. 많은 지지자가 이길 수 있는 선거를 졌다며 허탈해했다. 지지자들에게 너무 죄송하고 답답한 마음이었다. 선거 캠프에서 핵심으로 참여했기에 어떤 방식으로든 책임져야 한다는 압박감도 심했다.

2013년 초, 나는 86세대 국회의원 몇 명과 의논해 86세대의 반성문을 집단적으로 발표하고, '진보행동' 모임을 해체하자고 제안했다. 2010년 전당대회에서 당 대표 후보 단일화에 성공하지 못했던 약한 실천력을 감안하면 이 모임을 정치결사체로 간주하기가 어려웠다. 여러 정책 사안에 대해서도 의견이 잘 통일되지 않았다. 물론 계파에서 독립한다고 해도 인간관계는 유지해야 한다며 응하지 않는 의원도 다수 있었다.

젊은 희망, 새로운 모색, 삼수회, 진보행동

앞서 언급했듯 그간 86세대 정치인 모임은 여러 차례 변모해왔
다. 2000년 4월 제16대 총선 이후 생긴 새천년민주당 내의 모임
'젊은 희망'은 원내외 정치인들이 서로 만나는 매개체가 되었다.
워낙 젊은 정치인이 적고 현역 의원도 별로 없었을 때라 가치와
노선보다는 연령 기준으로 모임이 구성되었다. 여기서 나는 총무
를 맡았다.

2004년 제17대 총선에서 152석으로 열린우리당이 과반 의석
정당이 된 이후에는 1970년대 학번 당선자와 1980년대 학번 당
선자를 묶어 '새로운 모색'이라는 이름으로 활동했다. 순수 현역
의원 모임이었는데, 35명가량이 함께했으니 규모가 꽤 큰 편이었
다. 그러나 이를 86세대 모임이라고 규정할 수는 없었다. 민주화
운동에 참여했던 1970~1980년대 세대 모임이라고 해야 더 정확
할 듯하다. 이 모임에서도 나는 총무를 맡았다.

2008년 제18대 총선에서 대거 낙선한 이후에는 이렇다 할 당
내 젊은 정치인 모임이 없었다. 현역 의원이라고는 **송영길, 조정식,
최재성, 백원우, 강기정** 의원 정도가 전부였기 때문이었다.

그러다 **노무현** 전 대통령 서거 이후인 2009년 가을부터 다시
순수 86세대 정치인 모임을 시작했다. 전 대통령마저 서거한 마

당에 넣 놓고 있지 말자는 취지였다. 매월 세 번째 수요일에 정례 모임을 하고 잠정적으로 '삼수회'라는 이름을 사용했다. 처음에는 20여 명으로 시작했는데, 나중에는 30명을 약간 상회할 정도로 규모가 커졌다. 이 모임은 정례적으로 각 분야 전문가를 초청해 공부도 함께 진행했는데, 비교적 결속력이 있었다. 이 모임에서도 나는 총무를 맡았다.

2010년 제5회 지방선거에서 **송영길, 안희정, 이광재**가 광역단체장에 당선되자 우리는 고무되었다. 국민이 세대교체를 강력하게 지지한다고 확신한 삼수회 회원들은 2010년 10월 3일로 예정된 민주당 전당대회에 적극적으로 참여하기로 했다. 목표는 당 대표 배출이었다. 마침 순수 집단지도체제 형태의 지도부를 구성하는 것으로 전당대회 방식이 확정되었기에 우리도 1위 다수 득표자 경쟁은 해볼 만하다고 생각했다.

삼수회에서 전당대회 출마 의사를 밝힌 사람은 **이인영, 최재성, 백원우** 등 3명이었다. 그런데 3명이 한꺼번에 출마하면 누군가가 최고위원은 될 수 있을지언정 전체 득표수 1위로 대표가 되기는 불가능해 보였다. 그래서 삼수회 회원 전원이 모인 자리에서 86세대 후보를 단일화하기로 했다. 문제는 어떻게 단일화하는가였다.

처음에는 삼수회 회원들의 투표로 결정하는 안을 검토했지만, 30~40명의 적은 인원으로 결정하면 공정성이 훼손될 수 있다는 의견도 있어서, 컷오프 성적으로 단일화하기로 결정했다. 전당대회에 앞서 9월 9일에 열릴 예정이었던 최고위원 후보 예비 경선은 359명의 중앙위원이 투표로 결정하므로 모집단이 커서 비교적 공정하다고 판단했다. 최고위원 후보로 나서겠다고 한 세 사람도 이 결정에 동의했다.

민주당 전당대회 사상 최초로 단일화를 통한 86세대의 당 대표 도전이 시작되자 이에 대한 관심도는 급격하게 높아졌다. 언론에서는 당 중진들의 출마 소식보다 86세대 단일화 관련 소식이 더 많이 다루어졌다. 이 전당대회에서는 **손학규, 정동영, 정세균** 등 전직 대표급들과 3선 의원 이상급인 **김효석, 박주선, 유선호, 조배숙, 천정배, 추미애,** 재선 의원인 **백원우, 양승조, 조경태, 최재성,** 원외인 **이인영, 장성민, 정봉주** 등 쟁쟁한 인물 16명이 도전장을 내었으니, 말 그대로 역대급 총출동이었다.

만약 이 치열한 경쟁 구도에서 3명 중 1명만 살아남아 예비 경선을 통과했으면 자연스럽게 단일화가 될 수 있었을 텐데, 일찍부터 86세대가 불어 일으킨 바람에 관심이 쏠려서 그런지 **이인영, 최재성, 백원우** 세 사람 모두 예비 경선을 통과하는 파란을 일으켰다. 예비 경선을 통과한 후보는 총 9명이었다. **손학규, 정동영, 정세균** 등 대표급 인사 세 사람과 **박주선, 조배숙, 천정배** 등 중진 세 사람, 그리고 86세대 세 사람이었다. **김효석, 유선호, 추미애, 양승조, 조경태** 등과 같은 굵직한 인사들이 탈락했다.

문제는 여기서 발생했다. 당 지도부에서 예비 경선 결과가 본 경선에 영향을 미칠 수 있으므로 당 규정에 따라 공개하지 않겠다고 발표했다. 난감하게 되었다. 할 수 없이 당시 당 선관위원이었던 **유인태, 원혜영**을 찾아가 확인하기로 하고, 우리 후보 3명과 가까운 사람들로 대표단을 구성해 두 사람을 만났다. **유인태** 선배는 곤란해했다.

"공개할 수 없어. 당 규정이야."

"전체를 공개해달라는 것이 아니고요. 저희 3명 중에 누가 1등인지만 확인해주세요."

"안 돼. 규정 위반이야."

"좋습니다. 그러면 간접적으로 확인하겠습니다. 최재성 후보가 1등입니까?"

"…."

"백원우 후보가 1등입니까?"

"…."

"이인영 후보가 1등입니까?"

"비공식적으로 말하자면 그러네."

"원혜영 의원님께도 여쭙겠습니다. 이인영 후보가 1위입니까?"

"우리는 결과를 공개할 수 없어. 하지만 질문에 비공식적으로 답하자면 맞네."

어렵게 결과를 비공식적(?)으로 확인한 우리는 이를 삼수회 전체 모임에서 공개했다. 그러나 비공식 1위가 아니었던 다른 두 후보가 반발했다. 당의 공식 발표가 아니라 편법으로 알아낸 결과를 신뢰할 수 없다는 이유였다. 며칠 후인 9월 12일, **백원우** 후보는 "단일화에 관한 약속은 지켜져야 한다는 점을 분명히 하고 싶다"라며 후보 사퇴를 선언했다. 하지만 **최재성** 의원은 9월 15일에 경선 완주 의사를 밝혔고, 결국 86세대의 단일화는 완성되지 못했다.

그동안 기대를 갖고 대대적으로 우리를 집중 보도했던 언론은 오히려 자기들 내부에서 한 약속도 못 지키는 86세대라고 조롱했고, 우리는 이를 감내할 수밖에 없었다. 결과적으로 **이인영** 후보는 **손학규, 정동영, 정세균** 후보에 이어 4위를 차지했다. 4위도 대단한 성과였지만, 나는 이 과정에서 우리 세대가 계파정치의 고리에서 완전히 벗어나기가 쉽지 않겠다는 점을 심각하게 느끼게 되었다. 전당대회 이후 삼수회는 더 이상 지속할 수 없었다.

2010년 11월 17일, 우리는 '진보행동'이라는 이름의 86세대 정치결사체를 발족했다. "진보행동은 민주당 내 86세대 정치결사체의 성격을 가지며, 공동의 노력을 통해 준비된 집권 세력의 면모를 갖추어 2012년 총선과 대선 승리의 견인차 역할을 할 것"이라고 밝혔다. 또한 "과거 민주화, 통일 세대를 넘어 진보 세대로 탈바꿈하고, 이를 통해 범야권 연대와 통합을 모색하는 등 야권 단일정당을 추진할 것"이라는 포부도 밝혔다. 나는 이 모임의 운영위원장을 맡았다.

진보행동은 민주당 계열 정당에서 모임명에 '진보'라는 단어를 쓴 첫 모임이기도 했다. 이전까지는 정치권 모임에 '진보'라는 단어를 붙이는 것이 금기시되었다. 이른바 '빨갱이 좌파'로 몰리는 상황을 피하기 위해서였다. 진보행동의 결성은 86세대만의 정치적 홀로서기 선언과도 같았다. 그동안 진보라는 정체성도 제대로 못 드러냈지만, 86세대가 이 계파 저 계파로 흩어져서 하나의 그룹으로 성장하지 못했다는 더 큰 반성도 담겨 있었다.

2012년 대선 패배 이후 어떤 계파도, 어떤 그룹도 책임지지 않는 모습에 실망한 우리는 우리부터 '진보행동'을 해체하기로 했다. 사실 정치결사체를 표방했지만, 전당대회 과정에서 단일화에 실패했고 그 이후 진보적 행동도 제대로 이루어지지 못했다. 나는 86세대 정치인들이 선배들의 계파에서 독립해 우리 세대의 정치를 제대로 보여주자고 주장했지만, 당 대표급 선배들과 오래 인연을 맺어온 처지를 극복한다는 것은 불가능에 가까웠다.

대선 패배의 아픔이 채 진정되지 않은 2013년 3월 21일 진보행동 해체를 위한 토론회를 개최했다. 모임을 해체하면서 토론회를 개최한 사례도 처음이 아니었나 싶다. 나는 그 자리에서 이렇게 입장을 밝혔다.

"우리는 우리 세대 정치인들의 부족함을 국민에게 고백하고 참회합니다. 우리는 국민의 기대에 부응하지 못했습니다. 86세대 정치인들이 먼저 반성하고, 계파처럼 보일 수 있는 모임을 먼저 해체하겠습니다. 그리고 앞으로 민주당 내 86세대는 '86'이라는 이름의 모임을 결성하지 않겠습니다."

진보행동의 해체만이 아니라 86그룹을 더는 만들지 않겠다는 대국민 약속이었고, 그 이후 우리는 실제로 그 약속을 지켰다. 내

기억으로 2013년 이후 이른바 총학생회장 출신 정치인으로만 구성된 86세대 모임을 가진 적은 한 번도 없었다. 우리는 정치결사체로도 실패했고, 새로운 모습을 보여주는 데도 성공하지 못했다. 나중에 역사가 어떻게 평가할지는 모르겠지만, 최소한 내 마음속에서 정치집단으로서 86그룹의 정치는 그 순간에 끝났다.

나이를 기준으로 따지면 2013년 이후에도 86세대에 해당하는 정치인들은 존재했다. 하지만 정치 그룹으로서의 '86'은 사라졌다. 그런데도 언론은 그 이후에도 계속 86세대 혹은 86그룹이라는 용어로 우리를 함께 묶어서 지칭했다. 그룹은 이미 사라졌고 개별적으로 활동하는 정치인만 있는데도 사람들은 왜 실체가 없는 86그룹을 계속 입에 올릴까? 왜 때만 되면 '86 용퇴론'이 화제가 될까?

지난 제22대 총선에서 한동훈 국민의힘 비대위원장이 86 운동권 심판론을 내세웠을 때, 어이가 없었다. 가상의 세력에 대한 심판이 총선의 주요 이슈라니, 민주당 86에 대해 잘 모르는구나 싶었다.

탈계파 그룹 '더좋은미래'의 결성

진보행동 해체 후 수개월이 지나고 가을이 올 무렵 김기식 의원에게서 연락이 왔다. 가만히 있을 것이 아니라 진보적 정체성을 명확히 하는 정치그룹을 만들자는 취지였다. 여러 차례 논의 끝에 몇 가지 원칙을 세웠다.

첫째, 탈계파 모임을 지향한다. 어떤 정치인이 계파에 소속되어 있으면 생각이 같아도 계파 보스의 의견을 무시할 수 없다. 그래서 공동 행동을 조직하는 데 한계가 있다. 정치결사체로서 공동 행동을 하려면 계파로부터 자유로워야 한다.

둘째, 진보적 색깔을 분명히 한다. 시대적 과제인 경제 불평등을 해소하고 복지국가를 지향하는 정체성이 분명한 의원끼리 모여서 공동의 해법을 모색해야 정책·의견 그룹의 정체성을 분명히 할 수 있다. 즉 계파가 아닌 정파를 지향한다.

셋째, 수평적 네트워크의 성격을 명확하게 한다. 대표는 돌아가면서 맡고, 운영위원회를 구성해 집단지성 합의제로 운영한다. 특정인의 모임으로 전락하지 않게 민주적으로 운영한다.

넷째, 모임 산하에 싱크탱크Think Tank를 만든다. 싱크탱크가 없는 정책·의견 그룹은 저수지 없는 논과 같다. 지속해서 연구 성과를 공급받을 수 있는 진보적 연구소를 만들고, 이를 위해 의원들이 각각 1,000만 원씩 자기 후원금에서 출자해 '더미래연구소'를 설립한다. 진보적 의원들이 공동 출자해 공통 정책의 지향성을 발전시키기 위한 연구소를 설립하고 운영하는 일은 대한민국 정당 사상 초유의 일이었다.

이에 따라 2014년 초 만들어진 '더좋은미래'는 초대 대표로 **김기식** 의원을 선출했다. 세대나 계파, 친소 관계를 떠나 정치적 가치를 중심으로 한 당내 진보적 블록이 본격적으로 만들어진 것은 처음이었다. 초선 의원인 김기식, 김성주, 김승남, 박수현, 박완주, 박홍근, 배재정, 남인순, 이학영, 이목희, 진선미, 진성준, 유은혜, 은수미, 홍의락, 홍익표 등과 재선 의원인 나와 이인영, 우원식, 김현미 등 총 22명이 동참했다.

더좋은미래는 제19대 국회 시절에 결성된 이래, 제20대 때는 30명, 제21대 때는 45명의 회원을 보유한 당내 모임으로 정착했다. 나와 우원식, 이인영, 박홍근, 홍익표 등 다섯 명의 원내대표를 배출했으니 영향력도 작지 않았다고 할 수 있다.

대한민국 정치 역사상 계파가 아닌 정책·의견 그룹이 세 번의 국회의원 선거를 치르면서 10년 이상 유지되었다는 점도 특이한 일이고, 연구소를 운영한다는 점도 유례가 없는 일이다.

2부 진보 담론의 재정비와 통합(2008~2015)

8장

새정치민주연합의 출범

2012년 대선 패배 이후 민주당은 줄곧 20% 초·중반대의 지지율을 유지할 뿐, 그 이상의 상승세를 만들지 못하고 있었다.

결국 전당대회에서 선출된 **김한길** 당 대표는 2014년 6월 제 6회 지방선거를 앞두고 정치적 승부수를 던졌다. 새정치연합이라는 신당을 출범시킨 **안철수** 대표와 회동해 합당에 전격적으로 합의했다. 사실 **안철수** 대표의 새정치연합이 지방선거에서 독자적으로 후보를 내면 지지층 분열로 민주당의 승리 가능성은 거의 사라질 분위기였다. 신생 정당인 새정치연합도 혼자 힘으로 지방선거에서 승리하기 어려웠기에 이 합당은 양쪽의 이해관계가 잘 맞아떨어졌다.

2014년 3월 27일, 새정치연합과 민주당은 '새정치민주연합'이라는 이름으로 합당했고 **김한길, 안철수** 공동대표 체제로 출발했다. 민주당 126석과 새정치연합 2석, 무소속에서 합류한 **박주선**(광주 동구), **강동원**(전북 남원) 의원까지 합쳐 총 130석이 되었다.

그런데 두 당의 합당 조건 중에는 2014년 6월 지방선거에서 기초의원 후보를 무無공천한다는 내용이 포함되어 있었다. 이는 **안철수** 대표의 요구 때문이었다. 그래서 선거를 앞두고 민주당 산하 지역위원회들은 큰 혼란을 겪고 있었다. 기초의원들이 사실상 민주당의 기초 조직을 관리하는 역할을 하고 있었는데, 기초의원 공천을 하지 않으면 이들이 민주당에 남아 있을 이유가 없었다. 민주당에서는 이러다 기초 조직이 붕괴될 수도 있다는 위기감이 확산되었다.

나는 이 문제를 전 당원 투표로 결정하자고 제안했다. 논란 끝에 **김한길** 대표가 **안철수** 대표를 설득해 전 당원 투표를 시행하기로 결정했다. 새정치민주연합은 사상 최초로 전 당원 투표를 진행했는데, 권리당원 투표에서 57%가 기초의원 공천에 찬성했고, 여론조사에서 49.75%의 찬성 결과가 나와 무공천 방침이 철회되었다.

2014년 지방선거에서는 인천과 경기, 영남과 제주를 내주었지만, 그 외의 광역단체장 선거에서 이겼기 때문에 나쁜 결과는 아니었다. 그러나 15개 지역에서 함께 치렀던 국회의원 보궐선거에서 새누리당 후보가 11개 지역을 가져가는 바람에 종합적으로는 선거에 패배했다는 평가를 받게 되었다. 특히 주요 지지 지역인 전남 순천에서 **서갑원** 후보가 새누리당 **이정현** 후보에게 패배한 것이 결정타가 되었다. **김한길, 안철수** 공동대표는 선거 패배의 책임을 지고 총사퇴했고, **문희상** 비대위원장 체제로 당을 5개월간 운영하다가 2015년 2월 8일에 전당대회를 열어 새 지도부를 구성하기로 결정했다.

문재인 당 대표 출마, 그리고 분당

새정치민주연합의 전당대회가 2015년 2월 8일로 예정되자 당 전체가 시끌시끌해졌다. **문재인, 정세균, 박지원** 등 거물들의 출마가 예상되었기 때문이었다.

2012년 민주통합당 출범 당시 **박지원** 의원을 비롯한 호남 정치세력의 불만이 내홍으로 이어진 바 있었기에 나는 내심 걱정스러웠다. 그들의 불만은 친노·친문 세력이 당을 장악하러 들어오려는 의도 아니냐, 대권 후보로 유력한 사람이 당권까지 차지하면 2016년 제20대 총선 공천이 공정하게 되겠느냐 등과 같은 문제 제기로 비화될 수 있었다. 이런 상황 때문에 나는 전당대회에서 **문재인, 박지원** 두 사람의 격돌이 바람직하지 않다고 생각했다.

당내에서는 이른바 '빅3 불출마론'이 번졌다. 전당대회에서 빅3에 해당하는 **정세균, 박지원, 문재인** 세 사람이 경쟁하는 구도가 바람직하지 않으니 서로 모두 양보하고 관리형 대표를 세우자는 의견이었다. 관리형 대표로는 누가 좋겠냐는 문제는 일단 잠시 보류하고, 빅3부터 먼저 설득하기로 했다.

나는 또 설득조에 포함되어 빅3 세 사람과 약속을 잡기 위해 노력했다. 제일 먼저 만나준 **정세균** 의원은 후배들의 빅3 불출마론을 진지하게 경청했다. 그리고 숙고 끝에 출마 의사를 접겠다는 입장을 발표했다.

그러나 **박지원** 의원은 만남에 응하지 않았다.

"우상호 의원! 만나면 무슨 이야기할지 뻔한데 만날 필요 있겠어? 나는 끝까지 완주할 테니까 다른 사람들이나 만나!"

"만약 문재인 후보가 안 나오신다고 해도 나오실 생각이세요?"

"문 후보의 당권 도전과 무관하게 나는 끝까지 뜁니다. 그런 이슈로는 전화하지 말아줘."

문재인 후보도 불출마 권유를 거절했다.

"대선에서 승리하려면 민주당을 혁신해야 합니다. 그래야 국민이 민주당 후보를 지지해주실 겁니다. 제가 책임지고 민주당을 변화시키겠습니다."

문재인 후보는 내게 이런 말까지 했다.

"86세대가 당원들과 국민의 절대적인 지지를 받고 있고, 그래서 당 대표까지 될 수 있다고 판단했다면, 내가 나오지 않았을 겁니다. 성찰이 필요합니다."

틀린 말이 아니었기에 더는 빅3 불출마론을 주장할 수 없었다.

결국 **문재인**, **박지원** 두 사람의 치열한 경쟁이 2·8 전당대회에서 전개되었다. **박지원** 후보의 당권·대권 분리론이 꽤 호응을 얻은 편이었지만, 결과는 약 2.6%p 차이로 **문재인** 후보의 승리였다.

나는 이 이후에도 일관되게 대권 후보의 당권 도전에 반대했다. 2021년 전당대회에 **이낙연** 전 국무총리가 출마하려 했을 때도 모처에서 만나 만류한 바 있었고, **이재명** 대통령 후보가 2022년 전당대회에 대표 후보로 출마하려 했을 때도 만류한 바 있었다. 유력한 대권 후보가 국회의원 선거를 앞두고 당 대표가 되면 공천을 둘러싼 갈등은 피할 수가 없고, 그 갈등이 심해져서 분당에 이르는 경험도 했기 때문이었다.

2015년 2월 전당대회에서 시작된 친문·반문 간의 갈등은 2015년 연말, 2016년 연초까지 이어졌다. 이른바 친문 패권주의 논쟁과 혁신위원회(혁신위)의 혁신안을 둘러싼 갈등이었다. 친문 패권주의 논쟁이란 유력한 대선 후보가 당권까지 갖는 것이 과연 옳은 일인가에 대한 논쟁이었고, 혁신위를 둘러싼 갈등은 혁신위에서 제시한 '하위 20% 의원 공천 자동 탈락 규정'이 이른바 호남을 기반으로 한 반문 세력을 제거하려는 포석이 아니냐는 의심에서 비롯되었다.

사실 친문 패권주의라는 공격은 당권·대권 분리론에 입각한 주장이었지만, 주로 여의도 내의 담론이었다. 전당대회에서 당원들과 대의원들이 당 지도부 선출을 끝낸 마당에서는 더 확산될 이유가 없었다.

문제는 공천이었다. 당장 2015년 4월에 광주 서구을 보궐선거가 예정되어 있었다. 전당대회가 끝나자마자 등장한 첫 번째 이슈도 해당 지역에 누구를 어떻게 공천할지였다. 당시 출마를 준비하고 있었던 **천정배** 전 장관은 **문재인** 대표 측이 친문 성향의 다른 사람을 공천할 것이라고 굳게 믿고 있었다. 결국 그는 2015년 2월 27일에 새정치민주연합 후보로 출마하지 않겠다고 입장을 밝혔고, 후보 경선을 위한 공모에 신청서조차 내지 않았다.

3월 9일, **천정배**는 새정치민주연합에서 탈당했다. 그는 "야권을 변화시키고 호남 정치를 부활시키겠다"고 선언하며 무소속 출마를 공식화했다. 당시 광주에는 친문 세력이 **조영택**을 공천하려 한다는 소문이 꽤 번져 있었는데, 실제로 새정치민주연합 경선에서 **조영택**이 승리해 후보로 공천되었다.

그러자 광주 분위기가 점점 묘하게 흘러가기 시작했다. 결국 무소속으로 출마한 **천정배** 후보가 새정치민주연합의 **조영택** 후보를 누르고 광주 서구을의 당선자가 되었다. 이에 그치지 않고 보궐선거를 기점으로 '호남 대 친문'이라는 프레임이 번지기 시작했다. 광주·전남 지역에서는 '친문 패권주의'라는 단어를 '문재인의 호남 무시'라는 개념으로 해석하는 분위기가 조성되었다.

이런 갈등이 생겼을 때 빠르게 잘 정리해야 할 지도부는 분열되어 오히려 갈등을 키우는 역할을 했다. 2015년 5월 8일, 언론에 공개된 최고위원 회의에서 **주승용** 최고위원이 재보선 패배를 놓고 **문재인** 대표가 공정하게 공천하지 않았기 때문이라고 공개적으로 비판하는 일이 벌어졌다. 그러자 **정청래** 최고위원이 주 최고위원에게 사퇴하지도 않을 거면서 계속 사퇴할 것처럼 공갈치는 사람도 문제라고 맞받아쳤다. '공정'이라는 단어에 맞추어 '공갈'이라는 표현으로 대응한 것이었다. 이 말에 격분한 **주승용** 최고위원은 문 대표의 만류에도 불구하고 회의장을 박차고 나가버렸다.

주승용 최고위원의 갑작스런 퇴장으로 분위기가 싸늘하게 냉각된 그 자리에서 갑자기 **유승희** 최고위원이 어버이날이니 노래 한 소절 불러 드리겠다면서 "연분홍 꽃치마가 봄바람에…" 하며 노래를 부르는 웃지 못할 일도 벌어졌다. 이 과정을 쭉 지켜본 언론에서는 이 사건을 두고 '새정치민주연합 최고위원회는 (개그콘서트) 봉숭아 학당'이라며 비꼬았다.

4·29 재보선 패배로 물러난 **양승조** 사무총장의 후임으로 **최재성** 의원을 지명하려 하자 이번에는 **이종걸** 원내대표와 **유승희** 최고위원이 반대하며 당무 거부에 나서기 시작했다. 최고위원 회의가 열린다고만 하면 의원들과 당원들이 한숨을 내쉴 지경이었다.

문재인 대표는 이런 당의 분위기를 일신하기 위해 **김상곤** 혁신위를 발족시켰다. 혁신위는 사무총장직을 총무본부장급으로 격하하는 중재안을 내놓았고, 이후 **문재인** 대표가 담판을 벌여 **이종걸** 원내대표가 당무에 복귀했다. 이어 **유승희** 최고위원도 7월 13일 당무에 공식 복귀했다. 그러나 지도부 때문에 당이 엉망이 되고 있다는 원망이 하늘을 찌르고 있었다.

문재인 대표의 사퇴를 요구하며 정기적으로 모임을 하던 반문 성향의 비주류 의원들은 결국 9월부터 탈당을 시작했다. **박주선** 의원과 **박준영** 전남지사가 가장 먼저 탈당했고, **김상곤** 혁신위에서 하위 20% 의원을 공천에서 무조건 배제한다는 방침을 발표한 이후인 12월부터 탈당이 본격적으로 진행되었다. 12월 13일 **안철수** 전 공동대표의 탈당 선언이 기점이 되었고, **문병호**(인천 부평갑), **황주홍**(전남 장흥·강진·영암), **유성엽**(전북 정읍), **김동철**(광주 광산갑), **임내현**(광주 북을), **최재천**(서울 성동갑) 의원 등이 그 뒤를 이었다.

여기저기 탐문해 알아본 결과 탈당 예정자가 최대 30여 명에 이를 듯했다. 새정치민주연합 소속 국회의원의 25%에 달하는 수였다. 다음 총선을 앞둔 마당에 보통 일이 아니었다. 당시 친문 의원들 중에는 반문 의원들이 다 나가는 편이 차라리 더 낫다거나, 호남 유권자들은 개혁적이니 어차피 탈당한 의원들을 다 떨어뜨릴 거라는 식으로 공공연하게 이야기하는 사람도 있었다. 하지만 나는 생각이 달랐다. 어떻게 해서든 탈당 인원을 최소화해야겠다고 판단했다. 호남 민심도 심상치 않았고, 수도권의 호남 출신 당원들도 동요하고 있었다. 호남 대 친문 구도가 구조화되면 수도권에서도 선거 승리가 쉽지 않을 듯했다.

12월 중순쯤에 **문재인** 대표를 찾아가 이런 분위기를 전달했다.

"어떻게 하면 좋겠어요?"

얼굴이 많이 수척해진 **문재인** 대표가 심각한 표정으로 물었다.

"저쪽에서 요구하는 바가 대표님의 사퇴니, 비대위로 간다면 탈당을 최소화할 수 있을 듯합니다. 어쨌든 탈당 의원이 20명을 넘지 않게 하는 것이 중요합니다."

"그런데 지금 내가 바로 사퇴하면, 또 저를 지지하는 분들의 반발도 만만치 않을 겁니다. 일단 선거에 관한 전권을 가진 선대위 체제로 가고, 당이 안정되면 그때 사퇴하는 걸로 합시다."

"그 방안도 좋을 것 같습니다."

"그러면 선대위원장으로는 누가 좋을 것 같아요?"

"중진 의원님들 의견으로는 김부겸 선배가 좋겠다고 합니다. 영남 출신이면서 비주류 의원들과 교분도 있고, 또 2012년 대선 때 후보님 선대위원장을 맡았으니까요."

"좋습니다."

김한길 의원 측과도 논의한 결과 **김부겸**으로 가면 받아들일 수 있다는 답신을 받았다. 하지만 결국 여러 사정으로 이 중재안을 실행에 옮기지 못한 채로 해를 넘기고 말았다.

2016년 1월 7일, **김한길** 의원은 탈당해 **안철수** 의원과 연대를 선언했다. 후속 탈당이 계속 이어졌고, 1월 25일에는 여러 탈당 세력을 규합한 국민의당이 출범했다. 뼈아픈 분당이 또 발생했다.

더불어민주당 김종인 비대위와 제20대 총선

2015년 5월부터 7~8개월 동안 계속 혼란을 거듭한 까닭에 당의 이미지는 많이 실추되었다. 2015년 12월 28일, 새정치민주연합은 당무위원회 의결을 거쳐 당명을 '더불어민주당'으로 바꾸었다. 당명만 바꾼다고 당의 면모가 바뀌느냐는 비아냥거림도 있었지만, 더불어민주당이라는 당명과 로고, 디자인 등은 나름 신선하다는 평가를 받았다.

2016년, 2020년, 2024년 세 번의 총선과 2017년, 2022년 두 번의 대선, 2018년, 2022년 두 번의 지방선거를 더불어민주당이라는 이름으로 치렀으니, 1980년 이후 대한민국 민주당 계열 정당 사상 가장 장수한 당명이다. 참고로 국민의힘 계열 정당에서 가장 장수한 이름은 '한나라당'이다.

나는 2000년에는 새천년민주당, 2004년에는 열린우리당, 2008년에는 대통합민주신당, 2012년에는 민주통합당, 2016년에는 더불어민주당 소속 국회의원 후보로 각각 출마했다. 같은 진영에서 떠난 적이 없는데, 선거 때마다 당명이 바뀌었다. 2020년에도 더불어민주당 소속으로 출마하면서 처음으로 같은 당명을 달고 두 번째 선거를 치르게 되어 감회가 남달랐다. 초·재선 의원들은 이런 역사를 경험해보지 않았으니 생소할지도 모르겠다. 참으로 다사다난했던 민주당의 역사는 당명 변천사에도 담겨 있다.

문재인 대표는 결국 비상대책위원회 체제로 가기로 하고 2016년 1월에 **김종인** 박사를 비대위원장으로 위촉했다. 언론은 이를 대단히 신선한 결단으로 평가했다. 여러 우여곡절을 거치면서 제20대 총선을 치렀는데, 더불어민주당이 123석으로 제1당, 새누리당이 122석으로 제2당, 국민의당이 38석으로 제3당이 되었다. 그리고 정의당이 6석을 차지했다.

2012년 제19대 총선에서 민주통합당이 거두었던 127석이 제20대 총선에서는 더불어민주당의 123석으로 약간 줄었지만, 제

1당이 되었으니 승리라고 할 수 있지 않을까? 하지만 언론은 더불어민주당의 승리보다는 새누리당의 참패와 국민의당의 약진에 초점을 맞추었다. 어쨌든 단순하게 국민의당과 의석수 합계를 따지면 161석이 되니 총선 전에 분열한 것이 아쉽기만 했다.

호남에서는 **이개호, 안호영** 두 의원만 살아남고, 나머지 모든 지역에서 국민의당에 완패했다. 호남 대 친문 대치 구도가 호남 민심을 완전히 뒤엎었고, 수도권에서도 국민의당의 정당별 비례 득표율이 20%를 상회했다. 분열은 야권의 심각한 과제로 떠올랐지만, 당장은 별다른 해결책이 없었다. 하지만 2017년 대선 승리를 위해서는 무언가 특단의 조치가 필요했다.

나는 이 선거에서 다시 당선되어 3선 의원이 되었다.

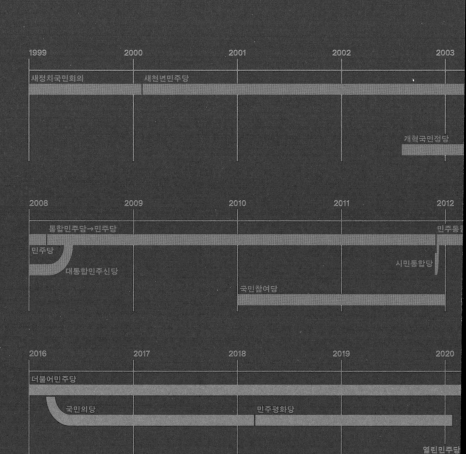

유능한 민생 정당의 길(2016~2024)

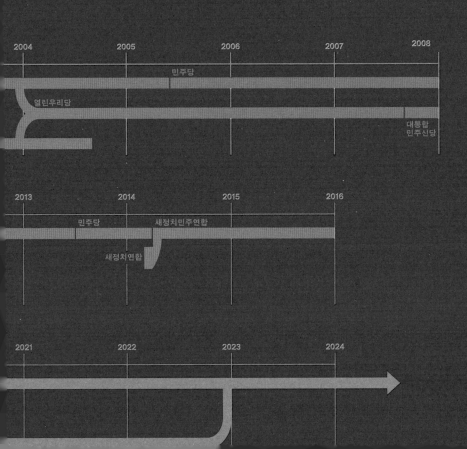

2004   2005   2006   2007   2008

민주당

열린우리당

대통합
민주신당

2013   2014   2015   2016

민주당   새정치민주연합

새정치연합

2021   2022   2023   2024

정당 안정기, 더불어민주당

당의 분열과 국민의당 창당에도 불구하고 2016년 제20대 총선에서 더불어민주당은 가까스로 제1당이 되었다. 하지만 당의 지지율은 여전히 20% 초반 정도에 머물렀다. 그 상태로는 2017년 제19대 대통령 선거에서 승리를 장담하기가 어려웠다.

더불어민주당은 2016년 5월부터 유능한 민생 정당의 깃발을 내걸고, 당의 환골탈태를 위해 노력했다. 지긋지긋한 계파 분열을 극복하고 한마음 한뜻으로 뭉쳤으며, 2016년 국정감사를 계기로 '박근혜-최순실 게이트'를 파헤쳐 정국을 주도했다. 국정감사 이후 시민들은 대규모 촛불집회로 국정농단을 규탄했고, 이어진 국정조사와 특검을 통해 '박근혜-최순실 국정농단'의 전모가 드러나자, 여당인 새누리당도 동요했다. 12월 9일, 역사적인 **박근혜** 대통령의 탄핵소추안이 찬성 234표로 통과되었다.

2017년 5월 9일, 예정보다 일찍 치러진 제19대 대통령 선거에서 **문재인** 후보가 압도적인 득표 차로 승리했다. 인수위원회 활동 없이 곧바로 취임한 **문재인** 대통령과 정부는 임기 초반 평창 동계 올림픽의 성공적 개최로 국민의 지지를 받았다. 2018년 북한 **김정은** 위원장과의 남북정상회담 및 트럼프-김정은 간의 북미정상회담을 잇달아 성사시키면서 역사적인 해빙의 분위기가 한반도에 넘쳐났지만, 북미정상회담에서 북핵 관련 협상이 결렬되며 어려움이 찾아오기도 했다. 갑자기 발생한 코로나19 위기를 잘 수습해 세계적인 방역 모범국가로 평가받았고, 코로나19에 따른 경제적 어려움도 적절하게 막아냈다는 평가를 받았다.

이런 집권 중 성과를 토대로 2020년 제21대 국회의원 선거에서 더불어민주당은 위성정당 의석을 포함해 180석의 대승을 거두었다. 민주당 지지자들은 환호했고, 20년 집권도 가능하다고 흥분할 정도였다. 그러나 집권 후반기 부동산 폭등으로 서민들은 좌절했고, 정권 지지도는 급격히 하락했다. 이 과정에서 다수 의석의 민주당은 검찰개혁에 최선을 다했지만, **윤석열** 검찰총장 임명이 오히려 독이 되어 어려움이 가중되었다.

2022년 제20대 대선에 출마했던 **이재명** 후보는 0.73%p라는 아슬아슬한 득표율 차이로 패배했고, 이어진 제8회 지방선거에서도 대패하면서 당이 위기에 빠졌다. 대선·지방선거 패배의 책임 논쟁으로 잠시 당이 흔들렸지만, 비상대책위원회를 열어 수습에 나섰고, 전당대회를 통해 **이재명** 대표 체제가 들어섰다. 이후 친명·비명 간의 대립이 1년간 심화했고, 이는 또 다른 분열의 씨앗이 되었다.

승리와 패배의 경험이 교차했던 이 시기는 앞으로 어떻게 귀결될까. 더불어민주당은 늘 시험대에 오른다. 돌이켜보면 더불어민주당은 2015년 당명 개정 이후 20대, 21대, 22대 국회의원 총선거에서 승리했고, 2017년, 2022년 두 번의 대선과 2018년, 2022년 두 번의 지방선거를 치렀다. 1980년대 이후의 정당사에서 같은 당명으로 가장 오래 지속된 민주당 계열 정당인 만큼 정당 체계가 가장 안정된 민주당이라고 평가할 수 있다. 더불어민주당의 역사는 이후로도 상당 기간 지속될 가능성이 크다.

9장

더불어민주당 원내대표

원내대표 출마를 결심하다

제20대 국회의원의 임기는 2016년 6월에 시작되었고, 그다음 해인 2017년 12월에 제19대 대통령 선거가 예정되어 있었다. 2015년 친문과 반문으로 나뉘어 극한으로 대립하며 분열된 당이 입은 상처는 너무 컸다. 차기 대선 후보로 유력했던 **문재인** 대표의 리더십이 일부 훼손되었고, 전통적 제1야당의 지지 기반도 양분되었다.

더불어민주당은 수도권 제1당이었지만, 영남과 충청, 강원 지역은 새누리당에, 호남 지역은 국민의당에 각각 내어주었기 때문에 마치 수도권 정당으로 전락해버린 느낌이었다. 이 상태로

2017년 대선에서 승리한다는 것은 절망적으로 보였다.

누가 이 문제를 해결할 수 있을까? 2016년 제20대 총선을 앞두고 나는 3선에 도전하면서 다음과 같이 결심했다.

'3선에 성공하면 원내대표가 되어서 내 손으로 당의 위기를 극복해나가야겠다.'

이렇게 생각했던 이유는 몇 가지가 있었다.

첫째, 나는 무계파이자 전全 계파이기도 하기에 당의 분열을 극복하기 위해 모든 계파와 원활하게 소통할 수 있는 적임자였다. **정동영, 김근태, 정세균, 손학규, 박원순**의 대변인이었고, **문재인** 대선 후보의 공보단장이었기에 누구보다 각 계파의 내부 사정에 밝았다. 또한 **김대중** 대통령이 직접 영입한 인사였기에 동교동계 구舊주류 선배들과도 신뢰 관계가 이어져 있었다. 86세대와의 유대 관계나 '더좋은미래' 회원들과의 결속력도 끈끈하므로 당의 분열을 잘 봉합할 자신이 있었다.

둘째, 2000년부터 원내부대표, 대변인 여덟 번, 전략홍보본부장, 최고위원, 전략공천위원회 부위원장 등 당무와 선거 실무를 꾸준히 도맡아 했으므로 정무적 감각이나 경험 면에서 남에게 뒤지지 않는다고 자부할 수 있었다. 당무에 밝고 전략적으로 판단할 수 있으니 **박근혜** 정부에 맞서 원내에서 아무리 어려운 싸움이 되더라도 충분히 진두지휘할 수 있는 적임자라고 생각했다.

셋째, 초유의 4당 체제에서 국민의당, 정의당 등 다른 야당과 협력할 수 있는 사람이 제1야당의 원내대표로 적합하다고 생각했다. 나는 **박지원** 국민의당 원내대표와도, **노회찬** 정의당 원내대표와도 막역한 사이라 야권의 연대와 단합을 이루어낼 자신이 있었다.

총선이 끝나고 당선이 확정된 이후, 나는 제일 먼저 원내대표 출마 의사를 밝혔다. **이종걸** 원내대표단은 차기 원내대표 선거일을 5월 4일로 정했다. 선거운동을 할 수 있는 기간은 3주 남짓밖에 되지 않았다. 준비 기간이 너무 짧아서 의원 모두를 일일이 만날 시간이 없었다. 먼저 제20대 국회에서 새로 국회의원이 된 123명의 명단을 훑어보았다. 누군지 모르는 사람은 **최운열** 의원, **박경미** 의원 등 새로 영입된 의원 4명 정도였고, 나머지는 다 면식이 있는 사람이었다.

사실 계파 구도로만 보면 내가 무조건 당선 가능한 구조는 아니었다. 인간적으로 친한 의원은 많았지만, 친문도, 비문도 아닌 무계파인 내게 표를 준다고 확신할 수 있는 의원은 한정적이었다. 고정표가 부족할 테니 1차 투표에서는 2위로 올라가고 결선 투표에서 승리하자는 전략을 나 스스로 세웠다.

원내대표 선거는 6파전이 되었다. 4선 의원인 **강창일**, **이상민** 의원, 그리고 3선 의원인 나와 **우원식**, **민병두**, **노웅래** 의원이 후보로 나섰다. 나는 후보 연설에서 두 가지를 힘주어 강조했다. 하나는 계파 투쟁 없는 정당을 만들겠다는 것, 또 하나는 우리 당이 국민에게 사랑받게 하겠다는 것이었다.

"국민이 우리 당을 바라보는 이미지는 '무능하면서 싸가지도 없어 보인다'라는 말로 집약됩니다. 맨날 당내에서 싸움이나 하고 문제 해결 능력도 없으면서 겸손하지도 않은데 누가 지지하겠습니까? 저는 먼저 당의 분열을 치유해 통합된 모습을 보일 수 있도록 하겠습니다. 둘째, 뛰어난 제 정무 감각으로 이슈의 주도권을 놓지 않겠습니다. 싸우면 반드시 이기는 야당의 모습을 기대하셔도 좋습니다."

"뛰어난 제 정무 감각"이라는 말에 의원들이 슬며시 웃어 보였다.

"민주당은 유능한 민생 정당으로 거듭나야 합니다. 대화와 타협에도 능해야 합니다. 민생에서 작은 성과라도 만들어내면 국민은 다시 우리에게 시선을 돌릴 것입니다. 의원님 한 분 한 분마다 자기 전문 분야에서 민생에 앞장섰다는 평가를 받도록 최선을 다하겠습니다."

"그리고 저는 계파가 없습니다. 제 주요 지지 기반은 이번에 새로 들어오신 초선 의원들이십니다. 여러분 한 분 한 분이 빛나도록 최선을 다하겠습니다."

주요 지지 기반이 초선 의원들이라고 했더니 '정말?'이라는 표정과 함께 다들 웃음을 터뜨렸다.

1차 투표에서는 예상대로 과반수 득표자가 없었다. 나는 40표를 얻은 **우원식** 후보에 이어 36표로 2위를 차지했다. 이어진 결선 투표에서는 전체 참석자 120명 중 63표를 얻어 우원식 의원을 7표 차로 제치고 당선되었다.

당선된 이후 원내부대표단 인사 발표를 했다. 대개 지도부 선출 이후 갈등이 생기기 시작하는 핵심적인 이유는 주요 직책에 자기 계파 의원들만 챙겨 넣기 때문이다. 그런 상황을 여러 차례 지켜보았기에 나는 어느 쪽에서도 소외되었다고 느끼지 않도록 철저하게 탕평 인사를 했다. 원내대표 선거에서 나를 찍었든 안 찍었든 상관없이, 지역과 계파, 차기 대권 후보와의 친밀도 등을 종합적으로 고려해 원내대표단을 구성했다.

중요한 결정을 하고 나면 반드시 당내 각 세력에게 내가 세운 방향과 계획을 전달할 수 있도록 해달라고 부대표들에게 부탁했다. 정당에서는 당내 구성원들과의 소통이 제일 중요하다. 불필요한 오해가 갈등을 불러일으키기 때문이다.

"지금 상황이 이렇게 돌아가고 있고, 여당 입장은 이러이러하답니다. 그래서 우상호 원내대표는 복안을 이렇게 세우고 있고…."

이런 식으로 각 계파와 세력별로 흐름을 미리 공유하면 의원총회(의총)에서 싸울 일이 줄어든다. 지금까지의 내 경험으로 보면, 당내 소통이 잘 안되면 의총에서 다툼이 생기고, 여기서 계파 간 입장이 나뉘면서 충돌이 커진다. 그러면 언론은 또 우리 당이 어떤 내부 계파 갈등에 휩싸였다는 기사를 쓰고, 그것이 또 지지자들을 크게 실망하게 한다. 따라서 지도부 임무 중 제1순위는 무엇보다도 당내 소통이다.

계파가 사라져야 하는 이유

이왕 이야기를 꺼낸 김에 '계파'라는 용어에 관해 좀 더 깊숙이 파헤쳐보자. 대한민국 정당 역사에서 꼭 다루어야 할 주제 중 하나가 계파 간 투쟁이고, 정치나 정당 발전을 위해 반드시 넘어야 할 영역이 계파 정치기 때문이다. 보수와 진보를 막론하고 규모가 크든 작든 상관없이 모든 당에는 계파 문제가 있다.

정치인들이 겉으로는 마치 대의를 따라 움직이는 듯이 보이지만, 사실 그들의 언행을 해석할 때 계파를 빼놓고는 설명이 잘되지 않는 경우가 많다. 공통의 정치적 과제나 목표, 노선을 실현하기 위한 과정에서 무리가 만들어지는 현상은 막을 수 없고, 어떤 측면에서는 바람직한 부분도 있다. 그러나 이념과 정체성이 같은 정당 안에서 자꾸만 분열이 일어나는 이유 또한 결국 계파 투쟁 때문이다.

계파 투쟁의 핵심은 주도권 싸움이다. 주도권을 쥐고 있는 지도자들 간의 분열에 따라 발생하는 감정적 골이 결국 당 구성원을 분열시키고, 그 분열이 고착화되어 서로 멀어지게 한다. 계파 싸움이 정점에 이르면 결국 분당으로 이어진다. 실제로는 계파 간 권력 다툼 때문이지만, 정작 갈라설 때는 '당을 함께할 수 없을 정도로 노선과 이념이 달라서'라고 분당을 합리화한다. 그런데 진보든 보수든 지난 20여 년간 그 숱한 분당과 재통합, 재창당을 반복하는 동안 실제로 당의 이념과 노선이 그 수만큼 바뀌었을까? 그저 허울 좋은 명분일 뿐이다.

계파 싸움의 가장 큰 매개점은 대선이고, 그다음이 총선이다. 당이 깨질 정도로 큰 갈등은 다 여기서 생긴다. 지방선거 때도 출마자들의 공천 문제로 시끄럽기는 하지만, 당이 깨진 적은 거의 없다. 항상 대선과 총선이 계기가 되는데, 주로 먼저 계기가 되는 것은 대선이다. 유력한 대선 후보 주자들이 당내 후보 선거를 앞두고 이해관계로 부딪히면서 인간관계의 다툼이 당내 분열을 구조화한다.

계파의 가장 큰 문제는 특정 계파 출신이 당 대표나 원내대표가 되면 그다음 날부터 다른 계파가 새 지도부를 흔든다는 점이다. 이러면 아무리 민주적으로 선출된 지도부라 해도 일상적으로 불안정한 구조적 문제에 노출될 수밖에 없다. 행동의 통일성도 없어지고 동지애도 사라진다. 결국 정당이 한길로 나아갈 수 없게 된다.

계파 투쟁이 심해지면 '핵심 관계자'(핵관)라는 말이 언론을 장식한다. 그리고 익명으로 지도부를 흔드는 기사가 끝없이 생산된다. 당원으로서는 당이 질서와 체계가 없는 상시적 분열 상태로 보일 수밖에 없다.

노무현 전 대통령 서거 이후 2012년 총선을 치를 때도 이런 모습이 반복되었다. 2012년 대선 때는 당내 경선을 통해 **문재인** 후보가 선출되었지만, 당 구성원 일부는 적극적으로 돕지 않았다. 대선 후보가 자기 계파가 아니라서 그랬던 사람도 있었고, 당내 후보 경선 과정에서 벌어진 계파 간 싸움으로 감정이 상해 결국 남의 일처럼 방관한 사람도 있었다.

나만큼 당내 의원들을 두루 아는 사람도 드물지만, 2012년 최고위원에 출마했을 때 계파가 없는 나는 조직 표를 얻을 수 없었고, 커트라인인 6위로 가까스로 당선되었다. 무계파를 선언하고 계파의 도움 없이 정치한다는 것은 매우 고달픈 일이다. 전당대회 선거운동을 하러 지방에 갔는데 사람을 모을 수 없어서 그냥 수행원 몇 명과 쓸쓸하게 저녁으로 국밥 한 그릇 먹고 잤던 적도 있었다.

각 계파의 구심력이 강해지면 정당의 모든 일은 계파 중심으로 돌아간다. 당시 **이해찬** 의원은 친노계가 도와주었고, **김한길** 의원은 정동영계가 도와주었다. **강기정** 의원은 정세균계가, **조정식** 의원은 손학규계가 힘이 되어주었다.

나는 고향도 강원도라서 호남·영남의 고정표도 없었다. 계파라는 것이 얼마나 똘똘 뭉쳐서 타 후보를 차단하는지 실감한 적도 있었고, 설움도 많이 받았다. 이른바 86 운동권 출신이니 세간에서는 당에서 황태자 대접을 받는 것처럼 보이는지는 모르겠지만, 결코 그것이 계파를 뛰어넘을 수 없었다.

계파 싸움이 일상화된 정당에서는 누가 되든 리더십이 항상 흔들릴 수밖에 없고, 그러다 총선을 앞두고 공천 문제로 연결되면 탈당과 분당으로 이어진다. 과거 민주당 계열은 계파 싸움으로 7~8년간 분열했던 적이 있었고, 이 때문에 관련 정치 기사는 거의 분열, 상대에 대한 공격, 리더십 훼손, 지도부 교체 등과 같은 부정적 내용으로 채워지곤 했다. 그럴 때마다 여론과 민심은 더 나빠질 뿐이었다.

물론 이것은 한국 정치 전반에 걸쳐 존재하는 현상이지만, 민주당 계열이 항상 더 심각한 타격을 받았다. 이익을 중심으로 한 보수정당은 오히려 권위주의적 질서를 적절히 활용해 때로는 일사불란하게 움직일 때도 많았다. 게다가 민주당 계열의 계파 싸움은 보수 언론을 통해 더욱 증폭되는 효과가 있었다. 민주당에서 아무리 개혁적인 정책을 내놓아도 계파 싸움 뉴스에 묻혀 국민에게 제대로 전달되지 못하는 일도 많았다.

더불어민주당이 2020년 제21대 총선에서 180석을 얻을 수 있었던 이유를 계파 투쟁이 약화하고 새로운 질서가 만들어졌기 때문이라고 평가하는 사람도 있다. 나 역시 2016년 원내대표로 선출된 이후 계파 투쟁 없는 정당을 만들기 위해 내 정치 경험을 총동원했다. 그렇다고 해서 당내 계파 간 갈등이 아예 사라지지는 않았겠지만, 물밑으로 잠잠해진 정도는 되었기에 그 어려운 탄핵 국면에서 우리 당이 흔들리지 않고 하나로 뭉칠 수 있었다고 생각한다.

역대 최단 기간 원 구성 협상

원내대표를 맡고 나서 나는 여야 관계나 야당 간 공조에서 우리 당이 대단히 유연한 정당으로 비추어지도록 노력했다. '반대를 위한 반대'를 일삼는 정당처럼 보이지 않게 하기 위한 의도도 있었지만, 상대 당이나 야권 파트너에게 작은 부분은 얼마든지 양보해주고 상호 신뢰를 쌓아서 큰 문제에 관한 합의를 이끌어내기 위해서였다.

이런 방침을 가장 먼저 적용한 사례가 원 구성 협상이었다. 보통 원 구성 협상은 새 임기의 국회가 출발할 때 이루어지는데, 여야가 상임위원장 자리 하나까지 치열하게 다투면서 쉽게 합의하지 못하는 모습이 일반적이었다. 심할 때는 국회의원 임기가 시작되고 몇 개월 동안 개원조차 하지 못한 적도 있었다. 그런 모습을 보면서 국민은 '저놈의 국회는 매일 밥그릇 싸움만 하나' 싶었을 터다.

나는 제1당의 원내대표로서 제20대 국회가 그렇게 돌아가지 않도록 첫 원 구성 협상을 역대 최단 시간 내에 끝냈다. 원 구성 협상은 항상 세 단계로 이루어진다. 의장과 부의장의 의장단 배분, 법사위원장과 예결위원장 배분, 그리고 나머지 상임위원장 배분 순이다. 나는 우선 당의 중진 의원 모임, 3선 모임, 재선 모임 등에서 토론을 통해 1석 차이밖에 나지 않는 지금의 불안정한 다수 의석 상황에서는 국회의장 자리를 가져오는 일이 가장 중요하다는 의견으로 내부 합의를 보았다. 아무래도 회의 사회권을 갖고 있어야 우리가 하려는 일을 좀 더 편하게 할 수 있기 때문이었다.

과반 의석을 확보하지 못하고 한 석 차이로 제1당이 되었기 때문에 다른 당의 협조를 얻으려면 양보도 해야 했다. 하지만 전부 양보할 수는 없었다. 협상이 필요했다. 언제나 그렇듯이 협상에서는 전략이 제일 중요하다. 무엇을 지키고 무엇을 얻어야 하는가? 그렇게 하기 위해서는 어디까지 양보할 수 있는가? 물론 핵심 지지층은 중요해 보이는 모든 것을 다 쟁취하기를 바라지만, 원내협상의 자리에서는 그렇게 되기가 쉽지 않다.

여의도 켄싱턴호텔에서 새누리당과 국민의당 원내대표를 만난 나는 시작부터 거두절미하고 명확하게 우리 당의 입장을 전달했다.

"국회의장은 우리 당이 맡겠습니다."

사실 이 문제에 대해서는 **박지원** 국민의당 원내대표와 미리 상의한 바 있었다. 국민의당에서 원하는 상임위원장 자리를 양보할 테니 국회의장직은 우리 당에서 가져갈 수 있도록 협조해달라고 사전 합의했다. 미리 약속하지 않았다가 원내대표 회의에서 국민의당이 새누리당 편을 들어버리면 국회의장직을 지킬 수 없었기 때문이었다. 이제 새누리당 정진석 원내대표와 합의할 차례였다.

"정진석 대표님. 법사위원장 우리 당에 양보할 수 있어요, 없어요?"

"그거 양보하면 나 사퇴해야 해. 우리 집권당이야."

"그러면 우린 예결위원회 가져갑니다."

일반적으로 민생을 챙기려면 예산결산위원회(예결위)를, 개혁법안을 챙기려면 법제사법위원회(법사위)를 가져와야 하는데, 나는 민생 쪽을 선택했다. 게다가 법사위를 가져온다고 해도 절반이 안 되는 123석으로는 법안을 단독 처리할 수 없었다. 마찬가지로 법사위를 122석의 새누리당에 양보해도 우리가 국민의당과 협조하면 악법 통과는 저지할 수 있었다.

"이제 여당에서 챙기고 싶은 상임위를 말씀해보세요. 국민의 당에서 챙기고 싶은 상임위도 말씀해보세요."

한 시간 정도 드잡이한 끝에 얼추 가닥이 잡혔다. 사실 협상의 핵심은 국회의장과 법사위, 예결위 배분 문제였기 때문에, 이 문제의 합의가 잘 이루어져서 다른 상임위 배분을 두고 오래 협상할 필요가 없었다.

"이제 발표하러 가죠."

"벌써 끝내?"

"박 선배, 내가 한 일주일 끌면 핵심 상임위 양보할 수 있어요, 없어요?"

"난 양보 안 하지."

"정 선배, 한 달쯤 끌면 법사위 양보할 수 있어요?"

"나 사퇴해야 한다니까?"

"어차피 그런데 굳이 시간 끌면서 협상하는 척해봤자 국민들만 피곤해하지 않겠어요?"

내 말에 두 원내대표 모두 동의하고 곧바로 **정진석** 대표실로 협상 결과를 발표하러 갔다. 우리 당 **박완주** 수석은 소식을 듣고 부랴부랴 뛰어왔지만, 미처 첫날 타결되리라고 생각하지 못했던 다른 당 수석 부대표들은 협상 결과 발표 기자회견장에 참석하지 못했다. 사실 내가 근본적인 목표로 삼았던 바는 더불어민주당이 바뀌고 있다는 느낌을 국민이 체감할 수 있게 하는 것이었다. 국민이 더불어민주당이 바뀌었다고 생각해야 다가오는 대선에서 승리할 수 있다는 것이 내 신념이었다.

정의당에도 공을 들였다. 당시 의석수대로 하면 선거 결과 당 규모가 축소된 정의당이 이전에 썼던 기존 공간 일부를 내놓아야 할 상황이었다. **노회찬** 의원이 "국회법상으로는 그렇게 하는 게 맞지만, 우리도 공당인데 회의실 자체가 쪼그라들어서 회의를 할 수가 없는데…"라고 하기에 나는 **박완주** 수석에게 정의당 원내대표 회의실은 그냥 놔두라고 했다.

"우리 쓸 공간도 부족해요. 국민의당 때문에 공간이 줄었다니까요."

박완주 수석이 투덜거렸지만, 일부러 모른 척했다.

정의당의 정책 전문위원 수도 보장해주었다. 또 정의당 **추혜선** 의원이 내부 사정으로 과학기술정보방송통신위원회(과방위)에 배치받지 못하자 농성까지 벌였는데, 나는 그 사실을 듣고 우리 당 의원을 사보임(상임위나 특별위 소속 의원의 교체를 신청하는 원내대표의 고유 권한)을 통해 다른 상임위로 옮겨서 **추혜선** 의원이 과방위에 들어갈 수 있도록 배려했다. 별것 아닌 걸로 보일 수도 있지만, 작은 일부터 세심하게 챙겨놓으면 나중에 협조가 필요할 때 도움이 된다고 생각했다.

여당인 새누리당과의 대립은 피할 수 없는 일이었지만, **정진석** 새누리당 원내대표와 일부러 각을 세울 필요는 없다고 생각했다. 123석인 더불어민주당과 122석인 새누리당 모두 과반이 아닌데다 1석밖에 차이가 안 나서 실질적으로 국민의당이 캐스팅보트

casting vote를 쥐고 있었기 때문에, **정진석** 원내대표와 늘 대립만 고수하다가는 결과적으로 **박지원** 원내대표에게 끌려다닐 수밖에 없었다. 이와 같은 제20대 국회의 정치 지형이 협상에 언제나 영향력을 발휘할 것이므로 여당과 싸울 때는 싸우더라도 평소에는 대화와 타협이 가능한 구조를 유지해야 한다는 점을 항상 염두에 두고 행동했다.

돌이켜보면 첫 원 구성 협상의 순조로운 타결과 정의당에 대한 배려, 양보하는 자세가 있었기 때문에 나와 **정진석, 박지원, 노회찬** 등 각 당 원내대표 사이에서 국회 운영에 필요한 최소한의 신뢰 관계가 만들어질 수 있었던 듯하다. 그리고 이때만 해도 6개월 후에 대통령 탄핵이라는 태풍이 밀려오리라고는 전혀 예상하지 못했다. 시작부터 정치인으로서 서로 간의 신뢰 관계를 잘 쌓아둔 덕분에 제20대 국회는 탄핵 태풍이 부는 거친 바다에서 정치라는 배를 침몰시키지 않고 무사히 항해를 계속할 수 있었다.

민생 우선, 실용 노선

더불어민주당이 호남 배려, 탕평 인사, 조기 개원 협상 타결 등을 연속으로 선보이자 정치권 주변의 평가가 호전되기 시작했다. 당내 분열이 사라지고 국회에서 여야의 싸움이 줄어들면서 제20대 국회는 무언가 좀 바뀔 듯하다는 희망적인 기사가 언론에서도 나오기 시작했다. 때를 놓치지 않고 민생 문제를 파고들었다.

당의 첫 번째 제20대 국회의원 당선자 워크숍을 국민의당이 휩쓴 광주에서 열기로 결정하고 모든 의원이 5·18 묘역을 찾아가 참배했다. 워크숍에서는 당내에 민생우선실천단을 두기로 하고 의원들이 중요하다고 판단한 의제를 네 가지로 압축해 다양한 활동을 전개하기로 했다.

사례를 하나 소개하자면, 4개의 분과 중 가계 부채 태스크포스는 **김영주** 의원을 단장으로, **제윤경** 의원을 간사로 각각 정했다. 사실 이는 **제윤경** 의원이 강력하게 주장하고, 많은 의원이 동의한 주제였다.

1,000만 원 이하의 소액 부채 때문에 악성 추심을 당해 정상적인 생활이 어려운 사람이 10여만 명에 달했다. 은행권에서는 악성 부채를 이미 손실로 처리하고, 그 채권을 추심업체에 몇만 원에서 10만 원 정도만 받고 떠넘겼다. 채권을 넘겨받은 추심업체 입장에서는 그중 100만 원만 상환받아도 이익이 되므로 빚을 진 서민들을 강하게 압박했다. 그렇게 당하는 사람 중에는 신용불량자도 있었고, 심지어 자살하는 사람도 여러 명이었다.

더불어민주당 국회의원 당선자들에게서 세비를 모으는 과정에서 악성 추심업체가 보유한 채권을 재구매해 채권 문서를 국회의사당 계단에서 불태우는 퍼포먼스를 했다. 그 자리에서 익명의 채무자는 눈물을 흘리면서, 매일 밤마다 악몽을 꾸고 우울증에 시달렸는데 오늘로 해방되었다며 고마워했다.

민생에서 성과를 거두려면 이처럼 많은 사람이 대상이 되지 않더라도 더불어민주당의 노력으로 고통에서 해방되는 사람을 만드는 것이 중요하며, 이런 성과가 곳곳에서 쌓일수록 정치의 효능감도 체감할 수 있고 더불어민주당을 지지하는 사람이 늘어날 수 있다고 생각한다.

이후에도 같은 활동을 서너 차례 더 전개했는데, 최소 3만여 명의 채무자가 악성 채권 추심에서 해방될 수 있었고, 나중에는 은행권에서도 동참해주었다.

국회에서 일하는 간접 고용 청소노동자들의 국회사무처 직접 고용 문제도 더불어민주당에서 적극 추진했다. 국회에는 200여 명의 청소노동자가 일하는데 모두 용역업체를 통한 고용이어서 3년에 한 번씩 업체가 바뀔 때마다 모두가 일자리 상실에 대한 불안감을 떨치지 못하고 있었다. 심각한 사회적 문제인 비정규직·계약직 문제를 해소하자고 외치면서 정작 국회를 위해 일하는 청소노동자 문제는 해결하지 못하고 있다는 점이 아이러니하다고 생각했다.

더불어민주당은 앞장서서 직접 고용 방침을 밀고 나갔다. 특히 이 사안은 **정세균** 국회의장이 강력하게 주장했는데, 예산안 통과 과정에서 마지막까지 쟁점이 되기도 했다. 당시 정부는 강력하게 반대했는데, 나는 국회 몫의 예산까지 기재부에서 반대하느냐며 항의했고, 예산이 증액되지도 않는데 통과에 협조하지 않는 것은 이념적 반대에 불과하다고 몰아붙였다.

결국 여당의 **김광림** 정책위원회 의장이 중재해 이 부분을 본

예산에 포함할 수 있었다. 예산안이 통과된 다음 해인 2017년 1월 2일, 국회 본관 제4회의장에서 장관급인 **우윤근** 국회 사무총장이 200여 명의 국회 청소노동자에게 큰절을 올렸다. 35년 동안 지속되던 청소 업무 민간 도급이 직접 고용으로 바뀐 현장에서 **정세균** 국회의장은 청소 노동자들에게 손수 국회 직원증을 걸어주었고, 국회 신분증을 발급받은 나이 많은 청소 노동자들의 눈시울이 붉어졌다. 작은 성과였지만 그들에게는 인생이 달라지는 중요한 제도의 변화였다.

30년간 고질병을 앓아 왔던 상지대학교 분규 문제를 해결하기 위해 교육문화위원회(교문위) 소속 의원 전원을 데리고 현장을 방문했던 일도 보람 있었다. 내 첫 번째 현장 방문 일정이었다. 상지대학교 문제는 1987년 연세대학교 총학생회장 시절부터 알고 있었던 문제라 관심이 많았다.

정대화 교수를 비롯한 교수들과 총학생회장 등 학생들이 천막을 치고 농성하고 있었는데, **김문기** 전 이사장 측 교수들과 교직원들이 내게 막말을 퍼부으며 따라다녔다. 나는 함께 배석한 교육부 대학정책국장에게 이야기했다.

"이 대학 현실을 보셨죠? 국회 제1당 원내대표와 교문위 위원들에게 저렇게 폭언을 퍼부을 정도인데, 학사 행정이 정상적으로 진행되었겠어요?"

"돌아가서 장관님께 보고하고 대책을 잘 세워 보겠습니다."

세월호 사건 유가족, 시위 도중 물대포를 맞고 쓰러진 **백남기**

농민 유가족, 가습기 살균제 피해자, 성과연봉제로 고통받던 금융 노조 관계자 등 나는 억울한 사람들과 **박근혜** 정부의 잘못된 정책 때문에 고통받는 사람들을 끊임없이 만났고, 때로는 청문회를 개최하는 등 그들의 문제를 해결하기 위해 동분서주했다.

북한이 연이어 도발을 감행했을 때도 나는 북한에 엄중하게 경고했다.

"북한은 어리석은 도발을 중단하고 대화의 장에 나와라!"

"북한은 대한민국 대통령에게 모욕적인 언사를 삼가라!"

그전까지 나를 '운동권 86', '친북 세력' 정도로만 보았던 일부 보수 언론에서도 '어, 뭐지? 더불어민주당이 이전과 좀 다르네?'라면서 호의적인 기사를 써줬다.

추경 예산안이 넘어왔을 때도 비판과 공박보다는 협조를 우선시했다. 어느 당이 집권하고 있든지 간에 추경 예산안은 급하게 준비할 수밖에 없는 사안이라 간혹 빈 구멍이 생기기 마련이다. 이를 가지고 골탕을 먹이려면 야당이 허점 하나하나마다 다 지적하면서 예산안에 퇴짜를 놓으면 된다. 하지만 나는 그런 실익도 없는 일에 불필요한 에너지를 낭비할 이유가 없다고 판단했다. 오히려 우리의 요구를 일부 반영하고 보완해서 빨리 수정해달라고 한 다음 통과를 도와주었다.

이런 국회 운영이 제20대 국회 시작부터 3개월여 동안 쌓여가다 보니 어느덧 더불어민주당에 관한 언론의 기사 논조가 조금씩 바뀌었다. 더불어민주당이 변하기 시작했다는 취지의 기사였다.

내가 원내대표에 당선된 이후, 첫 여론조사에서 더불어민주당의 지지율은 22%를 기록했다. 선거에서 승리해 제1당이 되었는데 지지율이 22%라니 한숨이 나왔다. 이는 총선 이전에 국민의당과 분열된 것이 여전히 큰 영향을 미치고 있다는 방증이었다. 2017년 12월로 예정된 제19대 대선을 치르기 전까지 이 분열 상태를 극복하기 어렵다면, 고민이 될 수밖에 없는 지표였다. 대통령 선거를 코앞에 두고 국민의당 대선 후보로 유력한 **안철수** 의원과 또다시 극적으로 단일화를 할 수 있다는 보장도 없지 않은가.

　　그래도 국회에서 열심히 움직인 덕분에 여론조사에서 당 지지율은 점차 우상향 그래프를 그려갔다. 좋은 분위기를 만들었으니 이제 제대로 된 사안을 들고 **박근혜** 정권에 크게 한 방을 날릴 차례였다. 2016년 8월을 전후해 정보력이 좋은 의원들을 자주 원내대표실로 불러 이슈들을 하나씩 점검하기 시작했는데, 8월 중순을 넘어가면서부터 무언가 심상치 않은 일들이 레이더에 하나씩 잡히기 시작했다. 나중에 '국정농단 사건' 혹은 '박근혜-최순실 게이트'라고 불리게 되는 전대미문의 사건에 관한 단서가 일부 포착된 것이었다.

10장

탄핵 그리고 촛불

물밑에서 움직인 태스크포스

2016년 9월 1일, 제20대 정기국회가 시작되었다. 이 정기국회는 첫날부터 파행이었다. 국회 개회사에서 **정세균** 의장이 **우병우** 청와대 민정수석 관련 사태에 관해 작심 발언을 했는데, 이를 새누리당에서 문제 삼아 회의장에서 집단 퇴장하고 의장 사퇴 촉구 결의안을 채택한 데 이어 심야에 국회의장실까지 점거했기 때문이었다.

정세균 의장은 "청와대 민정수석이라는 자리는 티끌만 한 허물도 태산처럼 관리해야 하는 자리이자 검찰에 영향력을 크게 행사하는 자리다. 그런데 그 당사자가 직을 유지한 채 검찰 수사를 받는다면, 국민은 어떻게 생각하겠는가?"라며 우 수석의 사퇴를 요구했는데, 이것이 빌미가 되었다.

국회의장은 국회를 대표하는 사람이자 입법부의 수장首長이다. 정기국회 개원일부터 여당이 국회의장실을 점거하고 이후 국회 일정을 보이콧하고 나섰다는 사실은 당시 여야가 얼마나 날카로운 대립각을 세우고 있었는지 단적으로 보여주는 증거였다.

그러나 놀랍게도 이렇게 서로 첨예하게 싸우던 국회는 그로부터 100일 뒤인 12월 9일, 박근혜 대통령 탄핵소추안을 가결시킨다. 그것도 찬성 234표, 반대 56표라는 압도적인 차이로 말이다. 실로 놀라웠던 이 100일간의 탄핵 드라마는 어떻게 만들어질 수 있었을까.

표면적으로 보자면 최순실 국정농단 관련 의혹이 본격적으로 제기된 시기는 2016년 9월 20일에 《한겨레》가 〈대기업 돈 288억 걷은 K스포츠 재단 이사장은 최순실 단골 마사지 센터장〉이라는 제목의 기사를 보도하면서부터였다. 그 이전인 7월 26일 TV조선에서 안종범 전 청와대 정책조정수석이 미르재단 설립과 모금 과정에 개입한 정황이 있다고 보도한 바 있었지만, 그때는 그 사실을 안 수석 개인의 월권행위로 여겼다.

관련 사안들이 최순실이라는 하나의 고리로 연결된다는 의혹으로 발전하기 시작한 때는 8월 중순 이후 9월 정기국회를 준비하면서부터였다. 당내에서 조응천, 손혜원, 도종환 의원 등이 하나둘씩 최순실과 관련 있는 루머나 확인해볼 필요가 있는 정보를 들고 찾아왔다. 처음에 나는 반신반의하며 박근혜 대통령이 최순실의 영향을 받는다는 점은 틀림없는 사실 같지만, 그렇다고 하더라도 오랫동안 인연을 맺어온 사이라 친하게 지내며 조언을 듣는 정도 아닐까 생각했다.

그런데 계속 무언가 하나씩 터져 나왔다. 캐면 캘수록 어디까지 이어질지 알 수 없는 끝없는 덩굴 같은 것이 존재한다는 느낌이 들었다. 9월 초 **최순실**에 관해 제보한 적 있는 의원을 모두 원내대표실에 모아 비공개 태스크포스를 구성하고 세부적인 논의에 들어갔다. **조응천, 박범계, 손혜원, 도종환** 의원 등이 주요 구성원이었고, 내가 직접 수차례 회의를 주재했다. 한동안은 태스크포스 운영 사실을 당내에도 비밀에 부치기로 했다.

이미 **손혜원** 의원은 당시 '문화계 황태자'라는 별칭으로 불리던 **차은택**이라는 인물에 관한 사항을 꽤 세부적으로 파악하고 있었다. **차은택**은 **박근혜** 대통령 직속 조직인 문화융성위원회 민간위원, 창조경제추진단 단장, 문화창조융합본부 본부장 등 여러 직책을 맡고 있었다. 그가 운영하는 주요 영상 사업이 **박근혜** 정부가 추진하는 여러 정책과 관련한 홍보물 제작을 맡아 문화관광부의 주요 예산을 쓴다는 점, **최순실**이나 **우병우** 민정수석이 뒤를 봐주고 있다고 본인 입으로 영향력을 과시하고 다닌다는 점, 미르재단 설립에 개입한 듯한 정황 등 심상치 않은 부분이 많았다.

조응천 의원은 청와대 근무 경험이 있었기에 **최순실**의 영향력에 관한 정보를 갖고 있었고, 권부 내부의 여러 관계에 대해서도 일부 신빙성 있는 정보를 갖고 있었다. 특히 권부의 요청 혹은 압력으로 재벌들이 **차은택**이 주도하는 재단에 출자금을 낼 수밖에 없었다는 사실관계를 파악해왔다.

손혜원 의원과 **조응천** 의원의 정보를 종합하면 **최순실**이 **박근혜** 대통령의 최측근으로서 단순히 조언을 건네고 심기 관리만 도와준 정도를 넘어서 실제로 **차은택**이라는 인물을 앞장세워 일을 진행시키고 인사에도 관여한 정황이 있다고 할 수 있었다. 그렇다면 이는 국정농단에 가까운 심각한 사안이 될 수도 있다고 보고 태스크포스에서 계속 추가 정보를 모았다.

안민석 의원은 이미 **최순실**의 딸 **정유라**의 승마 관련 비리에 대해 문제를 제기한 바 있었기에 관련 상황을 태스크포스에 다시 한번 공유했다. **최순실**이 자기 딸을 승마 종목 국가대표로 만들려고 승부조작을 시도했고, 그 사실을 문화부 국장이 지적하자 그 사람을 인사조치했다는 사실이 확인되었다.

도종환 의원은 **정유라**의 이화여자대학교 입학 과정에 무언가가 좀 있는 듯하다고 해 그에 관해 계속 조사해달라고 했다.

의원들의 정보를 총집약하면, 소수 핵심 그룹이 인사권까지 좌지우지할 정도로 국정 전반에 깊숙이 개입했고, **최순실**은 자신의 영향력을 행사해 자기 가족이 개인적 특혜를 받을 수 있게 했다는 사실의 얼개를 대략적으로 그릴 수 있었다. 그리고 이런 의혹들이 모두 사실이라면 **박근혜** 정부가 심각한 문제를 일으키고 있는 것이 틀림없었다.

나는 가장 먼저 **조응천** 의원에게 9월 20일에 열리는 대정부 질의 시간에 먼저 치고 나가라고 했다. 보통 대정부 질의에서 중요한 사건에 관해 폭로하고 언론에 관련 내용을 제보하면, 이후 언론사들이 후속 취재를 진행해 해당 사건에 관한 사실관계를 더 자세하게 보도한다. 이는 내가 대변인 일을 오래 하면서 얻은 경험을 통해 터득한 프로세스였다.

이 게이트의 핵심은 그간 수집했던 여러 의혹의 사실관계를 명확하게 입증하는 데 있었다. 우리 태스크포스 팀이 확보했던 정보 중에는 이미 사실관계가 확인된 부분도 있었고, 추가로 사실관계를 확보해야 하는 의혹도 있었다.

조응천 의원은 미르재단과 K스포츠 재단에 재벌 대기업들이 도합 수백억 원의 자금을 출자했는데, 여기에 박근혜 대통령 측근인 최순실이 개입했다고 밝히면서, 처음으로 최순실이라는 이름을 공식적인 자리에서 거명했다. 최순실이 거액의 한복을 제작해 박근혜 대통령이 공식 행사에서 입게 했다는 의혹과 심야에 수시로 청와대를 드나들었다는 내용도 있었다. 이런 것들은 우리가 사전에 이미 사실임을 확인한 내용이라 부인하기 어려웠고, 언론의 후속 보도에서도 사실로 확인되었다. 의혹은 점차 확대되었다.

이 과정에서 김재수 농림축산식품부(농림부) 장관 임명에 석연치 않은 부분이 포착되었다. 그는 농림부 차관을 지낸 이후 한국농수산식품유통공사(aT) 사장을 5년이나 역임했는데, 해외에서 열리는 행사 때마다 대통령과 계속 현장에 같이 있거나 줄을 섰던 정황을 파악했다. 당시에는 사실관계를 정확히 확인할 수 없었지만, 농림부 쪽에서 그가 **최순실**이라는 실세에 줄을 서서 장관이 되었다는 내용의 제보도 들어왔다.

장관 인사청문회 과정에서 특혜 대출, 황제 전세, 모친 의료보험 부정 수급 등 여러 의혹이 제기되어 국회 농림축산식품해양수산위원회는 장관 후보자 청문회를 통해 부적격 보고서를 채택했으나, 9월 4일에 **박근혜** 대통령은 장관 임명을 강행했다. 나는 9월 5일에 곧바로 야3당 원내대표 회동을 주선했고, 야권 공조를 통해 **김재수** 장관 해임 건의안 발의를 합의했다.

마침 추석 연휴를 맞아 국회의장과 원내대표단이 미국 뉴욕과 워싱턴을 방문할 기회가 생겼다. **정진석** 원내대표는 **반기문** 유엔 사무총장과의 만남이 주요 목적 중 하나였고, 나는 남북 관계 등과 관련해 미국의 협조를 구하기 위한 목적이 있었다.

3당 원내대표가 함께 미국에 방문해 미국 민주당과 공화당 지도자들을 만났는데, 그들은 신기해했다. 당시 공화당의 젊은 하원의장 **폴 라이언** 의원과 민주당 원내대표 **낸시 펠로시** 의원은 "너희들은 서로 안 싸우나?"라며 비슷한 질문을 던졌다. 자기들 같으면 절대 해외에 같이 안 나간다고 했다. 미국도 여야 갈등이 심각하다는 사실을 알았다.

동행 중간에 나는 **김재수** 해임 건의안 처리에 관해 이야기를 꺼냈다. **최순실** 건에 관해서는 초기에 **박지원** 국민의당 원내대표와도 정보를 나누지 않았다. "좀 큰 건이 있습니다. 이번 국감 때 메인으로 터트릴 이슈들이 있는데 절 믿고 좀 도와주세요"라고 부탁했다. **박지원** 원내대표는 **김재수** 장관 해임 건의안은 국민의당 내부에 반대 의견이 꽤 있어서 당론으로 결정하기가 어려울 듯하다고 전해왔다.

정세균 국회의장도 "해임 건의안을 실제 표결에 붙일 생각이야? 그 안건을 내가 사회자로서 진행하기가 좀 부담스러운데"라며 난처해했지만, "지금은 말씀 못 드리는데, 이번 국감에서 큰 건이 있습니다. 거기에 직간접적으로 연결된 사람이라 추진하는 겁니다. 그 사람의 도덕적 하자만을 놓고 이야기하는 것이 아닙니다" 하는 정도로만 설명했다.

정진석 새누리당 원내대표는 계속 "하지 마. 어차피 부결 돼. 그리고 장관 임명된 지 얼마나 되었다고 벌써 뭔 해임 건의안이야?"라며 반대했다. 이때까지만 해도 **최순실** 국정농단의 세부 사항에 관해 국민의당은 물론 여당인 새누리당에서도 제대로 파악하지 못하고 있다는 사실을 오가는 대화를 통해 확인할 수 있었다.

9월 20일, 대정부 질의에서 진행된 **조응천** 의원의 폭로로 의혹이 일파만파 확산되자, 나는 **정세균** 의장과 상의해 9월 23일에 **김재수** 장관 해임 건의안을 처리하기로 추진했다. **최순실** 사건의 파장을 키우기 위해 정부, 새누리당과의 대립 전선을 더 키울 필요도 있었다.

9월 23일, 대정부 질의 때문에 소집된 국회 본회의에서 해임 건의안 본회의 표결을 추진했는데, 새누리당에서는 '국무위원 필리버스터'라는 희한한 작전으로 맞불을 놓았다. 대정부 질문 시 새누리당 국회의원들이 질의하면 장관이 30분에서 1시간씩 답변을 늘어지게 해 시간을 끄는 전술이었다.

국회의원의 질의 시간은 보통 15분 정도지만, 국무위원의 답변 시간에는 특별한 제한이 없는 점을 이용한 작전이었다. 필리버스터Filibuster는 통상적으로 소수당의 국회의원이 다수당의 일방적인 법안 통과를 막기 위해 행사하는데, 국무의원이 시간을 끌기 위해 필리버스터를 하는 것은 처음이었다.

또 여섯 시가 넘자 대정부 질의 도중인데도 전례 없이 국무위원들에게 저녁 식사를 할 수 있게 해달라며 시간을 끌어 '필리밥스터'라는 신조어까지 만들어졌다. **정진석** 새누리당 원내대표는 농림부와 연고가 많은 국민의당 의원 상당수가 이 해임 건의안에 부정적이라는 사실을 알고 있었기 때문에 필리버스터로 시간을 끌다 보면 재적 의원 과반이 무너질 것이라고 판단한 듯했다.

그런데 아이러니하게도 **김재수** 장관 해임 건의안 표결은 그날 여당과 국무위원들의 이른바 '필리밥스터'라고 하는 시간 끌기 작전 덕분에 통과될 수 있었다. 사실 이날은 국민의당 소속 의원 10명 정도가 일정 때문에 지역구에 내려가 있어서 해임 건의안 통과가 애매한 상황이었다. 나는 연신 **박지원** 원내대표 자리에 가서 의원수를 계속 점검했지만, 내심 초조한 상태였다.

그런데 언론을 통해 국회 대치 상황이 보도되자, 지역 유권자들이 호남 지역에 내려온 국민의당 의원들에게 지금 국회에서 새누리당과 더불어민주당이 싸우는 중인데 여기서 지역구 챙길 때냐, 빨리 서울로 가서 함께 싸우라고 난리가 났다고 했다.

결국 밤 10시 이후에 호남에 내려갔던 의원들이 한두 명씩 본회의장으로 복귀했다. 11시 반쯤이 되니 표결 정족수가 넉넉해졌다. 지방에서 의원들이 상경할 수 있는 시간을 오히려 새누리당의 필리버스터가 벌어준 셈이었다. 결국 회의 차수를 변경한 24일 새벽에 **김재수** 해임 건의안은 통과되었다.

해임 건의안 통과는 그 자체로도 중요했지만, 사실 상징적 의미가 더 컸다. 더불어민주당 지지자들이 새누리당과의 대결에서 야당 연합이 처음으로 표결을 통해 승리하는 짜릿한 경험을 했기 때문이었다. 당내에서도 "우상호가 하니까 되네"라는 반응이 나왔다. **박근혜** 정부의 독선으로 야당의 존재감 상실까지 우려되던 상황에서 원내대표 당선 후 처음으로 정국 주도력을 확인한 셈이었다.

여야 간의 긴장 관계는 더 고조되었지만, 우리 지지층의 사기는 올랐다. 언론도 여소야대 국회의 힘을 인정하면서 국회의 동향에 촉각을 집중하기 시작했다. 이런 분위기에 더해 **조응천** 의원이 언론에 제보한 내용이 사실로 확인되었고, 관련 기사들이 각 언론사의 1면 톱기사를 장식하며 뿌려지기 시작했다.

일격을 당한 새누리당은 그다음 주로 예정되어 있던 10월 국정감사를 전면 보이콧하겠다고 선언하고, **이정현** 새누리당 대표는 단식 농성에 들어갔다. **박근혜** 대통령도 **김재수** 장관 해임 건의안을 거부했다. 집권당의 국정감사 거부와 당 대표의 단식 투쟁도 초유의 일이었다. 솔직히 이 시기에는 사상 초유의 일이 너무 많이 벌어져 어이가 없던 적이 한두 번이 아니었다.

박지원 국민의당 원내대표가 국정감사 일정을 조금 연기하고 여야가 함께 진행할 수 있게 협의해보자고 제안했지만, 나는 이를 정중히 거절하고 국정감사를 예정대로 단독 진행했다. 우리가 제기할 의혹이 아직 많이 남아 있어서 타이밍을 놓칠 수 없었다. 여당 없이 우리끼리 진행하면 의혹이 더욱 확산하고 집중될 수 있다는 판단도 하고 있었다. 아니나 다를까, 각 상임위에서 권력형 비리에 관한 사안들이 연이어 터져 나왔다.

봉인을 해제하라

그 당시 국감에서 가장 중요한 역할을 했던 상임위는 교육문화위원회(교문위)였다. 매일 새벽 2시가 넘어서야 그날 국정감사 일정이 끝났다. 도종환 간사와 유은혜, 손혜원, 안민석 위원 등은 거의 매일 하루에 하나씩 새로운 이슈를 터트렸다. 국정농단의 거대한 실체가 수면 위로 떠올랐다.

특히 교문위 위원들이 현장 국정감사를 위해 방문한 이화여자대학교에서는 충격적인 사실이 드러났다. 최순실의 딸 정유라의 입학 과정에서 있을 수 없는 비리가 포착된 것이었다. 사실 위원들은 이미 제기된 바 있는 의혹들만 확인할 목적으로 학교를 방문했는데, 그 과정에서 입시 비리의 근거를 찾아냈다. 최순실이 영향력을 행사해 정유라가 특혜 입학했다는 사실은 전 국민을 분노하게 했다.

결국 **정유라**를 합격시키기 위해 처음으로 승마 특기생 전형을 마련해 입학 요강을 바꾸는 등의 비리가 있었음이 밝혀지면서 이화여자대학교에서는 난리가 났고 **최경희** 총장이 사퇴하는 사태까지 가게 되었다. **최순실** 국정농단 사건에서 **정유라**의 이화여자대학교 부정 입학 문제는 중요한 변곡점으로 작용했다. 초기에 광화문에 나와서 촛불을 들었던 젊은이들 중에는 **정유라** 사건에 대해 크게 분노해 그 자리에 나왔다는 사람도 많았다.

정유라 사건은 우리 사회의 가장 예민한 문제 중 하나인 대학입시 문제와 이른바 '금수저, 흙수저 갈등'의 생생한 현장을 보여주었다. 이화여자대학교 학생들도 대거 단체행동에 돌입했는데, 내 기억으로는 1987년 6월 항쟁 이후 처음 보는 일이었다. 이화여자대학교의 **정유라** 특혜 문제가 터지자 **최순실** 보도에 지극히 소극적이던 다른 언론사들도 관심을 보이기 시작했다.

10월 24일, JTBC 뉴스에서 태블릿 PC 증거가 터졌다. 이는 결국 '박근혜-최순실 국정농단'의 결정적 증거물이 되었다. JTBC가 확보한 태블릿 PC를 통해 청와대 비밀 국정 문건 200여 건이 외부로 유출되었고, 그중 44건은 **최순실**의 태블릿 PC에 담겨 있었다고 밝혀졌다. 특히 일부 문건이 대통령에게 보고되기 전에 **최순실**에게 먼저 전달되었음이 확인되면서 도대체 누가 나라를 통치하고 있었냐는 근본적인 문제 제기가 시작되었다.

이렇게 명백한 증거가 점점 늘어나자 새누리당은 완전히 대혼돈 상태가 되어버렸다. 결국 국회에서 국정조사가 진행되었고, 그 과정에서 더 많은 사실이 밝혀지자 새누리당은 더불어민주당의 특검 요구를 받아들일 수밖에 없었다.

특검을 맡길 사람으로 누구를 추천할지에 관해서도 많은 고민을 했다. 한동안 나는 낮에는 바쁘게 국회 일을 처리하고 밤에는 더불어민주당 추천 몫의 특검 후보를 찾느라 서초동을 헤매었다. 결국 더불어민주당은 '조폭 검사'로 유명한 **조승식** 변호사를 추천했고, 국민의당에서는 검사장 출신인 **박영수** 변호사를 추천했다. 후보자 2명을 추천하면 그중 1명을 **박근혜** 대통령이 지명하는 형식이었는데, 나는 당연히 **박영수** 변호사가 특검에 지명되리라고 판단했다. 실제로 박 대통령은 그렇게 했다.

박영수 특검이 수사팀장으로 **윤석열** 검사를 임명하면서 나중에 대통령까지 되는 **윤석열**이라는 사람의 이름이 세상에 널리 알려지기 시작했다. **윤석열** 특검 수사팀장은 수사팀에 **이원석** 검사, **한동훈** 검사 등을 포함시켰다. 이들 역시 훗날에 각각 검찰총장과 법무부 장관에 임명되었으니 세상은 참 모를 일이다.

다시 촛불로 하나 된 국민

국정감사가 끝난 이후인 10월 29일부터 분노한 국민의 촛불집회가 시작되었다. 다시금 국민이 직접 행동에 나서는 직접민주주의, 광장 정치가 역사의 무대 위로 떠올랐다. 10월 25일, **박근혜** 대통령이 **최순실**과의 관계를 인정하는 짧은 대국민 사과문을 발표했는데, 이것이 오히려 성난 민심에 기름을 부은 격이 되었다.

집권 세력은 이 심각한 권력형 비리를 덮어보려고 **송민순** 회고록의 일부를 활용하려고도 했고, 10월 24일에는 박근혜 대통령이 갑자기 개헌을 제안해 국면을 전환하려고도 했지만, 같은 날 저녁에 태블릿 PC 뉴스가 보도되는 바람에 아무런 소용이 없었다. 결국 태블릿 PC가 증거물이 된 지 하루 만에 **박근혜** 대통령은 대국민 사과를 진행했다.

그러나 사과문에는 사태의 진실이 하나도 담겨 있지 않았다. 게다가 이미 **최순실**의 국정 개입 정황에 관한 증거가 여러 각도로 드러난 판국에 "취임 후에도 일정 기간 일부 자료에 관해 의견을 들은 적도 있으나 청와대의 보좌 체계가 완비된 이후에는 그만두었습니다. 저로서는 좀 더 꼼꼼히 챙겨보고자 하는 순수한 마음으로 한 일인데…" 정도의 발언으로는 국민을 조금도 진정시킬 수 없었다.

민중총궐기투쟁본부가 주최한 '모이자! 분노하자! 내려와라 박근혜!'라는 이름의 1차 촛불집회가 열리자 사람들이 쏟아져 나왔다. 촛불집회는 2016년 10월 29일을 시작으로 12월 9일 국회에서의 대통령 탄핵소추안 가결, 이듬해 3월 10일 헌법재판소의 **박근혜** 탄핵안 선고 이후에도 그치지 않고 2017년 4월 29일까지 지속되었다. 압권은 12월 3일 집회였다. '박근혜 즉각 퇴진의 날'로 명명된 이날 집회에는 무려 230만 명의 시민이 거리로 나와 광화문과 시청을 메웠다.

첫 촛불집회 때부터 광장에서는 이미 대통령 탄핵 요구의 목소리가 나오고 있었다. 그러나 그때는 국회에서 국정조사와 특검을 추진하는 중이었다. 제도 정치권에서 사용하기에 적절한 구호는 아직 '퇴진' 정도였다. 수사가 진행 중이어서 탄핵에 대한 법률적 근거가 아직 확보되지 않은 상태였으므로 국회에서는 대통령의 자진 사퇴를 촉구하는 것 외에는 방도가 없었다. 이에 관해서는 **추미애** 대표와도 합의했고, 의원총회에서도 논의된 사항이었다.

11월 14일에 특검이 합의되고 이틀 뒤인 16일에 국정조사 특위가 구성되면서 특검과 국정조사가 병행되는 드문 상황이 진행되었다. 돌이켜보면 해임 건의안, 국정감사, 국정조사, 특검, 탄핵 등 국회가 사용할 수 있는 모든 수단을 다 동원했던 2016년이었다.

나는 이 문제가 탄핵까지 가지 않고 해결되기를 바랐다. 이미 대통령의 통치 행위가 더는 불가능해진 상황이 되었기 때문에 **박근혜** 대통령만 자진 사퇴한다면 탄핵까지 가지 않고도 해결할 수 있다고 생각했다. 국익과 정치 안정을 고려했을 때 반드시 최악의 상황까지 가야 할 이유는 없었다.

더구나 대통령을 탄핵하려면 여당인 새누리당 의원 중 최소 40명을 설득해야 하는 지난한 과정이 필요했다. 실제로 탄핵까지 가는 과정에서 몇 번의 우여곡절과 기회가 있었다. 나는 **정진석** 새누리당 원내대표를 만나 "스스로 물러나면 제일 좋다"라고 말하기도 했지만, 쉽지 않을 거라는 답을 들었다. 촛불집회가 시작될 무렵부터는 정치권의 여야 모두 국정 혼란이 평범한 수준의 대책으로 수습할 수 있는 정도를 넘어섰다고 인식하면서 거국 중립내각이 현안으로 떠올랐다.

나는 정 원내대표에게 "박근혜 대통령이 내정에서 손을 떼어야 한다. 외교, 안보, 국방은 본인이 갖고 가되 내정에서 손을 떼겠다고 선언해야 한다. 그리고 국무총리를 국회에서 선출해달라고 하면 우리 당에서 논의할 수 있다"라고 제안하기도 했다.

내용 면에서는 조금씩 차이가 있었지만, 정치권 거의 대다수가 거국 중립내각을 구성해 국정을 수습해야 한다고 주장했다. 하지만 박근혜 대통령은 정치권의 건의를 받아들일 생각이 전혀 없었다. 11월 2일, 박근혜 대통령은 여야 정치권과 아무런 상의도 없이 '책임총리'라면서 김병준을 지명했다. 참여정부에서 일한 적도 있는 인물이니 야당에서도 중립적 인사로 받아들일 것이라고 기대한 모양인데, 어림도 없는 일이었다.

'대통령이 내정에서 완전히 손을 떼겠다고 선언할 것, 국회가 국무총리를 선출할 수 있도록 전권을 줄 것'이 거국 내각 구성을 위해 더불어민주당이 제시했던 최소 요구 조건의 핵심이었는데 그 어느 쪽도 받아들이지 않았다. 당장의 급한 불을 모면하고 정치권을 분열시킬 이간계 그 이상도 그 이하도 아니었다. 오죽하면 여당인 새누리당의 김무성 의원도 "어떻게든 헌정 중단을 막아야 한다는 것이 기본 입장인데, 대통령이 국민을 대변하는 국회와 상의 없이 일방적으로 총리를 지명하다니, 이는 국민 다수의 뜻에 반하는 길입니다"라며 불만을 토로할 정도였다.

더불어민주당은 11월 4일에 의원총회를 열어 대통령의 수습안을 즉시 거부하고 영수회담이나 대통령 2선 후퇴론 등 그때까지 수습책으로 고려했던 여러 제안을 모두 철회 및 폐기했다. 그리고 대통령 퇴진을 당론으로 결정했다. 대통령이 스스로 물러나지도 않을 뿐더러 국정 안정에 협력하려는 의지도 보이지 않으니, 선택할 수 있는 길은 이제 탄핵의 외길밖에 남지 않았다.

탄핵 막전 막후

2016년 11월 8일, JTBC 〈뉴스룸〉에서 촛불 정국에 대한 야당의 입장을 듣고 싶다며 더불어민주당 원내대표인 내게 출연해달라고 요청했다. 이날 인터뷰에서 **손석희** 앵커는 대통령이 국정에서 손을 떼는 것이 사태 수습의 전제 조건이라는 야당의 입장을 확인하면서 "(대통령이) 국정에서 손을 뗀다, 즉 퇴진과 시민들이 거리에 나서서 외치고 있는 하야 운동과는 어떻게 다릅니까?"라고 물었다.

나는 "같은 개념입니다. 저희의 이야기에는 조건이 걸려 있을 뿐입니다. 적어도 대통령이 국정에서 손을 뗀다면 굳이 퇴진 운동을 하지 않겠다는 것이 야당의 입장입니다"라고 말했다. 대통령 하야에는 절차가 있다. 먼저 대통령이 국정에서 손을 완전히 떼고 국회가 선출한 총리에게 권한을 넘긴 이후, 대통령직을 사임하고 청와대에서 물러나는 것이다. 이 원론을 이야기한 것이었다.

그리고 이렇게 한마디 덧붙였다. "대통령의 하야를 요구하는 분노의 민심은 이해하고 동의합니다. 하지만 광장은 광장의 방식으로 이야기하고, 국회는 국회의 방식으로 해결해야 합니다. 그러나 결국 이 광장의 요구를 우리도 받고 있습니다. 그걸 고려하고 수렴할 것입니다"라고 말했다.

이 인터뷰가 뉴스로 나가자 내 원내대표실로 수백 통의 항의 전화가 왔다. 항의하는 시민들은 내 말을 국회가 광장의 요구와 다르게 나가겠다는 뜻으로 해석했던 모양이었다. 사무실 업무가 마비될 정도로 전화가 계속 걸려오고 험한 욕도 들었지만, 나는 그럴 수 있다고 생각했다. 나도 6월 항쟁 당시 정치권을 전혀 신뢰하지 않고 똑같은 압박을 했으니 그 심정을 잘 알고 있었다.

그러나 내 임무는 광장과 똑같은 주장을 펴는 것이 아니었다. 국회에서 국정조사와 특검을 잘 진행하는 일이 제도권에서 활동하는 내게는 더 우선적인 과제였다. 만약 탄핵으로 가야 한다면 탄핵에 필요한 정족수부터 먼저 확보하는 것이 내 임무였다. 하야니 탄핵이니 하는 주장은 광장의 요구 사항이고, 그것을 국회에서 어떻게 현실화할지에 관해서는 섬세한 전략이 필요했다. 그리고 내가 단순히 나 자신의 인기를 높이기 위해 광장에서 함께 탄핵을 소리 높여 주장했다면, 아마 탄핵 국면에서 새누리당 국회의원들이 비밀리에 나를 만나주지 않았을 것이다.

국회에서 대통령 탄핵소추안을 가결하려면 국회의원 300명 중 200명의 찬성표를 얻어야 한다. 2016년 4월 13일 제20대 총선에서 당선된 각 당의 의석수는 더불어민주당 123석, 새누리당

122석, 국민의당 38석, 정의당 6석, 무소속 11석이었다. 더불어민주당, 국민의당, 정의당의 의석수를 다 합쳐도 167석이니 33석이 모자란다. 자칫하다가는 정족수를 확보하지 못할 우려가 있었다.

초기에 새누리당에서는 비박계와 비주류를 중심으로 한 새누리당 비상시국위원회가 탄핵에 협조적인 세력이었는데 그 수는 20~25명 정도였다. 이들이 표결에서까지 소신을 유지할지도 의문이었지만, 다 찬성한다고 해도 아직 정족수가 모자랐다. 탄핵에 동참할 새누리당 의원의 추가 확보가 너무도 절실한 상황이었다.

이런 실정을 잘 모르는 촛불집회 광장에서는 야당이 대통령 탄핵에 미온적이라고 생각했고, 심지어 "우상호는 뭐 하냐?"라는 항의가 빗발쳤다. 그래도 내게는 시간이 필요했다. 대한민국 정치사에서 절체절명의 순간인데, 어설픈 낙관론이나 성급한 마음만 앞세우고 어설프게 일을 추진하다가는 모든 것이 무산될 수도 있는 판이었다.

탄핵소추안이 국회에서 부결되면 **박근혜** 대통령 측이 반격할 기회를 얻게 된다. 그뿐인가. 국민은 탄핵도 제대로 처리하지 못하는 정치권에 대한 기대를 접고 국민의 손으로 직접 대통령을 하야시키기 위한 행동에 나설 것이고, 그 과정에서 엄청난 충돌과 혼란, 심지어 유혈 사태가 벌어질 수도 있다. 그러면 정국은 한치 앞도 내다볼 수 없는 혼란에 빠질 것이 자명했다.

11월 23일, 나는 당 최고위원 회의에서 작심하고 새누리당 의원들을 향해 발언했다.

"새누리당에 호소합니다. 언제까지 국정 공백을 장기화시킬 것입니까? 대통령은 퇴진할 생각이 전혀 없고, 국정 공백 장기화에 대해서도 대안을 제시하지 않고 있습니다. 결국 탄핵밖에는 다른 방법이 없다고 야당은 결론을 내렸습니다. 새누리당 의원들께서 자기 당 소속 대통령을 탄핵해야 한다는 점 때문에 이런저런 고민을 하지 않을 수 없다는 점은 이해합니다. 하지만 대한민국의 헌법기관으로서 나라의 미래를 위해 무엇이 가장 바람직한 해법인지 심사숙고해달라고 간곡하게 말씀드립니다."

최고위원 회의에서의 발언은 일종의 공중전이었다. 이때 이미 나는 탄핵에 필요한 숫자를 채우기 위해 여러 경로로 새누리당 의원들과 중진들을 만나고 있었다. 탄핵을 성공시키기 위해 바둑으로 치면 한 수 한 수를 따지는 피 말리는 수 싸움을 계속했다.

어려움은 새누리당을 상대하는 데만 있지 않았다. 당내에도 확신을 갖지 못하고 주저하는 이가 꽤 있었다. 당장 **추미애** 대표부터가 미온적이었다. 최고위원들이 비공개로 당의 방침을 논의하는 자리에서 최고위원 전원이 탄핵을 찬성했는데도 **추미애** 대표는 자진 사퇴, 하야가 답이라며 자리를 박차고 나갔다.

심지어 추 대표는 "여기 최고위원 중에 대통령 탄핵해본 사람 있어요?"라는 말도 했다. 어떤 마음인지 이해는 할 수 있었다. **노무현** 대통령 재임 시절 탄핵 입장에 섰다가 가장 큰 역풍을 맞았던 사람 중 하나가 **추미애** 대표였다. 분노한 국민 앞에서 삼보일배三步 一拜를 해가면서 가까스로 탄핵을 사죄했던 일이 **추미애** 대표에게는 큰 트라우마로 남아 있었다.

다행히도 그날 밤 측근들과 상의한 추 대표가 결국 탄핵 당론에 힘을 실어주긴 했지만, 현직 대통령 탄핵은 그만큼 쉽지 않은 일이었다. 일부 의원은 대놓고 내게 "새누리당이 어떤 당인데 국회의원 정족수 200명을 채울 수 있겠냐. 설득은 꿈도 못 꿀 일"이라고 말하기도 했다. 이처럼 흔들리는 당내 의원들에게 확신을 심어주기 위해서라도 수 싸움에서 우리가 이긴다는 사실을 직접 보여주는 수밖에 없었다.

사실 새누리당 의원들을 설득하는 데는 **박근혜** 대통령이 여야가 여러 차례에 걸쳐서 제안한 수습안을 일방적으로 걷어찬 것이 결과적으로 큰 도움이 되었다. 청와대 측근들의 보고, 국정원 보고 등만 믿고 절충안도 수용하지 않고, 합리적 건의를 하는 새누리당 의원들의 주장 역시 외면하다 보니 친박 중에서도 이반이 시작되었다.

새누리당 내에서도 '이게 버틴다고 해결될 문제가 아닌 듯한데 대통령 주변에 도저히 말이 통하지 않는 인ㅅ의 장막이 있구나' 하는 절망감이 퍼졌다. 놓칠 수 없는 기회였다. 나는 마음이 흔들리고 있는 새누리당 소속 의원들을 계속 만나서 설득했다.

"보세요. 이 상태로 계속 가면 대한민국이 대혼란에 빠집니다. 어떻게 하든 국회에서 정리해야죠. 지금 대통령은 판단력을 상실했고, 인의 장막에 둘러싸여서 정상적인 판단을 못 합니다. 만일 탄핵이 부결되면 광장에 있는 100만 시민이 청와대로 몰려갈 텐데, 그러면 어떻게 할 겁니까. 유혈 사태 벌어지고, 계엄령 선포되고, 국회도 해산됩니다. 제2의 광주가 서울에서 재현될 수도 있어요. 우리 제20대 국회의원들은 두고두고 역사의 죄인이 됩니다."

이렇게 절절하게 호소까지 하면서 대한민국을 위해 결단해달라고 한 사람씩 붙잡고 설득했다. 동참하겠다는 사람이 늘어나기 시작했지만, 나로서는 마치 마른 수건을 짜는 듯한 마음으로 애를 태울 수밖에 없었다. 같은 당에서 함께하고 지지했던 대통령을 자기 손으로 탄핵하도록 마음을 바꾸는 일은 결코 쉬운 선택이 아니었다.

12월 초에는 새누리당의 중진 의원들과 원로들이 모여 '4월 퇴진, 6월 선거'로 어렵게 당론을 결정하기도 했는데, 그것마저 **박근혜** 대통령은 거부했다. 이를 계기로 10여 명이 한꺼번에 마음을 바꾸었다. 최종적으로 탄핵소추안 투표 당일 원내대표로서 내가 당 지도부에 보고했던 탄핵 찬성 예상 숫자는 220석에서 225석 사이였다.

가결 정족수를 충분히 확보했다는 판단이 들자 더는 시간을 끌 필요가 없었다. 12월 3일, 마침내 야3당 원내대표인 나와 **박지원**, **노회찬** 의원이 공동으로 대표 제안을 하고 더불어민주당, 국민의당, 정의당과 무소속 의원 171명이 공동 발의해 '대통령(박근혜) 탄핵소추안'이 투표에 부쳐지게 되었다.

지금까지도 나는 당시 내가 접촉했던 새누리당 의원과 탄핵에 찬성하겠다는 의사를 알려온 의원 명단을 공개하지 않고 있다.

"당신 같으면 당신네 당 대통령을 탄핵하는 일이 그렇게 쉽겠소"라면서 탄핵에 찬성한다는 사실을 절대 공개하지 말아달라고 신신당부한 의원도 있었다. 나는 "당신이 정계 은퇴할 때까지 이 사실을 내가 공개하는 일은 없을 겁니다"라며 안심시켰다.

굳이 그런 당부를 하지 않았더라도 나는 내가 갖고 있는 탄핵 찬성 새누리당 의원 명단을 절대로 공개할 계획이 없다. **박근혜** 대통령 탄핵 그 자체는 절대적으로 옳은 선택이고 역사적으로 바람직한 결정이었지만, 이 복잡한 정치 현실 속에서 정치인에게 자기 당 대통령 탄핵에 찬성했다는 꼬리표가 한번 붙으면 그 꼬리표는 그 사람의 정치 인생이 끝나는 날까지 따라다닐 수밖에 없다. 그것은 때때로 정치적 공격의 빌미가 되거나, 포퓰리즘을 이용하려는 세력에 의해 '배신자'라는 낙인이 될지도 모른다.

그 명단은 내 측근 보좌관들에게도 전혀 보여준 적 없으며, 심지어 **추미애** 대표를 비롯한 우리 당의 어느 누구도 알지 못한다. 그래서 내 별명이 '막다른 골목'이다. 내게 들어온 정보는 절대 골목 밖으로 새나가지 않는다.

운명의 날인 12월 9일, 국회 본회의장에서 탄핵소추안 투표가 시작되었다. 재적 의원 300명 중 299명이 참여했고 투표는 오후 3시 20분부터 국회법에 따라 무기명 방식으로 진행되었다. 중요한 투표인만큼 시간을 끌다가 자정인 12시에 임박해서 하자는 의견도 있었지만, 나는 그런 쇼를 싫어한다. 전 국민이 마음을 졸이고 있으므로 정정당당하게 저녁 시간 전에 끝내야 옳다고 생각했다.

초조한 마음으로 전광판에 개표 결과가 뜨기를 기다렸다. 한 달이 넘도록 새누리당 의원들을 만나며 의원 명단을 보면서 한 사람씩 동그라미와 엑스를 그렸다 지웠다 하고, 진심을 묻고 또 물으면서 꼼꼼히 확인했다. 가결을 예상하면서도 투표 결과가 나올 때까지 1분 1초도 마음을 놓을 수 없었다. 20여 명만 마음을 바꾸면 모든 것이 끝 아닌가. 피를 말리는 순간이었다.

"가 234표"

이윽고 집계가 끝나고 **정세균** 국회의장이 결과를 받아 "가 234표"라고 말하는 순간 방청석에서는 박수와 환호가 터져 나왔다. 하지만 의원들은 차분함을 유지했다. 사실 당일 표결에 들어가기 전에 나는 의원들에게 가결이 되더라도 박수를 치거나 승리라도 했다는 듯이 경박하게 행동하지 말아달라고 이미 부탁해둔 터였다.

"박근혜 대통령을 지지하는 국민도 대한민국 국민입니다. 탄핵은 대한민국을 위해 불가피하게 하는 것이니, 박 대통령 지지자들을 아프게 하는 행동을 삼가주세요. 환호성을 지르거나 박수를 치시면 안 됩니다. 웃으셔도 안 됩니다. 표결 결과가 나오면 무거운 마음으로 본회의장을 나와 의원총회 장소로 이동해주십시오."

이는 과거 **노무현** 대통령 탄핵 때의 경험 때문이었다. 의원들은 침착하게 의장의 가결 선언을 들었다. 상황판에도 최종 개표 결과가 떴다. 찬성 234표, 반대 56표, 무효 7표, 기권 2표였다. 찬성표는 내가 확보한 명단의 수보다 12명 정도 더 많았다. 탄핵소추안 발의부터 투표까지 6일의 기간이 있었는데, 그 사이에 또 몇 사람의 새누리당 의원이 마음을 바꾸었구나 생각했다.

대통령 탄핵으로 방향을 정하고 새누리당 의원들을 접촉하는 동안 매일 정치 상황이 조금만 요동쳐도 10석 정도가 찬성과 반대를 왔다 갔다 했다. 그 피 말리는 과정을 다시 하라고 하면 절대로 못 하지 싶다. 우리 당 의원들은 탄핵이 부결되면 총사퇴할 각오로 의원직 사퇴서도 미리 썼다. 만약 탄핵이 부결되었다면 나는 역사의 죄인이 되었을 것이고, 나라는 대혼란에 빠졌을 것이다. 지금 생각해봐도 가슴이 서늘해지는 장면이다.

9월 1일부터 12월 9일 탄핵소추안 가결까지 100일의 기간은 사전 각본만 없었을 뿐, 모든 국민과 제도 정치권이 한마음으로 이루어낸 역사적인 대드라마였다. 광장 정치와 제도권 정치가 서로 2인 3각을 이루어 평화적으로 대통령을 물러나게 하는 결정을 내린 위대한 혁명이었다. 이 촛불혁명은 6월 항쟁 때보다 한발 더 진전된 모습이었다.

시민과 정치권 모두 그때보다 한층 더 성숙해졌다. 1987년 6월 항쟁 때 우리는 **노태우** 당시 대선 후보의 6·29 선언을 듣고 우리의 소임이 끝났다고 생각하며 광장 정치에서 한발 물러났다.

그러나 2016년에는 달랐다. 촛불집회는 10월 29일부터 시작되어 탄핵소추안이 국회에서 가결된 12월 9일 이후에도, 헌법재판소에서 탄핵 주문이 인용된 이듬해 4월 이후에도 계속 이어졌다. 입법부와 사법부가 혹여라도 국민의 뜻과 의지를 조금이라도 거스르지는 않는지 계속 지켜보았고, 촛불혁명이 정권 교체로 이어는 과정 전체를 끝까지 응원했다.

정치권 역시 1987년의 한계를 넘어섰다. 민주화의 진전을 이룰 절호의 기회, 영·호남 대통합의 흔치 않았던 기회를 국민이 마련해주었지만, 당시 정치권은 야당 후보 단일화도 야당 통합도 이루지 못하면서 그 기회를 물거품으로 만들어 버렸다.

이 역시 이번에는 달랐다. 3개 정당으로 나뉜 여건에서도 야권은 탄핵 정국을 한마음으로 돌파했다. 더구나 국정농단이라는 민주주의의 위기, 헌정 파괴의 위기 앞에서 여당인 새누리당 의원들까지 고뇌와 결단을 통해 국회의 역할에 힘을 실었고, 헌정 최초의 대통령 탄핵 성사에 일조했다. 타협과 협상을 통해 이후 정치 일정을 합의하고 아무런 혼란 없이 제19대 대통령 선거를 치르고 평화로운 정권 교체를 보장한 것도 정치권의 성숙함을 보여주는 증거였다.

광장 정치와 제도권 정치의 완벽한 결합, 서로 각자의 몫을 다하면서 역사를 진전시킨 위대한 드라마가 아닐 수 없다. 우리 국민은 이 촛불혁명을 충분히 자랑스러워해야 한다. 세계 어느 나라에서도 찾아볼 수 없는 사례며, 프랑스혁명, 영국의 명예혁명 등 시민혁명의 길을 연 유럽 혁명사보다 한층 뛰어난 업적이고, 21세기 민주주의가 거둔 새로운 이정표이기 때문이다.

이 격동의 시기에 내가 야당 원내대표로서 맡은 역할을 흔들리지 않고 다할 수 있었다는 점은 정치인으로서 큰 보람이다. 누군가 "우상호 당신은 왜 정치인이 되었소?"라고 묻는다면, 떳떳하게 말할 수 있는 답을 하나 갖게 되었다.

"나는 광장과 제도권이 손을 맞잡고 우리 사회의 정치와 민주주의가 한 단계 발전하는 길을 만들 수 있다고 생각하고 정치인이 되었습니다. 이제 촛불혁명으로 내가 그토록 원하던 답은 찾은 것 같습니다."

꼭 알리고 싶은 이야기가 하나 더 있다. 2016년 탄핵을 앞두고 새누리당 소속 국회의원 한 사람과 단둘이 식사한 적이 있었다. 소주도 마시면서 한 시간쯤 대화한 끝에 그는 내게 탄핵에 찬성하겠다고 말했다. 그러면서 이렇게 덧붙였다.

"우 대표, 내가 왜 탄핵에 찬성하려는지 아세요?"

"국정농단에 분노하신 거 아니에요? 대통령에게 실망하신 거 아닙니까?"

"글쎄요. 논리적으로는 그렇게 말할 수 있지요. 사실 얼마 전에 제가 하도 궁금해서 마스크에 모자를 쓰고 광화문 촛불집회에 나가 봤어요. 그런데 그날 우리 지역 재향군인회 회장이 박근혜 탄핵 종이판을 들고 광장에 앉아 있더군요. 깜짝 놀랐어요. 그래서 제가 대열 바깥으로 모시고 나와서 여기 왜 오셨냐고 물어봤어요. 그분 말씀이 '나는 박근혜 대통령을 지지하고 대선 때도 찍은 사람이지만, 대통령이 최순실 같은 사람한테 농락당했다는 사실이 너무 어이없어서 탄핵에 찬성한다'고 하더군요. 우리가 지향하는 보수의 정신으로 봐도 용서할 수 없는 일이었어요. 참 쓸쓸합니다. 박근혜 대통령을 찍었던 골수 보수이자 나를 국회의원으로 당선시켜준 재향군인회 회장이 촛불 든 거 보고 이것이야말로 진짜 민심이라고 생각했어요."

나는 그의 말에 큰 감동을 받았다.

촛불과 탄핵은 진보만의 전유물이 아니다. 대한민국의 미래를 걱정한 사람들이 진영을 넘어 함께 이룬 일이다.

봄봄유세단

헌법재판소의 탄핵 인용 이후 정국은 빠르게 제19대 대통령 선거 준비로 넘어갔다. 탄핵 정국을 잘 관리한 제1야당인 더불어민주당은 지지도가 급상승했다. 대통령 선거일이 2017년 5월 9일로 공고되었는데, '어대문'(어차피 대세는 문재인)이란 말이 회자할 정도여서 이번 대선이야 뭐 이견이 있겠나 싶었다.

그러나 사람 사는 일은 언제나 다사다난하고 대한민국 정치는 늘 파란만장하다. 대선 승리 가능성이 높아지니 당내 후보 경선이 더 치열해졌다. 경쟁이 치열하면 항상 앙금이 생기기 마련이다. 결국 **문재인** 상임고문이 더불어민주당의 대선 후보로 확정되었지만, **이재명** 후보와 **안희정** 후보의 지지층 일부가 국민의당 **안철수** 후보를 대안으로 택하면서 전체 판세가 약간 혼전 양상을 띠기도 했다.

하지만 나는 모두 찻잔 속의 태풍이라고 생각했다. 언론에서

3부 유능한 민생 정당의 길(2016~2024)

3파전이니 뭐니 아무리 떠들어도 결국은 더불어민주당 **문재인** 후보와 자유한국당 **홍준표** 후보의 대결이 될 것이 뻔했고, 그것도 문후보가 얼마나 큰 격차로 승리할지의 문제라고 생각했다.

대통령 후보가 확정되고 선거 체제로 들어가면 당은 후보가 가장 중심이 되고 당 대표든 원내대표든 후보 지원이 최우선 과제가 된다. 대선 후보 선거 캠프가 꾸려지자 내게도 공동 선대위원장을 맡아달라는 요청이 왔다. 원내대표니까 공동 위원장을 맡는 것은 당연한 일인데, 어떻게 도우면 좋을지에 관해 고민했다. 공동 위원장으로서 카메라가 돌아가고 있는 회의장에 앉아 있으면 언론에는 많이 노출되겠지만, 실질적으로 도움이 되는 일을 하고 싶었다.

어떻게 도와줄까 물었더니 **임종석** 후보 비서실장은 내심 언론쪽 지원을 많이 해주었으면 하는 눈치였다. 하지만 대변인이나 언론 담당은 정치하는 동안 지칠 만큼 했다 싶어 그 일은 공보단장과 대변인이 맡는 거로 하고, 나는 후보가 시간이 모자라 미처 가기 어려운 지역, 별도의 유세 일정을 잡기 어려운 지역을 돌며 지원 유세를 하면 더 도움이 많이 되리라고 판단했다.

그래서 내가 단장이 되어 '봄봄유세단'이라는 별도의 유세단을 만들었다. 주로 원내부대표단과 더좋은미래 의원들을 중심으로 인원을 구성했다. 봄봄유세단은 유세차를 하나 배정받아 **문재인** 후보가 직접 유세를 갈 수 없는 산골과 농촌 마을, 한 번도 더불어민주당 의원이 간 적 없는 지역을 골라 전국 시·군 30여 곳을 돌았다.

어떤 면에서는 그 이전까지 치렀던 모든 대선보다 마음의 부담이 적었던 일종의 '유세 여행'이기도 했다. 시골 마을을 돌아다니면서 지원 연설도 많이 했고, 지나가다 농촌 어르신들이라도 만나면 손도 잡아드리고 이야기도 나누는, 그야말로 민심 탐방이었다. 당시 **김경수** 수행실장이 **문재인** 후보에게 "우상호 원내대표는 전국을 누비면서 후보께서 유세하러 가시지 못하는 곳을 주로 다니십니다"라고 내 동정을 전했더니 **문재인** 후보는 "허허 참, 그게 정말 저를 도와주는 것이지요"라고 웃으셨다는 이야기도 전해 들었다.

2017년 5월 9일, 개표 결과 **문재인** 후보가 2위 **홍준표** 후보를 거의 두 배 차이로 누르는 압승이 발표되었다. 41.08%의 득표율이었다. 개표 방송을 지켜보고 있노라니 2012년 대선에 패배하고 참담한 심정으로 밤에 소주를 먹던 기억이 생생하게 떠올랐다. 이제 내 역할은 다 끝났다 싶어 긴장이 확 풀렸다. 원내대표단 부대표들을 불러 모두 고생했다고 격려하면서 기쁜 마음으로 소주잔을 돌렸다.

대선 승리 이후인 2017년 5월 16일, 후임 원내대표로 당선된 **우원식** 의원에게 업무 인수인계를 했다. 1년 동안 참으로 숨 가쁘게 달렸다. 그 1년이 10년 같았다. 원내대표가 처음 되었을 때 22%였던 더불어민주당 지지율은 어느새 53%까지 올라 있었다.

11장

문재인 정부 시기

문재인 대통령이 취임한 2017년 5월부터 대통령이 지명하는 장관 후보자들의 인사 청문회를 무난하게 진행하는 일이 더불어민주당의 주요 핵심 과제가 되었다. 여당이 된 순간 공수가 바뀐 것이었다.

이 과정에서 **추미애** 당 대표가 국무위원 일부에 대한 추천 권한을 달라고 요구했고, 청와대에서 이를 거부하는 해프닝도 있었다. **임종석** 초대 비서실장에 대한 **추미애** 대표의 거부감도 당청 관계에 어려움을 초래했다. **추미애** 대표는 비서실장의 예방을 한동안 미루다 결국 받아주었는데, **임종석** 비서실장은 장미꽃 한 송이를 들고 당 대표실을 찾아와 화제가 되었다.

노무현 대통령 임기 중에도 **김근태** 의장의 열린우리당과 인사를 둘러싼 갈등이 있었다. 흔히 회전문 인사, 돌려막기 인사라는 세간의 비판을 전하자 **노무현** 대통령이 격노한 사건이었다. 당시 당 지도부와 대통령 간의 만찬 자리에서 **노무현** 대통령이 작심하고 직설적으로 발언한 적도 있었다.

"나는 당의 인사에 관여하지 않는데, 당은 왜 대통령의 인사에 대해 왈가왈부합니까? 이게 맞습니까? 계급장 떼고 한번 이야기할까요?"

분위기가 갑자기 싸늘해졌다. 당시에는 중진 최고위원들이 중재 발언을 하고 서둘러 만찬 자리를 파했지만, 당·청 관계는 특히 인사를 둘러싸고 갈등이 생기면 해결이 어려운 측면이 있다. 여당이 대통령 인사에 사전에 관여하는 일은 불가능하고 바람직하지도 않다. 그러나 대통령의 인사가 민심을 상당히 악화할 수 있다면 그 민심을 전달할 필요는 있다. 다만 그럴 때도 될 수 있으면 공개적인 비판보다는 비공식적인 소통 시스템을 활용하는 것이 바람직하지 싶다.

노무현 대통령 시절 나는 주로 당 대변인을 맡았는데, 정기적으로 홍보수석, 국무총리실 공보수석과 비공식 회의를 갖고, 여러 현안에 대한 공보 대응책을 논의한 바 있었다. **문재인** 대통령 시절에도 대통령 비서실장, 국무총리, 당 대표가 정기적으로 모여 여러 현안에 관한 당의 입장을 전달하고, 공동 대응 방안을 논의했다. 이는 당·정·청 갈등을 최소화하기 위한 소통 시스템이었다.

문재인 정부는 탄핵 이후에 들어선 정권이어서 국민의 지지율도 높았고, 여당이 된 더불어민주당도 이미 계파 분열을 많이 해결한 상황이었기 때문에 큰 분란이 없었다. **추미애** 대표가 이끌었던 2018년 제7회 지방선거의 압승, **이해찬** 대표가 이끌었던 2020년 제21대 총선의 압승이 이어지면서 더불어민주당 구성원들은 사기가 한껏 올랐다. **이해찬** 대표가 평화롭게 임기를 마친 다음에는 **이낙연** 대표 체제가 들어섰고, 대선 후보 출마를 위해 **이낙연** 대표가 사퇴한 이후, **송영길** 대표 체제가 들어설 때까지도 당 내부는 비교적 평온했다.

문재인 대통령은 당 출신 국회의원을 내각에 대거 발탁했고, 이들과 당의 소통 역시 나쁘지 않았다.

평창 동계올림픽 성공과 남북정상회담, 북미정상회담

문재인 정부는 집권 초반 평창 동계올림픽 성공을 국정의 제1과제로 설정하고, 북한 측의 참여를 이끌어내기 위해 노력했다. 특히 문 대통령은 취임 이후 기회가 있을 때마다 북한의 평창 동계올림픽 참여를 촉구했다.

결국 2017년 10월 14일, 정부 고위급 인사가 **장웅** 북한 국제올림픽위원이 평창 동계올림픽에 참가하겠다는 의사를 전해왔다는 사실을 언론에 흘렸다. 12월 20일, 문 대통령은 동계올림픽 기간에 한미 연합훈련을 연기하겠다는 의사를 밝혔고, 2018년 1월 9일에 북한은 드디어 평창 동계올림픽에 선수단뿐만 아니라, 고위급 인사를 포함한 응원단과 예술단, 참관단, 태권도 시범단 등 대규모 대표단을 파견하겠다고 발표했다.

2018년 2월 9일, **문재인** 대통령과 **김여정** 북한 노동당 중앙위원회 제1부부장이 대면하며 악수하는 장면은 많은 국민의 탄성을 자아냈다. 올림픽 개막식에서는 2004년 아테네 올림픽 이후 14년 만에 남북한 선수단이 공동 입장했다.

사실 남북 관계의 극적인 전환을 이룬 사람은 **김대중** 대통령이었다. 2000년 **김대중** 대통령의 남북정상회담 개최 발표는 한반도와 국제사회를 흔들어 놓았다. 세계 유일의 분단국, 제2차 세계대전 이후 최초로 국제 전쟁을 겪은 나라, 여전히 155마일 간격의 휴전선에서 군사적으로 대치 중인 정전 상태의 불안한 국가에서 양 정상이 만나 한반도 평화에 관해 논의한다는 사실은 그 자체만으로도 대단한 일이었다. **김대중** 대통령이 세계 평화에 기여한 공로를 인정받아 노벨평화상을 수상한 것도 대단한 일이었다.

노무현 대통령의 10·4 남북정상회담과 역사적인 합의 또한 기념비적인 일이었다. 금강산 관광의 길이 열리고 개성공단에서 남북 간의 경제 협력 모델을 만들었던 일도 전 세계의 주목을 받았다. 남북 간 군사적 긴장 완화 및 경제 협력의 로드맵이 합의된 점도 큰 성과였다.

그러나 **이명박** 정권 시절, 금강산 관광객 **박왕자** 여사 피살 사건(2008) 이후 금강산 관광이 막히고, **박근혜** 정부가 들어서면서 개성공단 철수가 갑자기 결정되며 남북 관계는 경색 국면으로 변화했다. 북한의 연이은 핵실험과 도발도 국민의 마음을 식어가게 만든 원인이었다.

평창 동계올림픽에 북한 선수단과 응원단, 예술단 등이 참가하면서 10여 년의 단절을 끝마치고 남북 관계가 다시 해빙기를 맞이했다. **문재인** 대통령의 방북과 정상회담, 역사적인 능라도 경기장의 대중 연설은 한반도에 다시 평화의 꽃이 필 수 있다는 희망을 키우는 계기가 되었다.

북한 **김정은** 위원장과 미국 **트럼프** 대통령과의 역사적인 북미 정상회담이 성사되고 진행되는 동안에는 북한의 핵무기와 한반도의 평화를 교환하는 극적인 합의가 이루어지리라는 기대가 있었지만, 안타깝게도 하노이 회담 결렬 이후 남·북·미 관계는 다시 경색 국면으로 전환되고 말았다.

민주당 정권과 보수 정권의 가장 큰 차이점은 남북 정책이라고 할 수 있다. 민주당 정권은 북한과의 대화 창구를 열고, 남북정상회담을 추진해 한반도에 평화를 정착시키기 위해 노력했다. 반면 **이명박**, **박근혜**, **윤석열** 정권은 북한을 압박하고 포위하는 전략을 구사하는 등 국내 보수층을 의식하는 정책을 구사했다.

사실 **노태우** 정권은 북방 정책을 펼치고 남북 대화도 모색했으며, **김영삼** 정권도 초기에는 비전향 장기수 **이인모** 노인을 북으로 송환하는 등 유화적인 태도를 취하기도 했으니, 보수 정권이라고 해서 항상 강경 정책 일변도는 아니었다. 그런 관점에서 보면, 오히려 최근 보수 정권이 훨씬 더 강경한 대북 정책 기조를 갖고 있다고 평가할 수 있다.

민주당 정책 강령의 1순위는 한반도 평화 정착과 남북 관계 개선이다. 따라서 더불어민주당의 구성원이라면 이 주제에 깊숙이 천착해야 할 뿐만 아니라, 공부도 많이 해야 한다. 제21대 국회에서 남북 관련 세미나 등에 대한 의원들의 관심이 현저히 감소했다는 점은 참으로 아쉬운 대목이다.

문재인 정부의 성과, 코로나19 대응

평창 동계올림픽의 성공적 개최에 이어 **문재인** 정부의 탁월한 능력을 보여준 사례를 꼽자면 바로 코로나19에 대한 대응이었다.

2019년 중국에서 원인 불명의 폐렴 환자 발생이 보고되었을 때만 해도 정확한 상황 파악이 어려웠다. 2020년 1월 8일, 국내에 입국한 중국 국적의 36세 여성 1명이 원인 불명의 폐렴 증상을 보여 격리 조치하는 사건이 있었는데, 다음 날 중국 우한에서 발생한 바이러스성 폐렴이 초보 단계 조사 결과 신종 코로나바이러스 감염증(코로나19)으로 판정되었다는 소식이 전해졌다.

1월 19일, 격리 조치 중이던 중국 국적 여성의 병명을 코로나19로 확진하고, 질병관리본부는 감염병 위기 경보 단계를 '관심'에서 '주의'로 상향하며 대책반을 가동했다. 1월 30일, 세계보건기구(WHO)가 '국제적 비상 사태'를 선포하자 전 세계적으로 공포가 확산되었다. 2월 18일, 국내에서는 신천지 관련 확진자가 발생하면서 환자가 급증했고, 1차 대유행이 시작되었다. 정부는 2월 29일 자로 '사회적 거리두기'를 선언하고 사람들 간의 접촉과 모임을 최소화하도록 했다. 3월 12일, WHO가 코로나19 '팬데믹'을 선언했고, 정부는 3월 22일에 강도 높은 '사회적 거리두기' 정책을 발표했다. 그야말로 대재앙에 가까운 감염병 환란이었다. 사회적 거리두기로 경기가 급격히 위축되자 두 차례에 걸쳐 긴급 재난 지원금을 지급하기도 했다.

이런 분위기에서 제21대 국회의원 총선거가 진행되었는데, 악수도 할 수 없고 명함도 주지 못하는 선거를 치를 수밖에 없었다. 투표소에서는 거리를 두고 줄을 섰고, 비닐장갑을 착용하고 투표했다. 전 세계는 대한민국의 방역 상황과 질서 있는 선거를 보면서 대한민국을 칭송했다.

코로나19 대유행은 2022년 4월 18일 사회적 거리두기 전면 해제, 9월 26일 실외 마스크 의무 전면 해제를 발표할 때까지 약 2년 9개월에 걸쳐 대한민국을 뒤흔들었다.

문재인 정부는 첫째, 감염 여부를 대규모로 신속하게 검사할 수 있게 했고, 둘째, IT 기술을 접목해 확진자의 동선 추적과 역학조사를 가능하게 했으며, 셋째, 신속한 격리 치료와 병상 확보 등에서 능력을 발휘했다.

감염 사망자의 시신이 방치되고, 확진자가 병원도 이용하지 못하는 선진국 사례와 비교되면서 대한민국의 방역 체계는 세계적 모범으로 소개되었고, 해외에서 대한민국의 사례를 배우러 오기까지 했다. **정은경** 질병관리본부장은 일약 스타가 되었고, 얼굴에 물집이 잡힐 정도로 고생하는 의료진에 대한 감동이 번지기도 했다.

정권 초기 국정 성과가 좋은 평가를 받으면서 대통령 지지도는 높은 수준을 유지했고, 2018년 제7회 지방선거와 2020년 제21대 국회의원 선거에서 연이어 압승했다.

보수정당은 두 번의 전국 선거에서 모두 패배하면서 휘청거렸다. 그러나 청년 정치인 **이준석**이 전당대회에서 당 대표에 당선되면서 분위기 반전을 도모하기 시작했다. 사실 **이준석**의 당 대표 취임은 상상하기 어려운 결과였다. 그만큼 보수정당의 구성원들이 상황을 심각하게 판단하고, 과거에는 생각조차 할 수 없었던 결정을 내린 것이었다.

검찰개혁의 역사, 미완의 과제

문재인 정부와 더불어민주당이 집권 중에 가장 역점을 두었던 의제 중 하나로는 검찰개혁을 들 수 있다.

더불어민주당이 검찰개혁을 주요 의제로 설정한 데는 역사적 맥락이 있다. 민주당 계열 정당은 그간 대한민국 민주주의 운동에 꾸준히 참여한 역사를 갖고 있다. 따라서 독재 정권을 유지하는 데 큰 역할을 담당했던 국정원, 검찰, 경찰 등 권력기관을 개혁하는 데 관심을 가질 수밖에 없었다.

둘째로 정치 검찰의 과잉수사가 **노무현** 전 대통령을 비통한 죽음으로 내몰았다는 인식이 검찰개혁을 더욱 절박하다고 생각하게 한 측면이 있다.

셋째는 **이재명** 당 대표에 대한 과잉수사 등 여전히 검찰이 불공정하고 편향된 수사권을 행사하고 있다는 분노가 근저에 깔려 있다.

사실 검찰개혁을 위한 노력은 **김대중** 정부 시절부터 시작되었다. **김대중** 대통령 취임식이 1년도 채 지나지 않았던 1999년 1월 26일에 **박상천** 당시 법무부 장관은 '공직비리수사처' 신설을 추진하겠다고 발표한 바 있었다. 그러나 그때는 검찰의 완강한 반대와 국회 의석수 부족으로 제대로 추진할 수 없었다.

2004년 총선에서 과반수 의석을 확보한 열린우리당은 다시 '고위공직자비리조사처'(고비처) 설립을 시도했으나, 당시 **송광수** 검찰총장이 10월에 반대 의견을 제시했고, **김승규** 법무부 장관도 고비처에 기소권을 부여하는 것을 반대했다. 2004년 10월 30일, 정부와 열린우리당은 **이해찬** 국무총리 주재로 당정회의를 열어 고비처를 신설하되 기소권을 부여하지 않는 입법안을 제출하기로 의견을 모았다.

2005년 4월 4일, 한나라당은 고비처 대신 상설 특검제 도입을 추진하자고 제안했고, **노무현** 대통령은 4월 21일에 고비처 설립은 국민 신뢰 회복을 위한 고육책이라며 적극적으로 추진 입장을 밝혔다. 그러나 이 역시 국회에서 제대로 논의되지 못했다.

10여 년간 국회에서 사법개혁 특위를 만들어 의제로 다루기도 했으나 번번이 여야 합의가 무산되어 추진하지 못했다.

2012년 대선을 앞두고 **문재인** 후보와 **안철수** 후보는 '고위공직자범죄수사처'(공수처) 신설과 검경 수사권 조정을 공약으로 내걸었다. 내가 원내대표를 맡고 있던 중인 2016년 7월 19일에 더불어민주당과 국민의당은 검찰 비리 근절을 위한 공수처 신설 추진에 합의했고, 8월 8일에 공수처법을 더불어민주당과 국민의당 공동으로 발의했다.

2017년 **문재인** 대통령이 취임한 이후에도 공수처 신설을 계속 추진했으나 본격적인 진행은 2019년 4월에나 시작할 수 있었다. 2019년 4월 22일, 더불어민주당 **홍영표**, 바른미래당 **김관영**, 민주평화당 **장병완**, 정의당 **윤소하** 등 여야 4당 원내대표는 선거제 개편 및 공수처 설치법의 패스트트랙Fast Track(국회법 제85조 2항에 명시된 안건의 신속 처리 조항) 지정에 전격 합의했다. 공수처 설치와 관련해서는 자유한국당과 합의가 불가능하다고 판단하고, 준연동형 선거제 개편과 함께 묶어 여야 4당이 처리하기로 했다.

사실 당시 군소정당과 진보적 시민사회 쪽에서는 연동형 선거제에 더 관심이 많았다. 양당제의 독점적 의석 구조를 다당제로 변화시켜야 정치가 발전한다는 전제하에 비례대표 의석을 군소정당이 더 많이 가져갈 수 있는 배분 방식인 연동형 비례제를 적극적으로 추진했다. 그러나 결과적으로는 양대 정당이 위성정당을 세워서 비례 의석을 더 많이 가져가는 부작용이 발생했으니,

애초의 취지대로 총선 결과가 나오지는 않았다고 할 수 있다.

자유한국당 측에서는 어떻게 선거의 핵심 룰인 선거제 개편안을 원내 제2당과의 합의 없이 통과시키려 하느냐고 강력하게 반발했다. 이는 과거의 관행을 고려하면 틀린 주장이라고 할 수는 없었다. 이렇게 공수처 신설 법안과 선거제 개편 관련 법안을 패키지로 처리하려다 보니 여야 간의 대립은 더욱더 극한으로 치달았다.

자유한국당의 국회 의안議案과 사무실 점거, **채이배** 의원 감금 등과 같은 극단적인 반대 행동이 있었고 국회선진화법 통과 이후 처음으로 몸싸움까지 벌어졌지만, 결국 이 두 법안은 4월 29일에 패스트트랙 지정이 가결되었다. 국회법에 따라 2019년 9월 2일에 사법개혁특별위원회(사개특위)는 공수처법을 법사위로 이관했다. **황교안** 자유한국당 대표가 단식 투쟁까지 하는 해프닝이 있었지만, 12월 30일에 공수처법은 국회 본회의에 상정되어 가결되었고, 공수처는 준비 기간을 거쳐 2020년 7월 15일에 출범했다.

공수처 신설은 10여 년간 추진해온 사안이라 국민의 지지도 많았고, 명분도 있어서 의회에서의 충돌을 제외하면 큰 후폭풍은 없었다. 하지만 비슷한 시기에 함께 추진되면서 여러 번의 수정을 가했던 검경 수사권 조정 문제는 추진 과정에서 정부와 당, 그리고 당내의 강경 개혁파와 온건파 사이의 의견 차이 등으로 혼선이 발생했다.

의제를 '검경 수사권 조정'이라고 명명한 데서 알 수 있듯이 검찰의 경찰 수사 지휘권을 폐지하고 검찰의 직접 수사 권한을 제한해 검찰과 경찰의 수직적 관계를 상호 협력관계로 설정하는 것이 당정 간의 합의 사항이었다. 이 법은 2020년 1월 13일에 국회를 통과했다.

그러나 2020년 제21대 총선에서 더불어민주당이 압승한 이후, 압도적 의석을 바탕으로 '검찰의 수사권을 완전히 박탈하자'(검수완박)는 움직임이 일부 당원과 국회의원 모임에서 시작되었다. 당 검찰개혁 특별위원회 소속 의원들이 2021년 초부터 이 의제를 주도했는데, 2월 24일에는 **박범계** 법무부 장관이 검찰개혁의 속도 조절이 필요하다는 **문재인** 대통령의 뜻을 전달했다는 보도가 나오기도 했다.

윤석열 당시 검찰총장은 공수처 설립에는 반대하지 않았지만, 검찰의 직접 수사권을 아예 없애는 문제에 대해서는 완강하게 저항했다. 그리고 2021년 3월 4일에 전격 사의를 표명했다. 이에 관해 검수완박 반대는 구실이었을 뿐, 이미 정치적 행보를 결심하고 행동한 것이 아니냐는 의견도 많이 제기되었다.

2021년 3월 8일, **문재인** 대통령은 검찰개혁에서의 절차와 질서를 강조했는데, "방향은 맞지만, 검찰 구성원을 포함한 다양한 의견 수렴이 있어야 한다"며 에둘러 검수완박을 급격하게 추진하는 데 대한 문제점을 지적했다.

5월 2일 전당대회에서 당선된 지도부 내에서도 이견이 있었다. 신임 **송영길** 당 대표와 **백혜련** 최고위원은 신중론을, **김용민** 최고위원은 중단 없는 개혁 추진을 각각 주장했다. 2021년 12월 27일, 차기 대선을 앞두고 더불어민주당은 열린민주당과 합당했는데, 검수완박 추진이 사실상 합당 합의 내용에 포함되었다. **이재명** 대선 후보 캠프의 사법대전환위원회도 2022년 2월 24일에 검찰의 수사 기능 폐지를 골자로 하는 공약을 발표했다.

제20대 대선에서 패배한 이후, 곧이어 벌어질 지방선거를 앞두고 신임 **박홍근** 원내대표는 검수완박 법안을 더욱 강력하게 추진했다. **박병석** 국회의장의 중재 노력으로 **박홍근** 더불어민주당 원내대표와 **권성동** 국민의힘 원내대표 간 합의를 이루기도 했으나, 국민의힘과 **윤석열** 대통령 당선인의 반대로 이 합의는 번복되었다.

박홍근 원내대표는 합의 번복에 반발해 더불어민주당 단독으로 법안을 처리하기로 했고, 검수완박 법안은 2022년 4월 30일에 국회 본회의를 통과했다. 그리고 **문재인** 정부의 마지막 국무회의를 통과해 5월 9일에 공포되었다.

검찰개혁의 추진 과정과 이를 둘러싼 갈등 속에서 **윤석열**이라는 인물이 주목받고 성장한 것은 사실이다. 결론적으로 **문재인** 정부의 검찰개혁은 성공했다고 볼 수 있을까? 공수처도 신설되었고 검수완박법도 통과되었지만, 불행히도 검찰개혁에 성공했다고 평가하기에는 여러 의문점이 남아 있다.

노무현 정부 시절 열린우리당의 개혁 입법 추진 과정과 검수완박의 추진 과정은 면밀히 검토할 필요가 있다. 각 개혁 의제의 당위성은 부인할 수 없고, 적극적 개혁 지지층의 열정도 소중하게 평가되어야 한다. 다만 그 추진 과정의 절차와 내용의 수위에 관해 당내 합의는 어떻게 도출해야 하는지, 그리고 적극적 지지층의 높은 개혁 열망과 국민 사이에서 발생할 수 있는 괴리감은 어떻게 해결해야 하는지에 관한 깊은 성찰이 필요한 부분이다.

개혁의 성공은 제도 변화만으로 완성되지 않는다. 당 내부와 개혁 동조 세력의 조응이 있어야 한다. 한 번에 모두 이루려 하기보다는 단계적·점진적으로 접근해야 성공할 수 있다는 것이 내 판단이다.

부동산 폭등과 무능 프레임

아무리 정치개혁 의제에 대중의 지지가 높다고 할지라도, 민생 문제에서 실망을 안겨주면 심판의 대상이 된다는 점을 교훈으로 새겨야 한다. 코로나19의 어려움을 잘 해결해나갔기 때문에 중간 평가 성격을 지녔던 2020년 제21대 총선에서 압승할 수 있었다면, 부동산 문제 등에서 실망한 국민이 2022년 대선과 지방선거에서 더불어민주당을 심판했다고 할 수 있다.

문재인 정부 부동산 정책의 핵심 기조는 '주택 공공성 강화'에 있었다. 투기 수요 근절, 실수요자 보호, 생애주기 및 소득 수준별 맞춤형 정책이라는 3대 원칙을 세웠다. 임기 초기인 2017년 6월에 첫 부동산 정책을 발표했고, 이 해에만 네 번의 정책을 내놓는 등 적극적으로 대응했다.

그러나 2017년 11월을 지나면서 서울의 아파트 가격 상승률은 오히려 커졌다. 정부는 그 이후로 다섯 번의 부동산 정책을 더 발표했지만, 2018년 9월 7일에는 **문재인** 정부 출범 이후 아파트 가격 상승률이 **박근혜** 정부 임기 4년여 동안의 상승률을 넘어섰다는 보도가 나오기도 했다. 두세 달에 한 번 꼴로 계속 부동산 정책을 발표하며 3년 반에 걸쳐 스물다섯 번이나 정책을 다듬어 발표했지만, 2020년 10월 31일을 전후해 전세난과 아파트 가격 폭등 문제가 또다시 불거졌다. 12월 10일에 한국부동산원에서 아파트 가격이 통계 작성을 시작한 지 8년 7개월 만에 최고치를 기록했다고 발표하자 서민들의 분노와 실망감은 더욱 커졌다.

2021년 2월, 정부는 스물여섯 번째 부동산 정책을 내놓았지만, 시장은 안정되지 않았다. 그런 와중에 한국토지주택공사(LH) 직원들이 3기 신도시 개발 등 부동산 관련 정보를 이용해 집단적으로 부동산 투기에 가담했다는 의혹이 2021년 3월 2일에 폭로되면서, 국민의 분노와 실망감은 극에 달했다.

9월 26일, 청와대는 부동산 가격 폭등에 대해 "너무나 죄송하고 드릴 말씀이 없다"라며 고개를 숙여야만 했다. 그러나 서민들의 마음은 쉽게 풀리지 않았다. 진보는 민생에 유능하지 않다는 '무능 프레임'이 또다시 번지기 시작했지만, 대응할 방법이 없었다.

노무현 정부 임기 후반에 부동산 가격 폭등으로 정권이 심판받은 바 있었는데, **문재인** 정부 임기 후반에도 똑같이 부동산 가격 폭등으로 다시 민심을 잃게 되었다. 실패는 반복되는 것인가? 불과 한 2년 사이에 더불어민주당은 또 오만과 무능 프레임에 빠지고 말았다.

정부가 잘한다는 평가를 받으면 여당에 대한 평가도 좋아지고, 정부가 못한다는 평가를 받으면 여당에 대한 평가도 같이 나빠진다. 꾸준히 고위급 당정 협의가 이루어지기는 하지만, 정책 분야에서의 주도권은 대통령실과 정부 부처가 쥐고 있을 수밖에 없다. 물론 민심과 여론을 잘 전달해 대통령과 정부가 올바른 방향으로 나아갈 수 있게 조력하는 일은 여당의 몫이지만, 단순히 대중의 의견을 공유하는 것만으로는 여당의 한계가 분명할 수밖에 없다. 이런 한계는 어떻게 극복해야 할까? 아주 어려운 문제다.

그러나 여기서 명확히 짚고 넘어가야 할 부분이 하나 있다면, 부동산 정책만큼은 땜질식 처방이나 뒷북 대응으로 해결하기에는 한계가 분명하므로, 집권 초기부터 강력하면서도 종합적인 정책을 구상해 일관성 있게 추진해야 한다는 점이다.

12장

이재명의 등장

이재명 캠프

제20대 대통령 선거 국면이 한창이던 2022년 3월 초, 예상치 않았던 전화가 걸려왔다. 발신자명을 보니 오랜 친구 사이인 **송영길** 대표였다.

"야, 상호야. 지금 대선이 쉽지 않은 양상으로 전개되고 있어서 그런데, 네가 합류해서 같이 일 좀 해줘야겠다."

"무슨 역할을 맡기려고?"

"총괄 선대본부장을 맡아주라. 주변에 네가 맡으면 좋겠다는 의견이 많아."

"이미 여러 사람이 하고 있잖아?"

"네가 전담해서 캠프를 운영해 봐."

나는 갑자기 머리가 복잡해졌다. 날짜를 따져보니 선거일까지 한 달여의 시간밖에 없었다. 곧장 당사로 출근해 핵심 관계자들과 긴급회의를 진행했다. 당 사무총장 겸 총무위원장인 **김영진** 의원, 전략본부장 **강훈식** 의원, **박광온** 공보단장, 비서실장 **천준호** 의원, 그리고 **정진상** 실장 등이 참석했던 거로 기억한다.

먼저 선거 캠프 운영 상황부터 점검했다. 본부마다 공동 본부장, 공동 상황실장 체제로 되어 있어서 혼선을 빚는 일이 너무 많았다. 공동 선대위원장과 수평적 시스템으로 진행했던 2012년 대선 때보다 조직이 더 복잡하고 방대했다. 선거 캠프는 집중과 선택이 중요한데, 너무 방대하다 보니 어디서 누가 의사결정을 하는지도 파악하기 어려운 상황이었다. 심지어 상당 부분을 후보에게 직접 보고하고 지시를 받는 문제까지 발생했다. 이래서는 후보가 자기 메시지에 집중할 수 있겠나 싶었다.

모든 본부를 정리할 수는 없었고, 홍보, 전략, 공보, 정책본부, 네거티브 대응팀만 총괄 본부장 직할 체제로 정비해 급한 결정을 신속하게 집행할 수 있게 만들었다. 그래도 선대본 재정비에만 일주일이 걸렸다.

그다음으로는 그때까지 진행된 여론조사 결과를 면밀히 들여다보았다. 경선 후유증 때문인지 친문 성향의 지지층이 흔쾌하게 지지 의사를 밝히지 않고 있었다. 그래서인지 여론조사에서 **이재명** 후보가 **윤석열** 후보에게 약 7~10%p 정도 뒤져 있다고 나왔다.

나는 친문 지지층부터 결집시켜야 하겠다고 판단하고 **이낙연** 전 국무총리에게 전화를 걸었다.

"제가 지금 총괄 선대본부장을 맡고 있는데요. 좀 도와주시면 감사하겠습니다. 언제 시간이 괜찮으신가요?"

"고생이 많네. 지금 나는 코로나19 때문에 자가 격리 중이라 바로 만날 수가 없어요."

자가 격리가 끝난 이후에 다시 약속을 잡기로 하고, 대선 후보 경선 때 **이낙연** 후보를 도왔던 의원들을 접촉해 그분의 도움이 왜 필요한지를 설득했다.

4~5일쯤 지난 이후, 시청 근처 식당에서 **이병훈, 김종민, 윤영찬** 의원 등과 함께 **이낙연** 전 국무총리를 만났다. 2시간여 동안 이야기를 나눈 끝에 승낙을 받아서 바로 총괄 선대위원장으로 모시기로 했다고 발표했다. 물론 이에 관해 **이재명** 후보와 **송영길** 당 대표의 동의를 먼저 받아둔 상태였다.

이낙연 총괄 선대위원장의 합류와 동시에 **윤석열** 후보가 당선되면 **문재인** 대통령까지 사법 처리하려 할 수 있다는 이른바 '정치보복론'을 제기했다. 마침 **윤석열** 후보는 모 언론과의 인터뷰에서 모든 범죄는 예외 없이 처벌해야 한다는 입장을 밝혔다. **이낙연** 위원장이 활동을 재개하고 정치보복론 이슈가 확산하자 친문 지지층에서 변화가 감지되었다. **이재명** 후보의 지지율 또한 변동하기 시작했다.

다음 전략으로 **윤석열** 후보의 **김만배** 관련설을 메인 이슈로 만드는 방법을 선택했다. 당시 **윤석열** 후보 측에서는 집요하게 대장동 범죄 연루설을 **이재명** 후보의 약점으로 부각시키고 있었는데, **이재명** 후보는 이를 대단히 억울해했다.

윤석열 후보 측은 주로 **김만배** 일당의 녹취록을 근거 삼아 각종 의혹을 제기하고 있었다. 예를 들면 '그분이 대장동 개발 회사의 실제 주인'이라고 하는데 '여기서 그분은 이재명 후보다'라고 주장하는 식이었다. 나는 네거티브 대응팀과 함께 녹취록을 구해 면밀히 검토했다. 그런데 의외로 **김만배**의 발언 등에서 **윤석열** 후보와의 관계를 암시하는 내용이 꽤 발견되었다.

그때부터 총괄 본부장인 내가 직접 나서서 **윤석열** 후보 관련 의혹을 정면으로 제기했다. **김만배**가 오랫동안 법조계 출입기자로 일했고 **윤석열** 후보를 '형'이라는 호칭으로 부른다는 점, 자기가 입을 열면 **윤석열** 후보가 다친다는 취지로 발언한 점 등을 부각했다. 특히 **김만배**의 누나가 **윤석열** 후보 아버지의 집을 구매한 점을 관계성의 근거라고 집중적으로 강조했다.

윤석열 후보가 부산저축은행 사건의 주임검사였을 때는 기소되지 않다가 다른 수사팀의 수사로 **김만배**가 처벌받은 점도 의혹의 주요 내용으로 삼아 연일 공격을 가했다. **김만배**를 도왔던 '50억 클럽' 등 검사 출신 인물들이 **이재명** 후보보다 **윤석열** 후보와 더 가까운 사이였다는 점도 지적했다. **윤석열** 후보 측은 해당 내용에 대해 직접 해명하기보다는 근거 없는 의혹 제기에는 대응하지 않겠다는 식으로 나왔고, 연일 고발하겠다고 엄포를 놓았다.

이 공방전이 일주일 정도 계속되자 국민들 사이에서 **윤석열** 후보도 **김만배**와 관련 있는 사람이 아닌가 하는 반응이 형성되었고, 언론도 조금씩 보도의 균형을 맞추기 시작했다. 수세적 캠페인을 공세적으로 바꾸자 여론조사에서 **이재명** 후보의 상승세가 나타나기 시작했다.

당시 선거 운동 과정에서 가장 큰 문제 중 하나는 20~30대 젊은 층과 서울 지역에서의 3~4% 열세가 변하지 않고 있었다는 점이었다. 당시 **이준석** 국민의힘 대표는 20대 남성을 핵심 타깃으로 삼고 집요하게 분리 캠페인을 전개했는데, 효과가 있었다. 반면 우리 쪽에는 20대 남성에게 호소력이 있는 스피커가 없었다.

고민하다가 20~30대 여성을 공략하기로 하고 **박지현**을 영입해 전면에 내세웠다. 사실 그전까지 **박지현**을 잘 몰랐는데, '텔레그램 N번방 사건' 당시 상당한 활약을 한 인물이라고 했다. **박지현** 영입은 효과가 있었는데, 20~30대 젊은 층에서 남성은 **윤석열** 후보, 여성은 **이재명** 후보로 분화가 이루어지기 시작했다. 내부 조사와 일부 여론조사 기관의 조사에서 1%p 정도 이기는 결과도 나오기 시작했고, 흐름도 **이재명** 후보의 상승세였다.

대선 투표일까지 일주일 정도 남은 시점이었다. 사전투표일이 목전에 다가왔는데 마지막에 우리에게 상당히 불리한 이슈가 터져 나왔다. 당시 나는 더불어민주당 당사 9층에 접이식 침대를 놓고 숙식하고 있었는데, 새벽 4시쯤 휴대전화가 울렸다.

"윤석열 후보와 안철수 후보가 단일화에 합의했다고 합니다!"

암담했다. 바로 전날 마지막 대선 후보 토론회가 열렸는데, 그 토론회에서도 **안철수** 후보가 **윤석열** 후보에게 매우 공격적으로 질문했기 때문에 단일화는 어렵다고 판단하고 있었다. 새벽 두 시에 만나 합의했다고 하니, **윤석열** 후보가 급하기는 했던 모양이었다. 하지만 사실 우리 캠프에서도 **안철수** 후보 측과 단일화 관련 협상을 진행 중이었기 때문에 충격은 좀 컸다.

어차피 우리 후보와 단일화하지 않았으니 윤석열-안철수 단일화 효과를 최소화하는 수밖에 없었다. 새벽 두 시의 밀실 담합으로 규정하고 2~3일간 대대적인 공세를 취했다.

결과적으로 **윤석열** 후보와 **이재명** 후보의 득표율 격차가 0.73%p밖에 나지 않았으니 **윤석열** 후보의 대선 승리에는 **이준석** 국민의힘 대표의 20대 젊은 층 공략과 **안철수** 후보와의 단일화 효과가 결정적 요인이 되었다고 생각한다. 그런데 **윤석열** 대통령 집권 이후 **이준석** 대표가 당에서 거의 쫓겨나다시피 하고, **안철수** 후보가 당 대표가 되지 못하는 모습을 보면서 정치가 이리 비정해도 되는가 하는 생각도 들었다.

30일간 전력을 기울여 노력했지만, 결국 제20대 대선에서 더불어민주당은 28만여 표라는 근소한 차이로 패배했다.

선거대책위원회 해단식 직전 **이재명** 후보, **송영길** 대표, **윤호중** 원내대표와 차담을 나누는 자리에서 당에 비상대책위원회를 꾸리기로 결론을 내렸다. 해단식에서 총괄 본부장 자격으로 한마디하려는데 자꾸 눈물이 흘렀다. 패장이 무슨 할 말이 있으랴. **이재명**

후보에게 죄송하다고 하며 고개를 숙였는데, "형님, 고생하셨습니다"라고 하면서 이 후보가 내 손을 굳게 잡아주었다.

다시 소방수로 차출되다

대선이 끝나고 나서 한동안 포천에서 농사를 짓고 있었는데, 어느날 **박홍근** 원내대표가 나를 만나러 찾아왔다.

"형님이 비대위원장을 맡아주셔야겠습니다."

"대선에서 패배한 다음에 조용히 자숙하고 있는 중인데, 뭘 또 맡아? 다른 사람 시켜."

"지금 대선에서 지고 지방선거까지 져서 당에 내부 갈등이 엄청 큽니다. 수습할 사람은 형밖에 없어요. 저는 원내대표 역할만으로도 벅차요. 좀 도와주세요."

대선에서 패배한 이후, 지방선거에서 또다시 대패하자 당은 혼란스러워졌다. **이재명**이 계양에서 국회의원에 출마하고, **송영길**이 서울시장에 출마하는 바람에 졌다는 등 누군가에게 패배의 책임을 물으려는 사람들이 생겨났고, 그들은 독하게 발언하기 시작했다. 선거에 진 정당에 내분까지 생기니 더 어수선한 상황이 되었다. 나는 몇 번을 더 고사했지만, 여기저기서 수락하라는 전화가 계속 걸려왔다.

2022년 6월 7일에 열린 민주당 의원총회에서 당 비상대책위원장으로 추대되었다. 제20대 대선 패배가 득표율 0.73%p 차의

석패였다면, 제8회 지방선거는 시도지사 17석 가운데 겨우 5석만 건진 완전한 참패여서 충격이 더 컸다.

윤호중, **박지현** 등으로 구성되었던 기존 지도부가 해산된 상태에서 새로 출범하는 비상대책위원회는 지방선거 참패로 내홍에 빠진 당을 수습하고 8월 28일로 예정된 전당대회에서 당 대표가 선출될 때까지 당을 이끌어야 했다.

당의 위기라고는 하지만, 사실 누구도 나서기가 쉽지 않은 상황이었다. 대선 패배 이후 더불어민주당은 다시금 당내 계파 갈등이 극심해졌다. 어느 계파가 차기 당권을 차지하느냐에 따라 당 대표가 공천권을 확보하는 2024년 총선에서 친명계와 반명계의 운명이 갈릴 수 있었다. 비대위원장의 의사결정 하나하나에 각 계파가 얼마나 민감하게 반응할지 불을 보듯 뻔했다.

당 쇄신 작업과 선거 결과 평가 외에도 전당대회 준비까지 해야 하는 만큼 책임과 역할은 막중했지만, 임기는 짧았다. 4선 이상 중진 의원들은 나를 비대위원장으로 추천했고, 의원들은 사실상 만장일치로 이에 동의했다.

6월 10일, 당 중앙위원회는 비대위 인준안을 통과시켰다. 전체 중앙위원 625명 가운데 452명이 투표했는데, 찬성 419명(92.7%), 반대 33명(7.3%)으로 집계되었다. 나는 기자간담회에서 비대위원장으로서 향후 행보의 원칙을 밝혔다.

"우리 당은 신뢰의 위기, 분열의 위기, 정체성의 위기라는 3대 위기에 처해 있습니다. 최근 선거에서 패배한 더불어민주당의 가장 큰 위기 요인 중 하나는 바로 신뢰의 위기입니다. 국민이 원하는 바, 급하다고 생각하는 바를 먼저 해결하는 유능한 민생 정당으로 거듭나야 합니다. 또 야당으로서의 정체성을 분명히 하겠습니다. 당의 체질과 문화, 태도까지 바꿔야 국민의 지지를 회복할 수 있습니다. 야당으로서 정권이 잘못하는 문제에는 강력한 견제를 하겠습니다. 그러면서도 정치 본연의 원리인 대화와 타협의 정치 복원도 동시에 추진하겠습니다. 3대 위기를 극복해 국민의힘에 뒤져 있는 우리 당 지지율을 역전해놓고 비대위를 떠나겠습니다."

우리 당의 지지율을 끌어올려 낙망한 당원들과 지지자들에게 다시 용기를 갖도록 하는 일이 현역 의원, 4선 중진 의원인 내 마지막 미션이라고 생각했다. 나는 특히 분열을 자초하는 당내 계파 행위에 대해 강력하게 경고했다.

"겉은 더불어민주당인데 속은 국민의힘이라는 뜻의 '수박'이라는 말을 쓰는 분들은 가만히 두지 않겠습니다."

이재명 후보 또는 **이낙연** 후보를 지지했던 사람들이 상대편 국회의원과 당원을 공격하면서 '찢', '수박'이라는 저주의 용어들이 등장했다. 일부 강성 팬덤에서만 벌어지는 일이 아니었다. 현역 국회의원, 지역위원장 등 솔선수범해야 할 인사들까지 그런 표현을 함부로 입에 올렸다. 당의 단합을 위해서도 용납할 수 없는 일이었다. 가만두지 않겠다는 이야기는 사실 당원들이 아니라 지도급 인사들을 겨냥한 말이었다. 당원들까지 어떻게 일일이 쫓아다니면서 규제할 수 있겠는가.

이후 나는 매주 일요일마다 기자간담회를 열어 현안에 대응하며 대여 전선의 전면에 나섰다. 서해 공무원 피살 사건, 북송 어민 사건 등 전임 정부 시절에 일어났던 일들에 대한 여권의 공세를 방어하면서 **윤석열** 정부의 인사와 국정 난맥상에 대한 대여 공세의 고삐를 쥐어나가기 시작했다.

대선·지방선거 평가위원회를 설치해 제대로 된 평가를 하자는 의견이 있었지만, 나는 평가위원회를 설치하면 계파 갈등이 더 심해질 수 있다고 판단했다. 대신, 더불어민주당을 지지하지 않는 분들이 우리를 어떻게 바라보고 있는지에 관한 객관적인 조사를 시행하기로 했다. 그리고 시대 변화에 따른 유권자 지형을 제대로 분석한 자료가 향후 당을 변화시키고 효과적인 선거운동을 하는 데 더 필요하다고 생각했다.

그래서 당내에 '새로고침위원회'라는 이름의 분석 조사 기구를 설치했다. 정치학자인 **이관후** 박사를 간사로 위촉하고 30~40대의 젊은 학자들과 활동가들로 위원회를 구성했다. 이후 한 달간의 활동 결과를 보고서로 만들어 언론과 국회의원, 지구당에 배포했다.

이 결과 보고서에 따르면, 국민은 더불어민주당의 대표 이미지를 '오만'과 '무능'이라고 생각하고 있었으며, 가장 크게 실망한 요소로는 '내로남불'을 꼽고 있었다. 그리고 가장 뼈아픈 부분은 더불어민주당이 도대체 무엇을 목표로 하고 활동하는지 잘 모르겠다는 반응이었다.

더불어민주당의 혁신은 그저 국회의원 몇 사람을 자르고 교체

3부 유능한 민생 정당의 길(2016~2024)

하는 것이 아니라 바로 이런 부정적 이미지를 극복하는 것이 목표여야 한다. 아무리 국회의원으로 새로운 사람을 내세워도 이 이미지가 변하지 않으면 국민의 지지를 받을 수 없기 때문이다. 나는 '유능한 민생 정당'이 그 방향이라고 생각한다. 더불어민주당이 자기 삶의 어려움에 공감하고 문제를 개선하기 위해 혼신의 힘을 다한다고 느껴야 국민의 지지를 얻을 수 있다.

180석을 만들어주었는데 도대체 한 일이 뭐냐는 질타도 새겨들어야 한다. 우리는 우리만의 우물에 갇혀 있는지도 모른다. 국회의원들이 그렇게 열심히 일했는데도 무슨 일을 했는지 모르겠다고 한다면, 이는 의원들의 활동 방식과 소통 방식에 개선이 필요하다는 뜻 아닐까?

유권자 지형 분석에서 나는 더 심각한 변화를 발견했다. 그동안 민주당 계열 정당은 호남 지지층의 열렬한 결집과 수도권의 40~50대 개혁 지지층, 그리고 변화를 지향하는 20~30대 청년층의 지지를 받아 선거에서 승리해왔다고 판단하고 있었다. 하지만 호남 유권자들은 이제 무조건적인 지지층이 아니었다. 더불어민주당을 기득권 정당으로 인식하는 호남 유권자가 상당수 존재했다. 또한 20~30대 유권자층에는 단순히 비민주당 성향을 넘어서 상당한 반감을 갖고 있는 사람들이 있다는 사실도 확인되었다.

기존 접근 방식으로는 이 유권자 지형의 변화에 더불어민주당이 적응하고 대처할 수 없다는 결론을 내렸다. 비록 제22대 총선에서 압승을 거두었지만, 변화된 유권자 지형에 걸맞는 더불어민주당의 변화가 반드시 필요하다.

비상대책위원회이기는 하지만 목표를 설정하고 당의 활동을 분명하게 개선하기로 했다. '강한 야당', '유능한 민생 야당'을 행동으로 보여주기 위해 원내에 '민생우선실천단'을 발족하고, 고물가·고금리·고환율 시대를 맞아 서민들이 어려움을 겪고 있는 여러 현장에 의원들과 함께 달려갔다.

비대위원장 취임 당시 20%대 초반까지 떨어졌던 당 지지율은 차츰 올라가기 시작했다. 임기 말인 2022년 8월 2주차 한국갤럽 여론조사에서 더불어민주당의 지지율은 37%까지 상승했고, 한때 40%대 중반까지 치솟았던 국민의힘 지지율은 34%로 떨어졌다. 취임식 때 일성으로 했던 "지지율을 역전하고 떠나겠다"는 약속을 지킬 수 있었다.

지지율이 반등하고 당이 안정을 찾자 더불어민주당 안팎에서는 '역시 우상호 리더십'이라는 칭찬이 나왔다. 타인에 대한 평가가 인색하기로 유명한 곳이 바로 정치권이다. '국민의힘이 이준석 대표 징계 등으로 권력 다툼에 빠지고, 대통령 집무실 용산 이전, 인사 난맥 등 윤석열 대통령의 취임 초 지지율 하락에 따른 반사효과 아니냐?'라고 대수롭지 않다는 듯 폄하하는 시각도 있었다. 박근혜 정권 때인 2016년 5월, 원내대표 취임 당시 더불어민주당의 지지율은 22%였는데, 탄핵을 성공시키고 내가 임기를 마칠 때쯤에 당 지지율은 53%까지 올랐다. 위기에 빠진 당을 구하고 지지율을 올려놓은 일이 처음도 아니지 않느냐며 격려해준 의원들도 있었다. 원래 정치권의 평가에는 일희일비할 필요가 없다.

더불어민주당은 2022년 8월 28일 전당대회를 무사히 마치고 **이재명** 의원을 당의 새 대표로 선출했다. 나는 홀가분한 마음으로 자리에서 물러났다.

4부

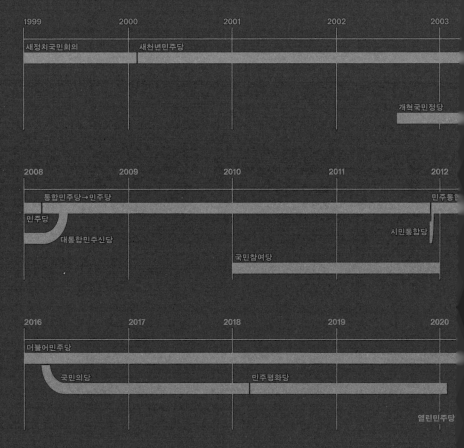

1999	2000	2001	2002	2003

새정치국민회의   새천년민주당

개혁국민정당

2008	2009	2010	2011	2012

통합민주당→민주당   민주통합

민주당

대통합민주신당

시민통합당

국민참여당

2016	2017	2018	2019	2020

더불어민주당

국민의당   민주평화당

열린민주당

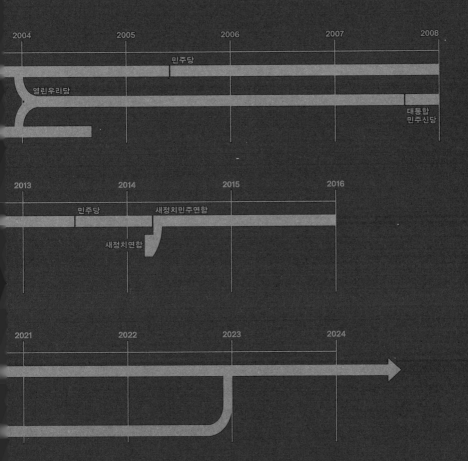

13장

분열과 통합의 역사

민주당 역사는 분열과 통합의 역사다. 그런데 어떤 경우에, 어떤 이유로 분열이 발생했을까?

박정희, 전두환 독재 정권에 맞서 민주화 투쟁을 벌이던 시절에는 구심점이 필요했기 때문에 당이 분열되지 않았다. 1980년 12월 12일 **전두환**이 쿠데타로 정권을 장악한 이후, 정치 규제에 묶여 사실상 관제官製 야당밖에 없던 암흑기를 지나기도 했다. 1985년 1월에 창당되어 그해 2월 12일에 치러진 제12대 총선에서 승리한 신한민주당은 종로에서 당선된 **이민우** 총재가 대표였지만, 실질적인 야당의 지도자는 **김대중, 김영삼** 두 사람이었다.

1987년 4월, **이민우** 총재가 갑자기 내각제 개헌을 추진하겠다고 하자, 당시 직선제 개헌 투쟁을 주도하고 있었던 양김과 동교동·상도동계 정치인들은 신한민주당을 탈당해 통일민주당을 만들었다. 하지만 이는 분열이 아니라 노선 차이에 따른 결별이었다.

민주당 계열 정당의 첫 번째 분열은 1987년 6월 항쟁으로 대통령 직선제가 도입되고 나서 대권 후보를 둘러싼 **김대중**, **김영삼** 양김과 정치 세력의 갈등에서 비롯되었다. 양김 분열에 따라 통일민주당과 평화민주당의 분열이 1987년에 이루어졌고, 이후 통일민주당은 1990년 1월 민주정의당, 신민주공화당과 3당 통합을 하며 야당의 길에서 이탈했다.

이는 정당 지도자와 정당의 분열이 지지자 분열로 이어진 첫 번째 사례이기도 했다. 이후 야당 성향이 강했던 부산·경남 지역이 보수 성향으로 바뀌면서, 지역주의 극복이라는 정치적 숙제를 남기게 되었다. 또한 양김의 분열은 6월 항쟁이라는 국민적 투쟁에도 불구하고 정권 교체에 10년이라는 세월을 더 소모하게 만들었다.

1992년 대선에서 패배한 후 정계 은퇴를 선언했던 **김대중** 총재는 국내로 복귀한 이후인 1995년 7월 18일에 새정치국민회의를 창당한다. 이는 **이기택** 총재 체제의 민주당에서 탈당해 만든 정당으로 1996년 제15대 총선과 1997년 제15대 대선을 향한 포석이었다. 대선용 분열이라고 할 수 있다. 이후 **김대중** 총재는 **김종필**과의 DJP 연합으로 정권 교체에 성공한다. 통합이 아닌 연정이라는 방식의 정치적 선택이었다.

김대중 대통령은 2000년 제16대 총선을 앞두고 1999년부터 신당 창당을 준비해 2000년 1월에 새천년민주당을 창당한다. 이는 집권당의 재창당 성격으로 면모 일신을 통해 과반 의석을 만들겠다는 기획 창당이었다. 이때 **우상호, 이인영, 임종석** 등 이른바 86그룹이 집단적으로 영입되었다.

여기까지는 이른바 3김 시대의 정치 변동이기 때문에 3김이 어떤 결정을 내리는가에 당의 운명이 달려 있었다고 할 수 있다. 2000년 이후의 정당 개편은 양상이 복잡해진다.

2002년 **노무현** 대통령 당선 이후, 2003년 새천년민주당을 탈당한 정치개혁파들이 열린우리당을 만들었다. 이는 3김 등 정치 지도자들을 중심으로 이합집산하던 그전까지의 정계 개편이 아닌 노선 추구형 분당이라고 할 수 있다. 그러나 호남 지역을 기반으로 한 일부 정치 세력이 새천년민주당에 잔류하면서 분열은 유지되었고, 민주당 계열 정당과 세력이 완전히 통합되는 데는 10년여의 세월이 더 걸렸다.

2007년 초에는 열린우리당 창당을 주도했던 **정동영, 김한길, 천정배** 등 호남을 기반으로 한 정치인들이 친노 진영과의 차별화를 시도하며 탈당했으나, 우여곡절 끝에 **손학규**가 합류한 대통합민주신당으로 다시 봉합되었다.

2007년 제17대 대선 패배 이후, 대통합민주신당은 다시 소분열이 이루어지는데, 이번에는 친노 성향의 정치인들과 당원들이 당을 대거 탈당했다. 이들은 별도의 정당을 만들지는 않았고, 후에 '시민주권'이라는 형태의 모임을 만들어서 관계를 유지했다. 나중에는 **유시민**을 중심으로 국민참여당이 만들어졌고, 이후 통합진보당으로 통합되었다.

2012년 제19대 총선을 앞두고 민주당, 혁신과 통합, 한국노총이 모여 민주통합당으로 대통합을 이루게 되는데, 이때 친노 진영, 시민사회 출신의 정치 세력, 노동계가 모두 합류하면서 오늘날 더불어민주당의 형태를 갖추게 된다.

2014년 제6회 지방선거를 앞두고 민주당 **김한길** 대표는 **안철수**의 새정치연합과 통합에 합의한다. 새정치연합은 제3지대 성격이 강했기 때문에 통합에 따른 시너지가 크다고 예상되었으나, **안철수**를 지지하던 지지층 일부는 이 통합에 반발하기도 했다.

2015년 하반기, **정동영**, **김한길**, **천정배** 등 호남을 기반으로 한 정치 세력과 **안철수** 새정치연합 세력이 이른바 '친문 패권주의'에 반대한다는 명분으로 더불어민주당을 탈당해 국민의당을 만들었고, 2016년 제20대 총선에서 38석의 의석으로 호남 지역을 분할한다. 이 분열은 수도권에까지 영향을 주는데, 이후 2022년 제20대 대선을 앞두고 더불어민주당으로 재통합되기까지 또 7년여의 세월이 필요했다.

더불어민주당은 1980년대 이후 처음으로 민주당 계열 정당으로서 같은 이름으로 세 번의 총선과 두 번의 지방선거, 두 번의 대선을 치른 정당이 되었다. 같은 시기에 보수정당은 새누리당, 자유한국당, 미래통합당, 국민의힘 등으로 네 번이나 당명 변경이 이루어졌으니, 상대적으로 정당 구조가 안정되었다고 평가할 수 있다.

여야를 막론하고 당명 변경이 잦아지는 현상은 그만큼 분열과 통합을 반복했다는 의미로 해석할 수 있고, 그만큼 정당 구조가 취약하다는 사실을 반영한다고 볼 수 있다.

민주당 계열 정당의 분열에는 항상 호남 출신 대권 후보와 관련 정치인들의 이해관계가 그 원인이 되곤 했다. 정당이 분화되고도 성공하려면 세 가지 요소, 즉 대통령 후보급 지도자와 국회의원을 포함한 일정한 정치 세력, 그리고 상당한 지지 기반이 있어야 하는데, 호남 출신 대권 후보와 호남 정치 세력은 민주당 계열의 주요 지지 기반인 호남 지역 유권자들을 정치적 자산으로 삼아 국면을 돌파해보려는 유혹에 종종 빠져든다. 물론 국민의당은 그런 전략을 통해 성공한 사례라고 할 수 있고, 2024년 제22대 총선에 나섰던 **이낙연** 전 국무총리의 새로운미래는 (현재까지는) 실패 사례에 가깝다고 할 수 있다.

그동안 살펴본 민주당 계열의 오랜 역사를 통해 확인할 수 있듯이 분열을 막으려면 정당 내부의 계파 갈등, 대권 후보들 간의 갈등이 극단으로 치닫지 않도록 잘 관리해야 한다.

계파 갈등이 심해지면 상대 계파의 구성원들이 차라리 나가버렸으면 좋겠다고 생각하는 사람들이 나타나기도 한다. 하지만 분열이 가져다주는 이득이 손실보다 많았던 사례를 나는 경험해보지 못했다. 민주당 역사에서 확인할 수 있듯이 분열이 지지층에 안긴 상처를 치유하는 데는 7년에서 10여년이 걸리기도 했다.

민주당에서 집단지도체제의 도입으로 다양한 계파나 정파, 지역 대표가 지도부에 참여할 수 있게 한 이유도 사당화를 방지하고 다양한 세력의 공존을 가능하게 하기 위해서였다. '당권·대권의 분리' 역시 대권 후보가 당 대표를 겸임하면서 불공정한 경선이 될 가능성을 방지하기 위해 시행되었다. 이런 제도들이 원래 목적을 달성할 수 있도록 당은 다양한 세력의 공존에 힘써야 한다.

그러나 제도는 제도일 뿐, 정치 지도자들 사이에서 그리고 각 계파 사이에서 발생할 수 있는 반목과 갈등을 최소화하는 일은 사람이 해결해야 할 몫이다. 주류는 비주류와 소통하고, 비주류는 내부 비판의 선을 지키는 성숙함이 필요하다. 나는 그 성숙함의 크기가 정당의 수준을 보여주는 척도라고 확신한다.

나는 내 정당 생활의 3분의 1 이상을 당의 분열을 막거나 최소화하기 위한 조정자로서의 역할에 할애했다. 그러다 보니 양쪽 지지자들에게서 거센 비판의 대상이 된 적도 있었다. 그러나 누군가는 마음을 비우고 완충지대 역할을 맡아야 한다. 특히 당내에서 어느 정도 위상이 있는 중진 의원들이 완충 역할을 잘해주어야 갈등을 좀 더 쉽게 완화할 수 있다는 점을 꼭 강조하고 싶다.

분열주의적 사고와 태도는 어떻게 형성되는가? 이는 나와 다른 생각을 가진 사람을 '다르다'고 보지 않고 '나쁘다'고 보는 데서부터 시작될 때가 많다. 대화와 타협을 통해 공통된 부분을 먼저 찾고, 서로 다른 부분을 어떻게 해결할지 고민해야 한다. 자기 생각을 안 받아주면 독재니 차라리 나가겠다고 하는 것도 분열주의

적 태도고, 자기를 무조건 반대만 하고 도와주지 않을 거면 차라리 나가라고 하는 것도 분열주의적 태도라고 본다.

대화가 부족하고 설득과 양보가 없으면 분열이 시작된다. 노선과 가치가 다르다면 이별을 선택해야 할 수도 있다. 그러나 인간적으로 틀어져서 헤어지는 모습은 정치적 미숙함이 아닐까?

노선과 정치적 가치 지향이 다르지 않은 정당 내 통합이 절실하게 필요한 이유는 우리 사회가 직면한 위기에 공동 대응할 능력을 키우기 위해서다. 이것을 '수권 능력'이라고 한다. 새로운 시대정신을 고뇌하고 국가적 과제의 해결 방안을 도출하기 위해 머리를 맞대고 토론하는 것이 정치의 본령이다. 당내 권력 투쟁에만 골몰하는 정당, 그래서 분열하는 정당에 국민이 국가 권력을 맡겨 줄 리는 없다.

민주당의 오랜 분열의 역사에서 모두가 많은 교훈을 얻었으면 하는 마음이다.

14장

정당개혁

2004년 열린우리당의 출현으로 정당 민주주의는 큰 전환점을 맞이했다.

2004년 열린우리당은 정당 민주화의 3대 과제를 '집단지도체제를 통한 사당 구조의 개편', '원내정당화를 통한 정책 정당화', '상향식 공천 등 당원이 주인인 정당'으로 정했는데, 이 '민주정당, 원내정당, 대중정당'이라는 3대 기본 정신은 현재의 더불어민주당에 이르기까지 계속되었다.

20여 년이 지난 지금, 민주당은 어떤 문제점을 더 보완해야 할까?

첫째, 지도체제의 보완이 필요해 보인다. 열린우리당 시절에는 3김 시대 총재 중심의 사당 구조를 혁파하기 위해 순수 집단지도체제를 도입했는데, 이 제도는 당 내 다양한 세력의 대표가 지도부에 참여한다는 장점이 있는 반면, 지나치게 대표 독식 체제를 견제하려다 보니, 대표의 권위가 보장되지 않는 단점이 있었다. 그래서 순수 집단지도체제의 비효율성을 보완하기 위해 대표의 권한을 부분적으로 강화한 단일성 집단지도체제로 변화했다.

이를 위해 당 대표와 최고위원 선거를 분리했다. 그런데 이 제도의 단점은 타 계파의 수장급 인사가 당 대표에서 낙선했을 때, 당의 의사결정에서 완전히 소외된다는 단점이 발생했다. 그리고 당 대표와 가까운 사람이 당 지도부에 대거 입성할 수 있어서 견제와 균형의 원리가 약화되기도 한다. 또 당원 숫자가 상대적으로 적은 취약 지역의 인사가 지도부에서 소외되는 문제도 발생하고 있다. 이를 어떻게 보완할지에 관한 고민과 제도 개선이 필요하다.

둘째, 상향식 공천의 문제다. 과거와 달리 현재는 당원과 유권자의 참여를 보장하는 시스템이 정착되어 있다. 그러나 최근에 치른 제22대 총선에서 비례대표 공천 시 순위 투표를 중앙위원회에서 하도록 한 당헌·당규를 위배했던 점은 잘못된 부분이다. 아무리 상황 논리를 따진다고 해도 상향식 공천이 명시된 당헌·당규를 위배해서는 안 된다.

총선 때마다 나오는 이야기지만, 공천관리위원회가 각 지역의 경선 후보를 압축할 때 지나치게 정무적 판단이 개입되는 문제는 개선해야 한다. 결격 사유가 있는 후보를 제외하되 자격 있는 후보는 몇 명이 되든 모두에게 경선 기회를 공평하게 부여하고,

모든 지역에서 결선투표를 하는 방식으로 개선해야 한다. 무조건 2~3인으로 경선 후보를 압축하려고 하기보다는 기회의 확대를 통해 참여를 보장하는 방향이 바람직하다.

공천관리위원회는 후보 자격을 엄정하게 심사하는 역할을 주된 기능으로 삼아야 하며, 경선 중이라도 후보 검증 단계에서 문제가 발생했다면 그 즉시 경선 후보 자격을 박탈할 수 있도록 해야 한다. 공모에 응한 후보들이 해당 지역에서 본선 경쟁력이 떨어진다고 판단하면 과감하게 전략공천 지역으로 지정하면 된다.

또한 지금의 감산·가산 규정이 너무 복잡하고 중복되는 문제가 있으므로, 전체적으로 정비해야 한다. 감산 규정은 일부 불이익을 주자는 취지인데, 이것이 당락 여부를 뒤바꿀 수 있을 정도로 강화한 것은 제도의 원래 취지를 넘어선 측면이 있다.

지역위원회 개혁

중앙당 차원의 민주주의는 많이 정착되었지만, 여전히 대한민국 정당들이 안고 있는 가장 큰 문제 중 하나는 지역 조직의 비민주성이다. 현재 각 지역에서 국회의원과 지역위원장의 권한은 거의 제왕적 수준이다. 지역위원회가 각 지역 당원들의 민주적 의사를 수렴하거나 소통하는 구조가 아니라, 사조직 혹은 선거 동원형 조직 형태로 운영되고 있다.

정당개혁의 과제는 이제 지역 당 부문의 민주화와 지방선거 공천 제도의 개혁을 목표로 해야 한다.

첫째, 지구당을 부활시키고 법적 지위를 부여해야 한다. 현역 의원이 있는 지역은 대부분 국회의원 후원회라는 형태로 지역 사무실을 운영하고 있는데, 원외 위원장의 사무실 운영은 불법이다. 지역위원회나 당원협의회가 존재하므로 원외 위원장의 지역 정치 활동도 항상 이루어질 수 있어야 하는데, 이를 차별하는 건 정당 활동을 위축하는 것이다.

지구당 후원회를 합법화해 재원 구조를 투명하게 하고, 당원들이 내는 당비 중 일정 비율을 지구당 운영과 지역 사업에 쓰도록 지원해야 한다. 권리당원이 250만 명가량 되는 정당에서 당의 기초 조직이 활성화되도록 장려하는 것은 당연한 과제다.

둘째, 지구당 내 각급위원장을 직선으로 뽑아야 한다. 사무국장이나 집행 단위는 지역위원장이 임명한다고 해도 노인위원장, 여성위원장, 청년위원장 등과 같은 계층별 조직은 최소한 해당 지역 권리당원들의 투표로 선출하도록 해 민주성을 강화해야 한다. 직접 선출할 수 없을 만큼 당세가 취약한 지역만 불가피한 예외로 인정해야 한다.

또한 각 지역위원회의 공적 활동, 즉 지역 내 봉사활동이나 월 1회 이상의 당원 교육 등을 의무화하고, 이 책임을 지역위원장이 지도록 해야 한다. 지역위원장에게 각 지역의 당원들을 교육하고 공적 활동을 지휘할 의무가 부여되어야 할 것이다.

셋째, 지방선거 공천을 지역 당원들에게 돌려주어야 한다. 지금은 기초의원, 광역의원의 공천을 사실상 지역위원장이나 국회의원이 좌지우지한다고 해도 과언이 아니다. 이들은 기초단체장 공천에도 막강한 영향력을 발휘하고 있다. 이러다 보니 하나의 행정 단위에 여러 명의 국회의원이나 지역위원장이 존재하는 곳에서는 서로 자기와 친한 사람이 공천을 받게 하려고 하고, 이에 따른 갈등도 생겨난다. 공천 헌금이라는 구정치 방식이 아직도 일부 지역에서 발견되는 이유는 바로 제왕적 지역위원장의 공천 권한 때문이다.

지방선거의 공천도 시도당 공천관리위원회가 결격자만 걸러내고 모든 후보를 경선에 참여시키고, 결선투표를 전면적으로 시행해야 한다. 그래야 후보를 압축하는 과정에서 국회의원이나 지역위원장의 개입을 막을 수 있다. 지역위원장과 국회의원이 아니라 당원들의 눈치를 보는 선출직 공직자 후보가 많아져야 민주주의가 확대될 수 있다.

온라인 플랫폼 정당으로의 구조개혁

당원의 직접 참여를 보장하는 정당개혁에서 또 한 가지 중요한 사항은 더불어민주당을 온라인 네트워크 정당이 될 수 있도록 근본적으로 전환하는 일이다. 이를 위해 온라인 플랫폼을 제대로 설계해야 한다.

공지사항을 전달하고 게시판만 열어두는 정도로는 온라인 정당이라고 할 수 없다. 새천년민주당 시절에도 그 정도는 다 했다. 온라인 게시판 활동과 네트워크로 출발한 노사모 등의 경험과 인적 자원이 풍부한 더불어민주당에서 이를 활성화하지 못하고 있다는 점은 지도부의 의지 문제와도 관련이 있다.

더불어민주당은 이제부터라도 온라인 참여를 원하는 국민에게 활짝 문호를 열고 활동 공간을 마련해주어야 한다. 게시판과 위원회 활동을 더 세분화하고 온라인 위주로 배치함과 동시에 온라인 네트워크 특성에 맞는 당의 일상 활동을 개발하고 연구해야 한다.

전체 당원 투표를 포함한 온라인 투표의 신속성과 정확성, 안전성과 보안성에 대해서도 투자를 늘려야 한다. 다양한 정책과 안건에 대해 당원과 국민이 신속히 확인하고 찬반 의견을 표출하고 공감 표시를 할 수 있는 플랫폼도 만들어야 할 것이다. 이런 여러 시도를 뒷받침하려면 당 예산의 상당 부분이 온라인 정당화에 쓰여야 한다.

또한 오프라인 위주로 운영되는 정당 사무처의 활동을 온라인 구조로 대전환해야 한다. 그렇게 해서 당원들과 국민의 접근성을 대폭 확대해야 한다. 당원과 국민은 이미 온라인 시스템에 적응되어 있는데, 지역위원회와 정당 사무처의 운영 방식은 여전히 오프라인 시대에 머물러 있다. 온라인 시대에 발맞춘 정당 구조의 일대 전환이 필요하다.

15장

선거구 제도의 문제

2023년 하반기, 선거구 제도 문제는 더불어민주당과 시민사회, 진보정당 사이에서 많은 논란을 빚어냈다.

준연동형 비례대표제 도입 취지는 양당제의 폐해가 심해져 정치가 극한으로 대립하고 정책 경쟁은 이루어지지 않으니, 다당제 도입을 통해 정치 개혁을 해야 한다는 문제의식에서 비롯되었다고 본다. 시민사회나 진보 진영이 말하는 다당제는 환경, 젠더 등 다양한 진보적 가치를 추구하는 정당들이 원내에 진입해 국회가 다양화하는 형태를 의미하는 것이었다.

그렇다면 2020년과 2024년에 도입된 준연동형 비례대표제는 이런 목적을 충분히 달성하는 제도였을까? 나는 취지는 좋았다고 생각하지만 부정적으로 평가한다. 결과적으로 준연동형 비례

대표제는 위성정당이라는 기형적 정당의 출현을 초래했다. 위성 정당은 민주주의 선거제도를 도입한 세계 어느 나라에서도 발견할 수 없는 형태의 정당으로 대한민국의 정당 제도를 희화화하는 원인이 되었다. 준연동형 비례대표제는 양당제의 폐해를 감소하기는커녕 오히려 비례대표 배분을 왜곡해 의도와는 다르게 양당 독점을 더 심화했다.

더불어민주당의 위성정당을 활용해 원내에 진입한 소수 정당들은 과연 4년 안에, 혹은 8년 안에 대중적 기반을 충분히 확보해 자생력을 확대할 수 있을까? 2020년에 원내 진입에 성공한 어느 정당은 국민의힘과 통합해 금방 사라져버렸다. 또 다른 정당은 두 차례 연속으로 비례대표 의원을 배출했지만, 정당보다 해당 의원의 지명도가 훨씬 더 높다.

물론 대중적 기반을 어느 정도 갖추고 2024년에 원내 진입에 성공한 진보당은 계속 성장할 수 있다고 보지만, 앞으로도 더불어민주당의 위성정당을 활용하는 전략은 바람직하지 않을 것이다. 이 제도가 2028년에도 지속되어서는 안 된다는 것이 내 소신이다.

김대중 대통령 시절부터 민주당 계열 정당은 지역주의 극복을 중요한 정치개혁의 과제로 설정하고 고민해왔다. 그리고 이 문제를 보완할 제도로 권역별 비례제와 석패율제(소선거구제 지역구에서 아깝게 탈락한 후보를 비례대표로 당선될 수 있게 하는 제도)의 도입을 당론으로 추진해왔다. 지역주의 극복과 다당제 실현은 함께 추구할 수 있는 과제다. 하지만 더불어민주당 안에서 지역주의 극복과 지역 균형 발전이라는 목표의 달성 의지가 조금씩 약해지고 있는 부분에 대해서는 따갑게 지적할 필요가 있다.

2024년 제22대 총선 결과만 보아도 쉽게 알 수 있듯이, 현재 대한민국은 동서로 완전히 갈라진 정치 지형의 형태를 보이고 있다. 이번 선거 기간에 나는 강원과 경북, 경남의 더불어민주당 취약 지역을 주로 다녔는데, 이 경험을 통해 절반으로 나누어진 지금의 구도를 단기간에 변화하기가 쉽지 않겠다는 느낌을 받았다.

지역주의를 극복하기 위해서는 절대적 취약 지역에서도 국회의원 당선자를 배출할 수 있어야 한다. 물론 예전에 호남에서 보수정당의 **이정현**, **정운천** 의원이 당선된 적 있었고, 대구에서도 더불어민주당의 **김부겸**, **홍의락**(당선 시에는 무소속) 의원이 당선된 적 있었다. 문제는 이런 분위기가 지속 가능하지 않았다는 점이다.

이와 더불어 양원제 도입도 검토할 필요가 있다. 하원은 지금처럼 유권자 수에 기초한 지역구 제도를 유지하되, 미국처럼 상원의원은 시도별로 동수를 선출해 지역 편중성을 줄이는 형태로 만드는 것이다. 국방, 외교, 통일 등 국가의 중대 사안 및 거시 경제, 저출생 문제, 지역 균형 발전 등 당파를 초월한 협력이 필요한 사안들을 상원에서 집중적으로 다룬다면 정쟁은 현저히 감소하고 지역주의도 완화할 수 있다고 본다. 물론 이는 헌법 개정이 필요한 사안이라 금방 바꾸기는 어려운 문제다. 그래도 국회와 전문가들 사이에서 심도 있는 검토와 추진이 시작되었으면 한다.

진보정당의 전략적 미래는?

2024년 제22대 총선 결과를 살펴보면 진보정당이 차지하고 있던 자리를 12석의 조국혁신당이 대체한 셈이 되었다. 대한민국 진보정당의 상징이었던 녹색정의당은 원외정당으로 전락했다. **이준석**의 개혁신당이 3석, 새로운미래가 1석을 각각 가져가는 등 제3지대 정당들이 16석을 확보한 반면, 진보당은 3석에 그쳤다.

2004년 이후 수많은 정당이 출현했다가 사라지곤 했지만, 대체로 민주당 계열과 국민의힘 계열 정당의 양당 체제가 유지되는 가운데 민주노동당-통합진보당-정의당으로 이어지는 진보정당이 10석 미만 선을 유지하면서 기본적으로 3축 체제가 이루어졌다. 이는 국민이 지난 20여 년간 선택했고 지지했던 정당 구도였다.

나는 2024년에 출현한 제3지대 정당들이 모두 영속하기는 쉽지 않으리라고 판단한다. 개인적으로는 오히려 진보정당이 더 활성화되어야 장기적으로 바람직하다고 생각한다.

그런데 진보정당은 이번 총선에서 왜 그 세력이 축소되었을까? 한국의 유권자 지형을 고려하면, 진보정당의 대중적 기반은 국민 전체의 10% 정도로 아직 취약하다. 그런데도 진보정당들이 정파와 진보적 의제별로 사분오열되어 있어서, 그나마 취약한 대중적 기반이 더 약화한 측면도 있다. 최근의 20대 유권자 성향을 감안하면, 현재의 분열된 구도로는 진보정당이 전성기 시절만큼 의석을 확보할 가능성은 더욱 적어 보인다.

4부 역사의 교훈과 과제

앞으로 진보정당이 성공하기 위해서는 작은 차이를 넘어 하나의 울타리로 모이는 진보 연합의 구조로 가야 한다. 그래서 다양한 진보적 의제에 동의하는 유권자를 결집해 일단 진보정당의 외형을 키우는 일이 먼저라고 본다. 이런 접근법이 선거구제 변화를 통한 '진보정당 다당제'를 목표로 하는 방법보다 더 현실적이라고 생각한다. 향후 진보적 성향의 유권자들이 많아져 분화해도 충분한 시점이 되면 그때 하나씩 독립해도 되지 않을까?

더불어민주당의 울타리 안에서 진보정당을 키운다는 구상도 바람직하지 않다. 진보정당은 오히려 더불어민주당을 견인하는 역할을 해야 바람직하다. 더불어민주당의 위성정당을 활용할 정도의 유연함을 이미 보여주었는데도 각 진보적 정파를 하나의 당으로 통합하는 일이 어렵다고 한다면 진보의 미래는 밝지 않을 것이다.

16장

민주당의 담론

민주당의 역사는 독재와 맞서 싸워온 민주화의 역사다. 또한 세 번의 남북 정상회담과 남북 합의를 이끌어낸 한반도 평화 정착의 역사이기도 하다. 민주주의와 평화를 위한 민주당의 투쟁 역사는 현재 더불어민주당의 정강 정책에 반영되어 있다.

민주당은 2010년 제5회 지방선거에서 무상급식을 대표 공약으로 내세워 승리했고, 민주통합당 창당 과정에서 시민사회 정치 세력과 한국노총이 참여하는 등 당의 사회·경제 정책은 훨씬 더 진보적 색채를 갖게 되었다. 경제 민주화, 보편적 복지, 노동 존중 사회라는 사회·경제 정책의 3대 아젠다는 2012년과 2017년 대선의 주요 공약으로 구체화되었다.

그러나 이미 거대 담론화된 이 지향점을 좀 더 시대정신에 맞는 정책 아젠다로 구체화하고, 집중할 필요가 있다. 이는 두 가지 배경 때문이다. 처음에는 민주당의 좌클릭이라며 색깔론으로 비난했던 국민의힘 측에서도 점차 경제 민주화, 복지 확대라는 방향을 강조하고 있다. 추상적 담론 영역에서 양당의 차별성이 점점 약해지고 있으므로 이에 대해 재고할 필요가 있다.

또한 **노무현** 대통령과 **문재인** 대통령 시절 부동산 정책의 실패로 덧씌워진 민생 무능 프레임과 그 불안함을 어떻게 극복해 정권 교체에 성공할지에 대해서도 고민해야 한다.

앞으로 '혁신 성장' 담론을 구체화하고, '불평등과 격차 해소'라는 시대적 과제에 더욱 집중해 대표적 정책 과제를 발굴해야 한다. 이는 결국 '일자리 불안정'과 '주거 불안정'이 대한민국 국민, 특히 서민층과 청년층의 최대 고통이라는 문제 인식에서부터 출발해야 한다. 추상적 담론에서 구체적 정책 담론으로 담론의 재구성이 필요하다.

수백 개가 넘는 정책과 공약을 발표한다한들 그 모두를 국민이 다 숙지할 수 있을까? 최근에 치러진 세 번의 전국 선거에서 더불어민주당은 대표 정책 공약을 제시해 국민의힘과 정책적으로 차별화하는 데 성공하지 못했다. 2010년 무상급식 투쟁 사례를 잘 연구해야 한다.

심판론은 총선과 지방선거에서는 먹힐 수 있을지는 몰라도, 대선에서는 큰 효과가 없다. 2012년 **이명박** 정권 교체기에 정권심판론이 그렇게 거세었는데도 **문재인** 후보가 패배했던 교훈을 잊지 말아야 한다. 담론은 현안 이슈보다 휘발성은 덜하고 국민의 희망과 기대를 키워준다. 더불어민주당 구성원은 담론의 힘을 믿어야 한다.

진보적 강령 정책을 정비하고 국민에게 제시했던 2012년으로부터 12년이 지났다. 지금의 시대 변화에 맞는 '진보 담론의 재구성'이 필요하다. 더불어민주당은 지금 무엇을 고민하고 있으며, 무엇을 준비하고 있는가? 다음 대선의 시대적 과제를 무엇으로 설정할 것인가? 그 준비는 어떤 전략 단위에서 맡을 것이며, 시간은 얼마나 필요할까? 총선 승리 후 각종 개혁 과제들은 어떻게 다루어야 할까? 그리고 그와 함께 어떤 민생 과제들을 설정할 것인가? 부동산 정책 실패로 두 번이나 외면당한 정당이 부동산 정책의 방향을 구체화하지 않고 있다면 문제가 아닐까? **윤석열** 정부의 '대파 문제'를 그토록 비판했던 더불어민주당의 민생 정책 대안은 무엇일까?

개혁과 민생의 두 바퀴를 같이 돌리지 못하면 언제 또 오만의 이미지가 강화될지 모른다. 정치는 자전거타기와 같아서 고민과 모색을 멈추고 자만하는 순간 바로 넘어져버린다. 민주당의 역사는 끊임없이 새로운 담론을 연구하고 제시해온 역사임을 잊어서는 안 된다.

정치적 상상력을 극대화하라. 공부와 토론을 멈추지 마라. 서생의 문제 인식과 상인의 현실 감각을 조화시키라는 **김대중** 전 대통령의 말씀을 다시금 새겨본다.

17장

민주당의 리더들

대통령에 당선된 사람들의 리더십부터 당 대표를 역임한 사람들의 리더십까지 다양한 색깔의 리더들이 대한민국 정당사에 존재해왔다. 정당의 상징은 당 대표일 수밖에 없다. 누가 리더가 되느냐에 따라 당의 색깔은 조금씩 달라진다. 국민은 당 대표의 메시지와 행동 양식을 보면서 그 당 전체를 판단하곤 한다.

나는 정치에 입문한 뒤 민주당의 탁월한 정치 리더들을 모두 만나보았고, 대선 캠프 대변인을 포함해 대변인을 여덟 차례나 맡으면서 그들과 지근거리에서 함께 일했다. 당 지도자들의 역사 또한 민주당 역사의 중요한 부분이니 그들의 특징을 정리하는 것도 역사적 의미가 있을 듯하다. 여기서는 내가 대변인으로 모셨던 분들만 회고해본다.

정동영

내가 정치권에서 제일 먼저 대변인으로 모신 정치인은 **정동영** 의장이다. **정동영** 의장은 언론인 출신이라 그런지 트렌드를 잘 파악하고 순발력 있게 대응하는 능력이 좋았다. 어떤 사람은 '진정성이 없다'고 평가하기도 하지만, **정동영** 의장은 기본적으로 당면한 개혁 과제에 집중하는 능력이 탁월했다. 동교동계와 대립하면서 열린우리당을 창당할 때도 그의 특징이 잘 드러났다.

그는 언론이 주로 어디에 관심을 두고 있는지를 파악하는 데 많은 시간과 노력을 쏟았다. 그래서 본인이 추구하는 노선이 힘을 잃고 시대적으로 다른 흐름이 펼쳐진다 싶으면 변신을 주저하지 않는 편이었다. **정동영** 의장은 깊숙한 논의를 함께하는 이른바 '이너서클'을 운용했고, 속도와 주도권을 중시해 옆을 돌아보며 주저하기보다는 앞으로 달려나가는, 그야말로 '몽골 기병'과 같은 기질을 지녔다. 한편 당이 분열할 때마다 당을 깨고 나가는 데 앞장선 정치 이력도 그의 특징 중 하나다.

김근태

그와 완전히 대비되는 인물로는 고 **김근태** 의장을 들 수 있다. 대한민국 정치사에서 가치와 철학을 가장 중시한 정치인으로 **김근태** 의장과 비견할 만한 인물이 또 있을까 싶다. 화려하게 주목받는 스타가 될 기회가 눈앞에 있어도 본인의 가치와 철학에 위배되는 방향은 절대 선택하지 않았다.

그러다 보니 결정하는 데 있어서 속도가 느린 편이었다. 시대의 유행보다는 항상 가치와 철학이 중심이었다. 김근태 의장은 빠르게 치고 나가야 할 타이밍이다 싶은 순간에도 토론을 열어 합의를 끌어내려고 시도했고, 합의나 공감대 형성이 잘 안되면 계속 토론하는 스타일이었다.

그는 민주적 합의를 권위보다 중시하기도 했는데, 나중에 노무현 대통령과 격돌했을 때도 소신을 굽히지 않을 정도였다. 이런 김근태 의장을 정동영 의장은 답답하다고 평가했고, 김근태 의장은 정동영 의장을 가벼운 사람으로 평가했다. 이 두 사람의 대립은 2006년 2월에 열린 열린우리당 전당대회에서 시작되어 상당 기간 이어졌다.

김근태 의장은 2006년 제4회 지방선거 패배의 책임을 지고 정동영 의장이 물러난 이후, '독배를 드는 심정'이라고 하며 그 후임을 맡았는데, 이는 실제로 그에게 독이 되었다. 2007년 6월, 당시 범여권의 대통합 추진 과정에서 그는 대통령 선거 불출마와 탈당을 선언했고, 건강도 악화되었다.

손학규

손학규 대표는 사람을 대하고 설득하고 이끌어나가는 측면에서 능력이 매우 뛰어났다. 설령 그의 주장에 완전히 동의하지 않는데도 그에게 호감을 갖고 있었던 사람도 많았다. 그는 언론인들에게도 특별히 인기가 많았다. 한동안 기자들이 뽑은 대통령감 1순위

이기도 했다.

　손학규 대표의 결정적인 단점은 중요한 결정을 혼자 내린다는 점이었다. 심사숙고는 하지만 마지막 결정을 홀로 내리는 '외로운 결정가' 스타일이었다. 심지어 그가 결정을 내리고 언론에 발표할 때까지도 참모들이 그 결정 사실과 내용을 알지 못할 때도 많았다. 2007년 대선 후보 경선 도중에 참여를 중단하는 소동이 벌어졌을 때도 캠프 관계자들은 그 결정에 관해 전혀 모르고 있었다.

　참모들이 설명을 요구하면 본인이 심사숙고를 거친 결과라며 그냥 받아들여 달라고 요구했다. 이렇다 보니 주변에 우호적인 사람은 많은데 리더의 결정을 집단적으로 뒷받침할 수 있는 구조가 만들어지지 않았다.

　민주당 계열 정당에서 **손학규** 대표는 어려운 상황을 수습하고 정비하는 중요한 역할을 맡아 수행했지만, 민주당 내 진보적 블록과 개혁적 당원들은 그가 한나라당에 몸담았던 역사성 때문인지 쉽게 마음을 주지 않았다. 민주당 내 대선 경선에서 연이어 패배하고, 마지막에 군소 정당에 몸담은 것 또한 아쉬운 부분이다.

정세균

정세균 대표는 매우 성실하고 신중한 성격으로, 꼼꼼한 관리자로서 최적의 인물이었다. 대중의 인기를 끌거나 스타성 있는 행동을 우선시하지 않았다. 인기 영합적 언사나 행동을 가리는 정도가 아니라 아예 싫어했다. 심지어 넥타이조차 화려한 색상을 매지 않았다.

언행도 반듯하고 기품이 있어서 격한 말을 하더라도 점잖게 들렸다. 그가 대표를 맡은 동안 당이나 조직은 거의 대부분 선거에서 성과를 내고 성공적인 평가를 받았다. 그러나 그 성공의 주된 요인이 '정세균의 리더십' 덕분이라는 점은 표가 나지 않았다. 그래서 그런 속사정을 잘 아는 사람들은 **정세균** 대표를 '저평가 우량주'라고 불렀다.

특히 **정세균** 대표는 참모들의 의견을 경청하고 가장 바람직한 의견을 받아들이는 리더십의 소유자였다. 그래서 한 번 정세균의 참모가 되면 떠나기가 쉽지 않았다. 그만큼 측근 관리를 잘한다고 평가할 수 있다. 어떤 사람들은 그간 민주당 계열에 여러 정치 집단이 존재했지만 진짜 계파라고 할 수 있는 집단은 오직 정세균계 뿐이라고 말할 정도였다.

국회의장직을 역임하는 동안 **박근혜** 탄핵을 무리 없이 진행했던 점도 역사적으로 높이 평가받을 만하다. 다만 비대위원장을 하다가 산업자원부 장관으로 직행한 점, 그리고 국회의장 임기를 마치고 다시 국무총리가 된 점에 대해서는 약간 논란이 있었다.

김종인

김종인 박사는 한국 정치사에서 독특한 존재로 남을 인물이다. 더불어민주당 선거대책위원장과 비상대책위원장을 지냈고, 미래통합당과 국민의힘의 비상대책위원장도 맡았다. 제20대 대통령 선거에서는 국민의힘 윤석열 후보의 총괄 선거대책위원장을 맡았다가 그만두었다.

그는 수용력이 굉장히 좋은 사람이었다. 진영과 세대를 넘어 폭넓게 사람을 만났고, 많은 이야기를 경청해 본인의 것으로 만들어내는 능력이 탁월했다. 양대 정당을 오가며 중책을 맡았기에 그를 철새에 비유하는 이도 많지만, 자기 진영을 도와달라고 애원해놓고 상대 진영으로 갔다고 해서 비난하는 것은 별로 바람직하지 않다.

사적으로 대화해보면 **김종인** 박사는 경제 민주화라는 의제에 대한 신념과 신조가 매우 뚜렷하고 굳건한 사람이었다. 여러 분야에 관해서도 나름대로 지식과 정보가 잘 축적되어 있는, 일종의 진영을 넘어서는 국가 원로라고 보아도 타당하다. 대통령 후보에게도 주눅 들지 않고 조언하며, 본인의 말을 경청하지 않는다 싶으면 바로 그만두는 태도를 갖고 있다.

안철수 후보의 부족함을 질타하다가 다시 도우러 갔을 때, 왜 그쪽으로 갔느냐고 물어본 적이 있었는데, 여러 번 찾아와서 도와달라고 하니 거절할 수가 없었다고 했다. 이런 결정 방식도 독특하다.

많은 이가 그를 선거 전문가로 평가하는데, 나는 이에 대해서는 생각이 다르다. 공학적인 선거 전문가라기보다는 민심의 흐름을 잘 읽는 장점을 지닌 사람이다.

이해찬

이해찬 대표는 진보적 가치, 역사적 통찰력 등이 분명하다는 점에서는 **김근태** 의장과 유사한 측면이 있다. 그러나 현실 정치의 공학과 정무적 판단도 뛰어나다는 점에서 차이가 있다. 정치적 사안을 어떻게 풀어가야 선거에서 승리할 수 있는지에 관한 판단도 매우 신속했다.

성격이 불같을 때가 있고, 어떻게 보면 고집도 센 편이다. 여러 번의 탈당 경력이 있다는 사실을 인지하고 있는 사람이 드문데, 대부분의 탈당은 소신 때문이었다.

무엇보다도 사심이 없다는 점이 그의 최대 장점이자 단점이었다. 그 정도 경력을 쌓았으면 대권을 꿈꿀 만도 한데, 늘 다른 사람의 승리를 돕기만 했다.

이해찬 대표의 스타일은 독특한 편인데, 어떤 때는 천상 참모형으로 보이다가 어떤 때는 확고한 리더로 보였다. 그의 최대 장점은 합리성에 있다. 오랜 참모 생활 덕분인지 경험과 경륜이 아주 풍부했다. 매우 신중하되 참모들의 의견을 잘 경청했고, 참모들과 상의하되 결정이 빨랐다.

그는 불의한 세력이나 그런 인사로 보이는 대상에 대해서는 사정없이 독설을 내뱉을 줄도 아는 사람이었다. 그래서 일부에서는 매우 표독한 사람으로 인식되곤 하지만, 실제로 자신을 돕거나 함께하는 동지들에게는 한없이 친절하고 세심한 면을 보여주었다. 또한 그가 당 대표로 당을 이끌 때도 개인 스타일에 대한 비판과 지적은 있었지만, 그의 의사결정이 잘못되어 당을 혼란에 빠뜨린 적은 없었다.

이렇듯 민주당 계열의 역대 대표들은 각자 나름대로 자신만의 리더십을 발휘하며 당을 좀 더 나은 방향을 이끌어가려 했다. 저마다 색깔은 조금씩 달랐지만, 이들은 민주당의 변화와 각종 선거를 진두지휘하면서 헌신했다. 때로는 당내 분란에 직면해 어려움을 겪은 적도 있었고, 선거에서 승리해 화려한 조명을 받은 적도 있었다. 선거에서 패배하고 고개를 숙이며 물러나기도 했다.

어떻게 보면 당 대표라는 자리는 대권을 향해 갈 수 있는 유력한 위치기도 하지만, 오히려 독이 된 사례도 많았다. 당이 선거에서 진 이후에 들어서는 비대위를 맡게 되면 훨씬 힘든 시간을 보내기도 한다. 위기를 수습해야 하는 역할이기 때문이다. 요즘은 당원들이 직접 문자나 소셜 미디어를 통해 자기 의견을 적극적으로 전달하는 시대가 되었기 때문에 난감한 일도 더 많아졌다.

무계파인 나는 **문재인** 대통령 시절 친문계의 열성 당원들에게, 그리고 **이재명** 대표 시절 친명계 열성 당원들에게 문자 폭탄 세례를 받은 적이 꽤 있다. '우상호는 선명하지 않다. 색깔이 없다'라는 것이 그들의 평가인 모양이다.

나는 당에서의 내 역할을 조정자로 설정하고 활동해왔다. 당내 갈등과 대립을 완화하고 대화와 타협의 정치를 정착시키는 일이 정치의 본령이라고 생각했기 때문이다. 그런 신념을 줄곧 유지하고 잘 지켜왔다고 자부하지만, 내 편이 따로 없는 조정자는 원래 인기가 없기 마련이어서 외로울 때도 있었다.

모든 정당에는 주류 세력인 당권파와 당권을 잡지 못한 비주류 세력 사이에 긴장 관계가 존재한다. 친문이 주류일 때 비문은 비주류였다. **이재명** 의원이 당 대표로 선임되고 나자 그를 돕는 사람들은 주류가 되었고, 한때 주류였던 친문은 비주류가 되었다. 파벌 형성 그 자체는 어쩔 수 없다고 하더라도 그 파벌들 간의 관계를 어떻게 다루어야 할지는 매우 중요한 문제다. 주류는 비주류를 포용해야 하고, 비주류는 결과에 승복하면서 협조와 긴장관계를 형성해야 한다.

당에서 리더십을 발휘해야 할 당 지도부는 자신들을 어느 계파의 수장, 혹은 구성원으로 인식하면 안 된다. 또 최전방 공격수나 행동대장으로 조명을 받으면서 인기에 연연해하는 모습도 바람직하지 않다. 그리고 분야별로, 사안별로 전문성을 바탕으로 공격을 주도할 행동대장은 지도부가 아니어도 얼마든지 발탁할 수 있다.

당 지도부는 자기가 화려한 스포트라이트를 받는 상황을 즐겨서는 안 된다. 정치 지도자는 오케스트라의 지휘자에 비유할 수 있다. 당내 의원을 골고루 기용하고 그들 각자가 자기 역량을 최대한 발휘할 수 있도록 조율하고 지휘하는 일이 당 지도부와 정치 지도자의 중요한 책무다. 또 목소리 큰 일부만 대변하려 하지 말고 500만 당원, 더 나아가 5,000만 국민 전체를 바라보면서 우리가 반드시 지향해야 할 길을 제시할 수 있는 큰 정치를 해야 한다.

100년 정당으로 가는 길

민주당은 그간 수많은 위기를 겪었고, 이를 극복하기 위해 최선의 노력을 다해왔다. 그러나 아직 부족한 점이 많다. 국민에게 사랑받는 정당이 되려면 목표가 분명해야 한다. 지금의 더불어민주당이 100년 정당으로 도약하려면 다음과 같은 사항에 대해 명확한 방향성을 갖고 구체적인 방안을 수립할 수 있도록 끊임없이 고민해야 한다.

첫째, 유능한 민생 정당으로 거듭나야 한다.

둘째, 제대로 된 시스템을 갖춘 국민 소통 정당을 지향해야 한다.

셋째, 인재를 키우는 정당이어야 한다.

넷째, 미래 담론을 연구하는 정당이어야 한다.

민주당의 리더들은 분열을 극복하고 통합을 지향하면서 늘 새로운 변화를 꿈꿔야 한다. 선배 정치인들이 물려준 유산을 계승하는 동시에 더 나은 방향으로 발전시켜야 할 의무가 있기 때문이다.

2008년 제18대 총선에서 낙선하고 당 중진들과 함께 **김대중** 전 대통령에게 인사하기 위해 동교동에 방문한 적이 있었다. **문희상, 손학규, 정동영, 정세균, 이미경** 의원 등 기라성 같은 정치인 10여 명이 같이 있었고, 나는 대변인 격으로 말석에 앉아 있었다.

대화를 시작한 지 10분쯤 지났을까. 갑자기 김대중 전 대통령이 나를 지목했다.

"어이, 우상호 의원!"

"예?"

"왜 그렇게 풀이 죽어서 축 처져 있나? 선거에 떨어진 것이 그렇게 힘든가?"

"아니요. 대통령님 볼 면목이 없어서…."

"이 사람아, 내가 자네를 왜 영입했는지 아나? 청년 학생 시절에 전두환 정권과 맞서서 민주주의를 위해 싸우던 그 기개를 높이 평가했기 때문이야. 그런데 선거 한 번 떨어졌다고 그렇게 힘이 빠져 있어서 되겠어? 나는 네 번씩 죽을 고비를 넘기고도 이 나라의 민주주의를 위해서 계속 싸웠는데, 국회의원 한 번 떨어진 것이 대수인가? 지금 국가에 다시 민주주의 위기가 왔는데, 그럴수록 배낭을 메고 전국을 다니면서 싸워야지, 그렇게 뒤로 쏙 빠져 있으면 되겠어?"

쩌렁쩌렁한 목소리로 크게 혼을 내는데 눈물이 쏙 빠질 정도였다. 그와 동시에 대통령을 그만두고 나서도 여전히 나라를 걱정하고 후배 정치인을 독려하는 모습에서 다시금 거장 정치인의 면모를 느낄 수 있었다.

정치를 하면서 어떤 자리를 맡을 수도 있고, 맡지 못할 수도 있다. 하지만 누구나 처음에 정당의 구성원이 되어 활동하기로 마음먹었을 때는 정당을 통해 이루고자 하는 자기의 꿈과 목표가 있었기 때문이었음을 항시 기억해야 한다. 더 근본적으로는 대한민국의 역사를 더욱더 발전시켜야 한다는 사명감을 잊지 말아야 한다. 자리는 그 목표를 향한 도구일 따름이다.

4선 국회의원을 하고 나서 총선 불출마를 선언했지만, 세상을 더 좋은 방향으로 바꿔가야 한다는 꿈이 아직 나에겐 남아 있다. 시를 불태우고 민주주의의 최전선에 섰던 그 초심으로, 낙선을 각오하면서 정치개혁의 대의에 동참했던 그 결기로, 뚜벅뚜벅 걸어갈 것이다.

세상의 모든 아침은 다시 시작된다.

별첨

86세대

처음에는 386세대라고 불리다가 486을 거쳐 586 또는 86세대로 지칭되어 온 사람들이 있다. 2000년대 초반부터 언론은 민주당의 86세대에 관해 많이 다루어왔지만, 정확한 보도와 분석이라고 볼 수 있는 건 일부에 불과하다. 또한 21세기 민주당 역사를 다루면서 민주당 86세대에 관한 이야기를 빠뜨릴 수 없다.

이 세대의 대표적인 인물로 규정되었던 한 사람의 입장에서 86세대가 어떻게 민주화 운동에 뛰어들었고(주로 나 자신의 경험을 중심으로 서술했다), 정치권에 어떤 과정을 통해 들어왔는지, 그리고 어떤 활동을 했고, 스스로 어떻게 평가하는지 짧게나마 정리해보려 한다.

학생운동에 뛰어들다

강원도 철원 출신 촌놈인 나는 1981년 3월 연세대학교 국문과에 입학했다. 집안이 가난해 누나와 두 형은 대학 진학을 포기하고 박봉의 직장 생활을 하고 있었다. 내가 연세대학교에 합격했을 때 어머니가 갖고 계신 현금은 20~30만 원 정도뿐이었다. 나는 대학 진학을 거의 포기한 상태였다. 입학금 걱정을 하시던 어머니는 친지들을 찾아다녔다. 등록금에서 부족한 부분을 친척들이 조금씩 모아 주었다.

어머니는 가난한 집안에 보탬이 되려면 상대에 진학하라고 하셨지만, 밤새도록 고민한 끝에 나는 국문과에 원서를 냈다. 초등학교 때부터 내 꿈은 시인이 되는 것이었기 때문이었다. 어머니의 바람을 어기면서 내 20대는 시작되었다. 나의 첫 선택이자 결단이었다.

대학에 입학할 때부터 내 관심은 온통 문학에 있었다. 입학식을 마치고 등교한 첫날 '연세문학회'에 가입했다. 잘생긴 선배 한 사람이 먼저 악수를 청해왔다. 그는 자신을 '정외과 79학번 기형도'라고 소개했다. 당시 문학회 회원들의 면면은 만만치 않았다. 지도교수는 **박두진** 선생이었고, 시인 **기형도**, 소설가 **원재길**, **성석제** 등이 선배 그룹이었다. 동기 중에는 인권운동가로 잘 알려진 **박래군**이 있었는데, 당시에는 소설가 지망생이었다. 2학기가 되자 영문과의 **공지영**이 문학회에 들어왔다. 후배 중에는 시인 **나희덕** 등이 있다.

한두 학기는 그저 문학과 문학회에 미쳐서 살 수 있었다. 하지만 간단히 넘어갈 수 없는 일들이 주변에서 점점 더 많이 발생했다. 1980년 5월, 군대를 동원해 정권을 장악하고 광주에서 무고한 시민을 학살한 제5공화국 **전두환** 군부독재에 대한 학생들의 항거가 격렬해지기 시작했다.

동기들이 육군학생군사학교 문무대文武臺와 전방 입소를 거쳐 강제 징집되는 일도 빈번해졌다. 문학회에서도 80학번 **송재헌**이라는 선배가 교내에서 여학생이 연행되는 것을 말리다가 강제 징집되었다. 1981년과 1982년 사이에는 서울대학교에서 광주 학살 진상 규명과 학살 원흉 처단을 외치며 몇몇 학생이 스스로 목숨을 끊었다. 교정 잔디밭에는 청재킷을 입은 경찰이 상주하고 있었고, 도서관과 학생회관에서는 유리창을 깨고 구호를 외치던 누군가가 연행되기도 했다.

나는 현실에 눈을 질끈 감고 강의실과 연세문학회 동아리방 사이만 시계추처럼 정확히 오가려 부단히 노력했다. 하지만 캠퍼스 곳곳에서 벌어지는 상황에 눈과 귀를 완전히 닫을 수는 없었다. 사회 현실에 눈뜨고 회색 지대에서 고민하다 보니 시 창작도 슬럼프에 빠졌다.

한동안 방황하던 나는 2학년 1학기를 마치고 다음 학기 등록금을 마련할 수 없게 되자 휴학계를 내고 군에 입대했다. 시와 정치 투쟁이라는 양극단 사이에서 번뇌하던 학생 때와 달리 군 생활은 나 자신의 성찰과 조국이 처한 현실 인식을 동시에 할 수 있는 기간이 되었다. 학생운동에 먼저 투신한 친구들의 지지와 격려는 마음을 굳히는 데 큰 도움을 주었다. 특히 동기이자 입학 때부터 가장 친한 친구였던 박래군의 영향이 결정적이었다.

그는 나를 학생운동으로 이끌어주기도 했지만, 그 이상의 사연도 있다. 나와 두 살 터울인 그의 동생 박래전은 숭실대학교 학생이었다. 래전이가 머리 짧은 고등학생이었을 때부터 나는 그와 어울렸다. 경기도 화성에 있는 래군이 집에 놀러 가면 당시 고3이었던 래전이가 우리가 막걸리 마시는 자리에 슬며시 끼어들곤 했다.

숭실대학교 국문과에 입학한 뒤에는 연세문학회로 종종 놀러와 습작품을 내게 보여주면서 평가를 부탁하기도 했다.

그러다가 래전이의 소식을 다시 접한 것은 서울구치소에 수감되어 있었던 1988년 6월이 되어서였다. 면회 오신 어머니가 면회실 유리창 너머로 들고 오신 신문을 보여주셨는데 거기에 래전이 기사가 실려 있었다.

"1988년 6월 4일 오후 3시경 박래전은 숭실대학교 학생회관 5층 옥상에서 '광주는 살아 있다. 청년 학도여, 역사가 부른다. 군사파쇼 타도하자!'라고 외친 후 몸에 시너를 붓고 분신했다."

그 기사를 본 나는 그날 구치소 독방에서 밤을 꼬박 새우며 울었다. 1980년대 민주화 운동 속에 숨져간 사람이 내 주변에도 있었다. 연행되고 구속되고 고문당하고 죽어간 사람들. 내가 도망갈 곳은 어디에도 없었다.

1986년 군에서 제대한 나는 당시 국문과 학생회장이던 **오연호**(현 오마이뉴스 대표)를 찾아가 학생운동을 하겠다고 말했다. 나는 81학번이라는 사실을 숨기고 84학번 학생운동 조직에 참여해 열심히 활동했다. 이제 더는 불의한 사회의 방관자로 살아가지 않게 되었다는 자부심은 생겼지만, 모든 것이 만족스럽지는 않았다. 학생운동 조직에서 느꼈던 내 첫 문제의식은 운동권과 비운동권 간의 미묘한 거리감이었다.

'강대한 권력을 꺾으려면 다수 대중이 하나로 뭉쳐 들고 일어서는 방법밖에 없는데, 소수의 운동권 학생만으로 가능할까?'

아마 내가 민주주의와 정치의 본질에 관해 깊은 모색을 했던 최초의 주제였을 것이다. 정치는 생각이 다른 사람들이 서로 허심탄회하게 토론하면서 의견을 좁혀가는 과정이다. 그리고 만족스럽지 않더라도 가장 많은 사람이 동의할 수 있는 이정표를 세우고 그 방향으로 함께 나아가는 과정이다. 실제로 그렇게 한다면 아무리 난공불락의 폭압 정권이라고 해도 싸워볼 만하지 않을까? 한 학교 차원을 넘어서 다른 학교 학우들과 연대하고, 서울을 넘어 대전과 광주, 부산 등 전국의 100만 학도가 단결할 수 있다면?

이런 고민을 하던 차에 1987년 초 연세대학교 학생운동 지하 지도부 소속 후배 1명이 나를 찾아왔다. 그는 내게 총학생회장 선거에 회장 후보로 출마해달라고 권유했다. 나는 연탄보일러가 얼어붙어 가뜩이나 냉골인 자취방에서 밤잠을 설치며 고민을 거듭했다. 총학생회장이라니, 처음에는 쉽게 엄두가 나지 않았다.

얼마 후, 나는 자취방에 있는 습작 원고를 다 모았다. 몇 년 동안 적어둔 시 노트와 원고들을 화장실로 들고 가서 라이터로 불을 붙였다. 시들을 불태우며 시인의 꿈을 포기하기로 결심했다. 한때 내 삶과 미래의 전부였던 습작 시절의 시들이 불타는 모습을 잠시 지켜보았는데, 갑자기 울컥 눈물이 흘렀다.

연세대학교 총학생회장과 운동 방식의 혁신

1987년 이전까지 총학생회 선거는 대체로 미리 회장감을 내정해 후보로 내세우고, 적당히 경선 분위기가 되도록 들러리나 다름없는 경선 후보를 추가로 올리곤 했다. 조직 내부에서는 '정답은 기호 몇 번'이라고 아예 오더를 내리기도 했다. 하지만 1987년 총학생회 선거에서는 그런 관습을 폐기하고 전면 자유 경선을 하기로 했다. 총학생회 선거운동 방식도 신선하게 바꾸기로 했다.

'다가가는 총학생회, 모여드는 총학생회.'

투쟁 일변도였던 구호부터 바꾸었다. 우리 선거운동 준비팀은 유세를 학생들에게 다가가는 계기로 만들자고 결정하고, 상대 후보에게 문화 지원 유세를 추가하자고 제안하기도 했다.

유세가 시작되었다.

"현재 9학점인 영어를 6학점으로, 현재 3학점인 국어를 6학점으로 개편하겠습니다. 한글학자 최현배 선생을 배출한 연세대학교에서 영어 9학점, 국어 3학점이 말이 됩니까? 9학점 배우나, 6학점 배우나 영어 못하기는 마찬가지 아닙니까?"

학생들이 배꼽을 잡고 쓰러졌다.

"저는 지금 보증금 50만원에 월세 5만원의 자취방에 살고 있습니다. 선생님들은 해외 유학 시절, 학교 기숙사에서 공부해서 교수가 되었으면서, 왜 총장, 부총장 자리에 앉고 나서는 후배 제자들에게 기숙사 하나 안 지어 준답니까? 제가 학생회장이 되면 기숙사부터 짓겠습니다. 그리고 저는 반드시 전두환 정권을 타도할 겁니다. 하지만 항상 학우 여러분이 함께할 수 있는 투쟁을 전개하겠습니다. 총학생회는 여러분에게 다가가고, 여러분은 총학생회를 믿고 모여드는 그런 연세대학교를 만들겠습니다."

당연한 이야기인데도 많은 학생이 공감해주었다. 걸어가다가 발걸음을 멈추고 유세장을 쳐다보기도 했고, 얼굴에 웃음을 띠며 박수를 보내기도 했다.

확 바뀐 총학생회장 선거 유세전은 학생들의 관심을 끌어모았다. 총학생회장 선거는 이제 운동권 중심 행사가 아니었다. 캠퍼스 여기저기에서 선거 유세가 학생들의 화제에 올랐고, 언론에서도 '정치권은 연세대학교 총학생회 선거에서 민주주의를 배우라'고 기사를 썼다.

나는 학생운동 혁신이 일종의 내 사명이라고 생각했다. 소수가 아닌 다수의 지지와 참여를 이끌어내는 것, 이것이 내 목표였다. 그리고 이는 내가 정치하는 동안 꾸준히 지키려고 노력했던 일관된 원칙이기도 하다.

대중을 참여시키는 일도 어려웠지만, 강성 노선에 익숙한 학내 여러 운동 세력의 들끓는 마음을 다독이고 복잡한 이해관계를 조절하는 일 또한 그에 못지않게 힘들었다. 운동 조직에 있는 학생들도 틈날 때마다 붙잡고 설득했다. 정치는 비타협적 투쟁이 아니다. 타협과 설득 자체가 정치의 과정이며 정치의 기본 속성이다. 보통 가장 선명한 노선 또는 강경 투쟁을 주장하는 정치인이 주목받고 인기를 끈다. 그러나 여기에 매몰되면 다수 대중을 놓친다.

정말 강한 사람은 비타협적 투쟁을 부르짖는 사람이 아니라 끊임없이 반대파와 방관자들을 설득하고 함께할 방안을 제시해 같은 편으로 끌어들이면서도 스스로 견결한 마음을 한 치도 잃지 않는 사람이다. 타협과 설득을 하려면 상대에 대한 존중이 있어야 한다. 비록 지금 서로 입장이 다르더라도 그 사람의 진의를 이해하려는 노력이 필요하다.

결코 쉽지 않은 과정을 거쳤지만, 집회를 할 때마다 모이는 학생이 점차 늘어났다. 중앙도서관 광장을 중심으로 사방에서 모여드는 단과대 깃발과 행진 대열은 그야말로 장관이었다. 이 모습을 보면서 먼저 와 앉아 있던 다른 단과대 친구들도 아낌없이 박수를 치며 환호성을 질렀다. 학교 안에서부터 분위기는 점차 무르익어가고 있었다. 공개 토론회에서 "1만 학우가 함께 거리에 나서는 날"을 언급한 것은 상징적인 비유였지만, 그날이 반드시 온다는 확신은 점점 커져갔다.

그리고 운명의 날이 왔다. 1987년 6월 9일, 시위 대열은 오후 4시경부터 스크럼을 짜고 교문 밖으로 나갔다. 비무장·비폭력 시위였다. 우리는 화염병이나 돌멩이 같은 도구를 하나도 준비하지 않았다. 그런데 경찰은 평소보다 훨씬 더 높은 열기와 많은 시위 참여 인원에 놀랐는지 무수히 최루탄을 쏘아대었다. 이날은 정말 최루탄 가루가 하늘에서 눈 내리듯이 쏟아졌다. 서로 얼굴을 알아볼 수 있을 정도로 가까운 거리에서 발사하는 직격탄은 최루탄이라기보다는 살인 무기에 가까웠다. 후배 **이한열**은 그렇게 6·10 투쟁 하루 전날 교문 앞에서 전경이 쏜 직격탄을 머리에 맞고 쓰러졌다. 그는 27일간 뇌사 상태로 누워 있다가 7월 5일에 눈을 감았다.

6월 항쟁

1987년 6월 10일 오후 6시, 방송에서 흘러나오는 애국가를 신호로 시청과 명동 일대에 산개해 있던 학생들이 일제히 차도로 뛰어들었다. "호헌 철폐, 독재 타도!", "한열이를 살려내라!", "전두환은 물러가라!" 등과 같은 구호와 함성이 서울의 6월 하늘을 뒤덮었다.

이날의 시위는 그전과 확연하게 다른 양상이었다. 예전에는 기습적으로 가두시위를 전개했다가 경찰이 몰려오면 해산하는 식이었지만, 이날 학생들은 최루탄이 터지고 백골단이 곤봉을 휘두르면 잠시 골목으로 물러났다가 다시 모여들어 거리를 점령했다. 주변에서 지켜보던 시민들이 박수를 치며 격려하는 것은 물론 하나둘씩 대열에 합류하는 모습도 보였다.

그러다가 갑자기 주변에서 학생들이 하늘을 쳐다보며 환호성을 질렀다. 고개를 들어 바라보니, 인근 고층 빌딩에서 두루마리 휴지들이 하얗게 꼬리를 흔들며 떨어지고 있었다. 사무실에서 일하던 직장인들이 최루탄 때문에 눈물, 콧물을 흘리는 학생들을 격려하면서 휴지를 던져준 것이었다. 여기저기서 계속 날아드는 수십, 수백 개의 두루마리 휴지는 마치 비둘기 떼가 일제히 날아오르는 듯한 장관을 연출했다.

6월 항쟁은 군부독재의 폭압 아래에서도 우리 국민의 민주화 의지가 얼마나 강하고 폭발적인지 세계만방에 과시했던 역사적 사건이었다. 나는 6월 항쟁을 경험하면서 내가 생각했던 대중 노선이 결국 옳았음을 확신했다. 광장 정치의 위력을 실감하고 나니 대중운동과 광장 정치를 더 견고히 발전시키면 한국 사회의 민주화가 완전한 궤도 위에 올라설 수 있다는 믿음이 더욱 강해졌다.

결과적으로 나는 총학생회장 후보 시절의 공약을 모두 지켰다. 전두환 군사독재의 항복을 받아냈고, 연세대학교 교양 과정 영어와 국어 과목의 의무 학점이 6학점으로 조정되었다. 그리고 드디어 연세대학교에 800여 명을 수용할 수 있는 기숙사(무악학사)가 조성되었다.

386과 제도권 정치의 첫 만남

1987년 12월 16일, 제13대 대통령 선거가 치러진 날에 나는 감옥에 있었다. 직선제 개헌을 위해 그렇게 거리를 달렸건만, 정작 직선제로 치러진 첫 번째 대통령 선거 투표일에 나는 자유가 없는 신분이었다.

게다가 대통령 선거 결과 노태우 후보가 당선되자 나는 망연자실할 수밖에 없었다. '설마, 양김이 단일화하겠지. 다들 역사의 죄인이 되고 싶겠어?'라는 기대를 계속하고 있었기 때문에 내 실망은 너무도 컸다. '내가 너무 순진했구나. 제도권 정치의 영역은 너무도 다르구나'라는 생각도 들었다.

집행유예 판결을 받아 석방된 날은 대선이 마무리되고 국민의 열기마저 차갑게 식어버린 12월 30일이었다. 감옥에서 나와 보니,

하나로 뭉쳐 6월 항쟁을 치렀던 학생운동권과 재야는 '후보 단일화파', '비판적 지지파', '독자 후보 추대파'로 산산이 쪼개져 있었다.

나는 우선 전국을 돌며 '전국대학생대표자협의회'(전대협) 복구에 나섰다. 다행히도 나는 감옥에 가 있어서 대선 때 서로 갈라진 세 입장 중 어느 쪽에도 속해 있지 않았기에 사람들이 거부하지 않고 모여주었다.

그러던 와중에 하루는 모 정치인이 나를 찾아왔다. 동교동계 핵심 정치인이자 김대중 총재의 측근 중 한 사람이었다. 그는 내게 1988년 4월로 예정된 제13대 총선 출마를 제안했다. 세간에 퍼진 386에 대한 편견처럼 내가 총학생회장 경력을 발판 삼아 정치 입문을 노리고 있었다면 당시 김대중 총재 측의 영입 제안을 덥석 받았을 것이다. 그때 내 나이가 스물다섯이었으니, 김영삼 총재의 초선 의원 시절 기록보다 몇 개월 빠른 헌정사상 최연소 국회의원이 탄생했을 수도 있었다. 하지만 나는 일말의 여지없이 그 제안을 정중히 거절했다.

1988년 총선을 얼마 앞두고 고려대학교 총학생회장 출신인 허인회가 나를 찾아왔다. 1987년 대통령 선거를 양김 분열로 패배했는데, 1988년 4월 총선도 야권이 평화민주당과 통일민주당으로 분열된 채로 치르면 국민은 또다시 좌절할 것이 뻔하니 야권 통합운동을 하자고 제안했다. 나는 이정우, 윤태일, 함운경, 허인회 등 약 20명과 함께 '야권 통합을 위한 청년학생위원회'를 구성하고 대표를 맡았다. 우리는 김대중, 김영삼 총재를 직접 찾아가서 통합을 압박했다.

"당신들이 분열되는 바람에 대선에서 졌고, 국민은 패배감에 빠졌다. 이제 곧 다가오는 4월 총선도 분열된 상태로 치를 것인가. 두 야당은 통합해라. 그래야 국민이 희망을 갖고 총선 승리 길에 동참할 수 있을 것이다."

이런 우리의 요구에 양당 지도부는 차마 대놓고 거부하지 못했다. 그러나 통합 논의는 지지부진하기만 했다. 우리는 압박의 강도를 높이기 위해 학생들을 동원해서 평화민주당과 통일민주당의 당사를 점거하기도 했다.

김대중 총재를 면담하기 위해 동교동 자택을 방문했을 때였다. 자택 지하 서재에 놓인 6인용 회의 테이블에 앉아 대기하고 있었는데, 비서가 와서 회의가 길어져 시간이 좀 걸릴 거라고 이야기했다. 당시 내가 있던 곳은 1층 현관을 지나 복도에서 오른쪽으로 대여섯 계단 내려가면 나오는 반지하층 구조의 서재였는데, 책장이 몇 줄씩 세로로 나란히 세워져 있어 작은 도서관 같았다. 책장마다 책이 가득 진열되어 있었는데 족히 만 권은 넘어 보였다. 정치, 경제, 문학, 철학 등 분야별로 분류된 책 중에 임의로 몇 권을 뽑았다.

'책이 많기는 한데, 설마 이걸 다 읽은 건 아니겠지?'

그러나 책장에서 골라 펼쳐든 책마다 밑줄이 그어져 있었고 작은 글씨로 꼼꼼히 주석이 달려 있었다. 김대중 총재 본인의 필체였다. 궁금해져서 역사나 철학, 사회 문제 등 다른 분야의 책들도 뽑아 보았다. 보통의 지식인이나 정치인이라면 전혀 읽지 않을 듯한 경영서, 문학서, 과학서에도 마찬가지로 주석이 있었다. 몹시 인상적인 경험이었다. 그래서였는지 나중에 김대중 총재와는 어떤 문제에 관해 논의하더라도 대단하다는 느낌이 들었다. 그만큼 그는 빈틈없고 명석하고 해박했다.

반면 상도동을 방문했을 때는 분위기부터가 확 달랐다. 김영삼 총재는 물론이고 측근들이나 비서진들도 특유의 서글서글하고 떠들썩한 쾌활함이 느껴졌다. 김영삼 총재는 매우 소탈한 분이었다. 말할 때도 재고 살피고 하는 것이 없었다. 거침없고 활발한 김영삼 총재와 이야기를 나누고 나면 왠지 기분이 좋아졌다. 담소를 나눌 때는 간혹 어깨나 소맷자락을 툭툭 치기도 했는데, 마치 어려서부터 잘 알고 지낸 삼촌이나 가까운 친척을 만난 듯한 친근감이 드는 스타일이었다. 김영삼 총재는 내가 야권 분열에 대해 신랄하게 비판하거나 정치권에 대해 냉소적으로 발언해도 "알제, 알제, 내 자네들 마음 다 이해한다"라고 하면서 씩 웃음을 지었다.

그러나 그렇게 쾌활하고 소탈하게 잘 웃는 분이 김대중 총재에 관해 언급만 하면 이마에 내 천川 자부터 그려졌다. 이는 김대중 총재도 마찬가지였는데, 김영삼 총재 이야기를 꺼내면 얼굴이 굳어졌다. '아, 이 두 분 모두 정말 훌륭하고 좋은 분들인데, 서로 너무 안 맞고 상대에 대한 뿌리 깊은 불신감이 있구나'라는 생각이 절로 들었다. 박정희 독재 시절부터 우리 민주화에 크게 기여해온 상징과도 같은 이 두 거인이 하나가 되지 못했다는 점은 우리 역사의 불행이다.

지지부진한 야권 통합을 더욱 압박하기 위해 우리는 서소문역 사공원에서 야권 통합 추진을 위한 청년 학생 결의 대회를 개최했다. 집회 후에는 차도가 아닌 인도로 가두행진을 시작했다. 서소문공원을 출발해 이대 전철역에 이르렀는데, 갑자기 건장한 형사들이 나타나더니 나를 번쩍 들어 미리 준비한 승용차에 구겨 넣었다. 두 번째 연행, 두 번째 감옥살이의 시작이었다. 나를 조사하던 형사는 이날 열린 야권 통합 협상장에 통합 반대파들이 난입해 폭력사태가 벌어지고 제3차 야권 통합 협상이 완전히 결렬되었다고 알려주었다. 안타깝게도 그렇게 야권 통합의 중요한 기회는 사그라져버렸다.

정치 지도자들 간의 반목과 대립은 당사자들만이 아니라 그 지도자를 따르는 많은 정치인과 국민에게도 오랜 분열의 상처를 남긴다. 정통 야당 민주당의 양대 세력이었던 동교동계와 상도동계는 결국 이 분열을 해소하지 못한 채 이후 수십 년간 서로 손을 잡지 못하는 정적 관계가 되고 말았다. 그뿐만 아니라 양 지도자를 존경하고 추종했던 민주 진영 시민들 간의 골이 깊어졌고, 이는 지금까지도 한국 사회가 해결해야 할 어려운 숙제로 남아 있다.

오늘날까지도 '양김'이라는 명칭과 함께 전설처럼 회자되는 두 정치인은 내 머릿속에 지금도 감히 범접할 수 없는 탁월한 능력과 엄청난 매력을 지닌 정치 지도자로 남아 있다. 그렇기는 해도 두 사람은 1987년 6월 항쟁에서 하나로 뭉쳤던 민주 진영을 오랫동안 분열되도록 만든 책임에서 자유로울 수 없다.

'386세대'라는 조어의 탄생

야권 통합 운동을 하다 체포되어 두 번째로 감옥에 갔다 나왔을 때는 1988년 6월쯤이었다. 나처럼 감옥살이를 마치고 나온 전대협 동료들이 그해 8월쯤 계룡산에 모였다. 앞으로 어떻게 살아갈지 진로에 관해 토론했고, 다음 세 가지 내용에 합의했다.

첫째, 앞으로 10년간 높고 빛나는 자리에 나가지 않는다. 6월 항쟁에 기여했다고는 생각하지만, 1987년 대선 패배에 대한 일정 정도의 책임감도 느꼈기 때문이었다. 자숙하고 내실을 쌓는 기간이 필요하다고 생각했다.

둘째, 각자 자기 출신 지역을 떠나지 않는다. 진보운동마저 서울 중심으로 진행되면 밑바닥 국민의 민심과 이반되는 일을 피할 수 없었다. 전대협의 성과 중 하나는 그전까지 서울에 있는 대학 중심으로 진행되었던 학생운동을 전국으로 확산한 것이었는데 이 정신과 성과를 계승하기로 했다.

셋째, 청년운동의 중추가 되자. 기존 청년단체들을 활성화하고, 청년단체가 없는 지역에서는 새로운 조직을 만들며, 기존 운동 문법에 관해 잘 모르는 계층 속에서는 새로운 조직의 아이디어를 내보자고 결의했다.

우리의 결의는 그대로 지켜졌고, 전국 각 지역에서 청년단체를 활성화하는 데 기여했다. 86세대로 분류할 수 있는 수백 명 혹은 수천 명의 젊은이가 지역운동, 청년운동, 재야운동, 통일운동 등 다양한 사회활동을 열정적으로 수행했고, 풀뿌리 지방의원으로도 진출했다. 여의도 정치권으로 간 일부 86들도 중앙 선출직으로 나서기보다는 정당 당직자나 국회의원 보좌진 등으로 뛰어난 능력을 보여주었다.

1990년대 후반은 IMF 외환위기와 최초의 수평적 정권 교체, 2000년 뉴밀레니엄 시대 등을 연이어 겪으면서 백가쟁명의 담론들이 쏟아져 나오던 시기였다. 이와 동시에 1980년대에 학생운동을 경험했던 사람들과 이제 막 사회에 진출해 전문가로 뿌리내리던 젊은이들이 하나둘씩 모이기 시작했다. 21세기 아카데미, 청년광장, 21세기 전문가 포럼, 청년미래, 동숭동에서 등을 그런 사례로 들 수 있다. 그 모임의 한 귀퉁이에서 시대의 아이콘이 된 '386세대'라는 용어가 만들어졌다.

386세대라는 조어를 처음 만들어 사용한 사람은 당시 《조선일보》의 자회사인 '인터넷조선일보'에 근무하던 연세대학교 철학과 82학번 한창민이라는 친구였다. 그 역시 1985년에 연세대학교 총학생회 기획부장을 맡으며 학생운동의 중심에 섰던 경험을 갖고 있었다.

이정우, 윤태일 등 1980년대 초반 학생운동가로 활동했던 친구들 30~40명이 모여 새로운 밀레니엄을 준비하자면서 카페 형태의 사랑방을 만들기로 했다. 카페 이름을 무엇으로 정할까 한창 논의하던 차에 **한창민**이 재미있는 제안을 내놓았다. 우리 세대가 지금 30대니까 30대에서 3자를 따고, 80년대에 학생운동을 했으니까 8자를 따고, 대부분 60년대에 태어났으니까 6자를 따서 '386'이라 하면 어떻겠냐고 했다. 마침 인터넷과 정보화의 열풍이 불고 있고, 286컴퓨터에서 386컴퓨터로 진화하는 중이니, 낡은 운동권 세대라는 느낌도 극복할 수 있고, 기호가 주는 호기심도 있을 것이라는 취지였다.

이 의견에 대해 다들 기발하다고 웃으며 좋아했지만, 나는 한편으로 우리가 감옥 생활을 했던 사람들인데 왠지 수인번호를 다시 가슴에 다는 듯해 처음에는 내키지 않았다. 물론 그때만 해도 이 가벼운 조어 하나가 수십 년간 회자하며 격동의 1980년대를 보냈던 사람들을 규정하는 단어가 되리라고는 전혀 생각하지 못했다.

이후 **한창민**이 일하던 언론사에서는 이 386이라는 단어를 사회문화적 관점에서 당시의 30대를 대표적으로 지칭하는 용어로 쓰기 시작했다. 이어서 《조선일보》에서도 세대에 관한 기획 시리즈를 내면서 이 단어를 사용했고, 결국 다른 모든 언론에서도 쓰기 시작하며 우리 세대를 규정하는 용어로 완전히 굳어졌다.

나중에 정치권에 들어와서 하도 386세대라는 말이 기사에 많이 등장하기에 언론인들에게 가볍게 항의한 적이 있었다. 정치권에 들어온 우리 앞 세대들은 4·19세대, 6·3 한일협정 세대, 긴급조치 세대 등으로 부르면서 왜 우리 또래만 386이라는 기호로 규정하느냐, 우리도 6월 항쟁 세대라고 써달라고 했지만, 소용없는 일이었다. 역사적 예우가 너무 강한 느낌이 들어서 쓰고 싶지 않았던 모양이다.

386세대는 1990년대 말부터 생기기 시작한 청년 모임들을 통해 미래를 모색하고 10~20년간 자신들이 갖고 있었던 이상과 이념을 돌아보는 계기를 가졌다. 남한사회주의노동자동맹(사노맹) 사건으로 징역형을 살았던 **백태웅**의 말이 아직도 선명하게 기억난다.

"저는 자본주의 체제의 모순을 극복하고자 마르크스·레닌주의에 기반을 둔 사회주의 노동자혁명을 꿈꾸었습니다. 그러나 감옥에서 사회주의 국가들의 붕괴를 바라보면서 이는 이상적 이념일 수는 있으나 현실에서는 성공하지 못했다고 인정하게 되었습니다. 저는 제가 추구했던 이념과 사회혁명 구상을 폐기하기로 결심했습니다. 저와 함께 노력했던 동지들께 죄송하다는 말씀을 드리면서, 이제 새롭게 고민하고 공부하겠습니다."

이 이야기를 처음 들었을 때 가슴이 뭉클했다. **백태웅**은 용기 있는 사람이라고 생각하고 감동받았다.

이 시기에 나 스스로 내린 결론은 다음과 같았다.

첫째, 국민이 대통령을 직접 선출할 수 있게 된 이후, 6월 항쟁 같은 대규모 시민항쟁을 통해 직접적으로 권력을 무너뜨리는 일은 가능하지 않게 되었다.

둘째, 사회 변화를 위해서는 제도권 정치의 역할이 중요한데, 현재 정치권에서는 이 문제를 해결하기 어렵다.

・ 셋째, 제도권 정치에 진보 세력의 진출이 필요하며, 이를 위한 조직적 준비가 필요하다.

한국의 미래, 제3의힘

1980년대 학생운동권 지도부 출신 청년 일부는 1999년부터 본격적으로 정치 진입을 준비하기 시작했다. 이들은 집단 토론과 논의를 통해 먼저 신정치운동을 전개할 정치단체를 결성하기로 했다. 이 단체를 중심으로 각계각층의 인재를 모아 정치에 참여해 대한민국 정치를 뿌리부터 흔들어보자고 결의했다.

결국 1999년 10월 3일에 '한국의 미래, 제3의힘'(제3의힘)이 출범했다. 이 모임은 우후죽순처럼 존재했던 1990년대 중후반의 청년모임들을 사실상 통합하는 성격의 정치단체였다. 초반 논의를 이끌며 큰 방향을 잡았던 실무진은 고진화, 김서용, 김성환, 김철, 박재구, 백성기, 백준기, 오영식, 우상호, 이규희, 이용선, 이인영, 이정우, 이진순, 임종석, 정태근, 천호선, 최원우였다.

제3의힘은 첫째, 단체의 성격을 '21세기 국가 경영 리더십을 준비하는 신정치운동단체'로 하고, 둘째, 신정치운동을 적극 전개하면서 사회 각계각층의 대통합을 위해 노력하기로 했다. 기존 정치 세력과는 근본이념, 권력 창출 기반, 패러다임이 모두 다른 대안 정치를 지향한다는 방향성에 모두가 동의했다.

이때 참여한 회원 중 이후 정치권에 정착한 사람으로는 민주당 계열의 **기동민**(서울 성북을 국회의원), **김경수**(경상남도지사), **김만수**(경기 부천시장), **김성환**(서울 노원을 국회의원), **김영배**(서울 성북갑 국회의원), **김영춘**(국회 사무총장), **김우영**(서울 은평을 국회의원), **김원이**(전남 목포 국회의원), **김윤식**(경기 시흥시장), **김종민**(세종갑 국회의원), **김태년**(경기 성남 수정 국회의원), **김현**(경기 안산을 국회의원), **백원우**(경기 시흥갑 국회의원), **복기왕**(충남 아산갑 국회의원), **서갑원**(전남 순천 국회의원), **송갑석**(광주 서갑 국회의원), **송영길**(인천 계양을 국회의원), **신동근**(인천 서을 국회의원), **안희정**(충청남도지사), **오영식**(김부겸 국무총리 비서실장), **우상호**(서울 서대문갑 국회의원), **유기홍**(서울 관악갑 국회의원), **윤건영**(서울 구로을 국회의원), **이규희**(충남 천안갑 국회의원), **이용선**(서울 양천을 국회의원), **이인영**(서울 구로갑 국회의원), **이철우**(경기 포천·연천 국회의원), **이해식**(서울 강동을 국회의원), **이화영**(서울 중랑갑 국회의원), **임종석**(문재인 대통령 비서실장), **정원오**(서울 성동구청장), **정청래**(서울 마포을 국회의원), **조정식**(경기 시흥을 국회의원), **최종윤**(경기 하남 국회의원) 등이 있고, 국민의힘 계열의 **고진화**(서울 영등포갑 국회의원), **원희룡**(국토교통부 장관), **정태근**(서울 성북갑 국회의원)까지 38명에 달한다.

사실 이 모임의 원래 목표는 독자적 정당 창당이었다. 일종의 청년 정당을 구축해 기존 정치를 흔들어보자는 생각이었다. 전국의 청년 인재들을 모아 최소 50명 이상, 최대 100명까지 출마시킨다는 당찬 계획도 세웠다.

모임의 첫 번째 과제는 누구를 당 대표로 세울지였다. 우리 내부에서는 당시만 해도 모든 정당의 영입 1순위로 꼽히던 **이정우** 서울대학교 총학생회장을 총재로 하는 당을 만들자는 안이 나왔지만, 본인이 극구 고사하는 바람에 실현되지 못했다.

그다음 선택으로 선배 그룹을 설득하기 시작했다. 먼저 **제정구** 의원을 찾아갔다. 그는 3김 정치를 매우 혐오했기에 그 취지에는 반색했지만, 정작 당 대표가 되는 데 대해서는 손을 내저었다.

노무현 새정치국민회의 부총재를 찾아갔다. 그는 뜻은 가상하나 기존 정당으로 우회해야 한다고 대답했다.

"내가 왜 독자 정당을 안 하고 기존 정당에 참여했겠습니까? 장차 이런 개혁 정당이 만들어져야 한다고 생각은 하나, 방법론상으로 보았을 때는 기존 정당에 들어가서 우회하는 게 맞다고 봅니다."

손학규 의원과 저녁 식사도 했다.

"당을 만든다면서 현역 국회의원이 1명도 없어? 자네들 너무 순진한 거 아니야?"

3김 시대를 청산하겠다는데 어느 국회의원이 참여할 수 있었을까?

정운찬 당시 서울대학교 교수도 찾아갔다.

"아유, 내가 무슨? 나는 선생이고 그냥 책상물림인데 무슨 정치를 합니까?"

결과적으로 새로운 청년 정당의 총재를 모시는 일은 실패했다. 당 대표를 구하지 못하면서 논의는 미궁으로 빠졌다. 이때 공교롭게도 **김민석** 의원과 **정균환** 의원을 통해 **김대중** 대통령에게서 영입 제안이 들어왔다. 제3의힘 내부에서는 난리가 났다. 우리가 3김 정당을 극복하기 위해 독자 정당을 만들자고 해놓고 어떻게 기존 정당의 영입 제안을 받을 수 있느냐는 반발이 강하게 제기되었다. 이 역시 결론을 못 내고 팽팽하게 시간만 흘렀다.

결국 **이정우**는 결단을 내려서 총선 전 창당은 어려워 보이니, 기존 정당에 갈 동지들은 보내고, 대신 제3의힘은 유지하겠다고 선언했다. 신한국당으로 가는 **정태근, 고진화** 등과 새천년민주당으로 가는 **이인영, 우상호, 임종석, 오영식**은 제3의힘의 정신을 실현하기 위해 노력하며 조직이 소환한다면 언제든지 복귀하겠다는 약속을 공개적으로 했다. '기존 정당으로 가는 것은 일종의 파견이다. 기존 정당에 제3의힘이 파견하는 것이다'라고 해석을 내리고 논의를 끝냈다.

제3의힘이 없었더라면 아마 나는 정치를 시작하지 않았을 것이다. 동료들과 1년 6개월에 걸친 치열한 논의와 준비 과정이 제도권 정치로의 전환을 가능하게 했다고 생각한다. 비록 성사되지는 못했지만, 새로운 21세기 대한민국의 변화를 위해 30대들이 신정치운동을 전개하기로 하고, 3김 시대 청산을 위해 독자적으로 청년 정당을 만들어보자고 결의했던 일은 지금 돌이켜보아도 가슴이 뜨거워지는 일이 아닐 수 없다.

이런 경험 때문에 나는 후배 정치인들에게 정치를 시작하기 전에 뜻 맞는 동지들을 규합해 정치적 그룹을 먼저 만들어보라고 권유하곤 한다. 청년 정치인일수록 그룹을 만들고, 함께 실천할 정치적·정책적 과제를 도출하고, 과감하게 국민을 상대로 자신들의 정치적 색깔을 드러내면서 정치권 진입을 집단적으로 시도하는 것이 바람직하다고 본다.

대중운동을 통해 세상을 바꾸려 노력해왔던 내게 제도권 정치 참여는 큰 실험의 시작이었다. 그때만 해도 내 주 관심사는 민주주의 정착 및 확대, 남북 관계 개선을 통한 한반도 평화 정착이었다. 이를 위해 정치권에 들어간다면 먼저 국회의원에 당선되어야 한다고 생각했다. 그리고 정치권에서 함께 활동할 동지들의 단합이 필요하다고 보았다.

처음 새천년민주당에 들어갈 때만 해도 내게는 두려움이 앞섰다. 워낙 미지의 세계고, 기라성 같은 정치인들 사이에서 내 목표를 이룰 수 있을지 확신할 수 없었다. 왜 운동을 포기하고 정치권에 들어가느냐는 비판부터 정치권에 가려면 진보정당을 선택해야지 왜 3김 정당에 합류하느냐는 지적까지, 나는 가까운 사람들에게서 참으로 아픈 이야기를 많이 들었다.

나는 당시 새천년민주당이 세상을 바꾸는 도구가 될 수 있다고 생각했고, 열심히 활동했다. 그리고 국회에서의 내 역할이 끝나면 제3의힘 회원들과 약속한 대로 스스로 국회의원직을 내려놓겠다고 마음먹었다. 대중운동과 시민운동의 영향력이 약해지고 있는 지금의 현실 상황에서 나는 더불어민주당의 역할이 그 어느 때보다 중요하다고 확신한다.

386 정치인의 주홍글씨, 2000년 광주와 NHK

이른바 광주 NHK 사건이 사람들의 뇌리 속에 오래 남아 있는 이유, 그리고 나를 비롯한 386 정치인들을 비난할 때 등장하는 단골 소재가 된 이유는 '위선' 때문일 것이다. 2000년 5월 17일, 광주 항쟁 계승 기간에, 그것도 광주에서 낮에는 5·18 정신을 기리고 밤에는 유흥을 즐겼다는 그 이중성이 주는 각인 효과는 어찌 보면 당연한 현상이다.

그러나 사실은 그 자리에 있었던 나나 다른 386 정치인들 중 어느 누구도 그런 위선적이거나 이중적인 의도를 가졌던 사람은 없었다고 단언할 수 있다. 24년의 세월이 흘렀지만, 아직도 그렇게 생각하는 사람이 있을지도 모르니 한 번은 밝혀야 할 것 같다.

그 사건은 전혀 의도하거나 계획된 일이 아니었다. 그 일이 발생하기 한 시간 전까지도 예상조차 하지 못했다. 2000년 4월 제17대 총선이 끝난 지 한 달밖에 되지 않았던 당시 나는 낙선자였으며, 일부는 당선인 신분이었고, 다른 일부는 막 재선에 성공한 국회의원이었다. 비록 신분과 처지는 서로 달랐지만, 새로운 밀레니엄이 시작되는 해였고, 1980년대 민주화 운동에 가담했던 사람들이 정치권에 진출해 기존 정치 질서를 바꿔보자는 움직임이 일고 있었던 상황이라 5·18이라는 뜻 깊은 날에 한자리에 모여 '청년 정치인 워크숍'을 하자고 마음을 모았다. 바로 이것이 애초에 우리가 광주에 간 이유였다. 마침 나는 그 행사의 사회자였다.

광주 무등산에 있는 신영파크호텔을 워크숍 장소로 잡고 돈도 같이 거두어 예약한 후 광주로 향했다. 지금은 고인이 된 광주 지역구의 **김태홍** 의원이 따로 부탁하지 않았는데도 우리 일행이 광주에 도착하는 순간부터 버스를 준비하고 저녁을 대접하는 등 편의를 제공해주었다.

저녁 식사 후에는 도청 앞 전야제 행사에 참여했다. 행사가 끝날 무렵에 토론회 장소로 이동하려고 일어서는데 **김태홍** 의원의 보좌관이 잠깐 들러서 인사만 하고 가라는 의원의 말을 전했다. 외지에 와서 도움을 받았으니 그 호의에 대해 감사 인사는 하고 가야겠다는 단순한 생각에 보좌관을 뒤따라갔다. 우리 일행은 보좌관과 함께 골목길을 걸어가서 '새천년 NHK 가라오케'라는 장소로 안내를 받았다.

김태홍 의원은 술집 안에서 기다리고 있었다. 나중에 알게 된 사실이지만, 그 술집은 **김태홍** 의원의 지인이 운영하는 가게로 그 지역 정치인들과 사회단체 인사들이 모임 장소로 종종 이용하던 곳이었다. 그날 5·18 전야제를 담당했던 행사팀들도 그곳에서 모일 예정이었다.

김 의원과 의례적인 인사를 나누고 있는데, 갑자기 서울 중랑구갑 국회의원인 **이상수** 의원이 쑥 들어왔다. 막 3선에 성공한 이 의원은 그다음 주에 치러질 원내총무 선거에 출마한 상태였다. 그제야 나는 우리 일행을 그곳까지 데려온 내막을 짐작할 수 있었다. 의원들의 한 표 한 표가 귀한 상황에서 초선 의원이 6명이나 내려와 있었으니 **이상수** 의원 입장에서는 그냥 지나갈 수 없었을 것이다. 사전에 아무런 양해 없이 그런 자리가 만들어진 점이 약간 불쾌하기는 했으나, 거기까지는 이해하지 못할 일이 아니었다.

그런데 **이상수** 의원은 술집 주인을 불러 양주를 주문하면서 우리 일행을 방으로 끌고 들어갔다. 게다가 통과일을 깎아야 한다는 이유를 대며 술집 주인은 여성 종업원을 불러들였다. 당시는 물론, 지금 생각해도 상황이 점점 시간과 장소, 내용 모두가 매우 부적절한 쪽으로 바뀌어 가고 있었다.

더구나 원내총무 선거에 투표권도 없는 낙선자 신분이었던 내게는 불편하기 짝이 없는 자리였다. 청년 워크숍 행사의 사회자라는 책임만 아니었다면 혼자라도 박차고 나갔을 것이다. 그렇게 술자리 분위기가 만들어졌고, 나는 선배 정치인들에 대한 최소한의 예의를 지키며 이 정도에서 끝내자고 요청도 했지만, '의원들끼리 격의 없이 대화하고 있는데 (의원도 아닌) 자네가 왜 방해하느냐'는 식의 면박이 돌아왔다.

너무 화가 나고 자존심도 상할 만큼 상한 그 시점에 전야제 사회자를 맡았던 **임수경** 씨가 불쑥 방으로 들어왔다. **임수경** 씨는 그때까지 벌어졌던 곤란한 사정에 대해 알 길이 없었겠지만, 그 이후 상황은 그에 의해 세상에 알려진 그대로다.

내가 더 현명하고 더 철저하게 행동하지 못했던 점은 부끄러운 부분이다. 하지만 애초부터 의도하고 부적절한 자리를 즐기다가 들켜버리자 이를 덮으려고 거칠게 행동할 정도로 내가 그렇게 뻔뻔한 사람은 아니다. 나조차도 계속 있고 싶지 않은 상황에서 그런 부적절한 장소에 그래도 나름대로 아끼던 후배를 들이고 싶지 않다는 생각 그 이상도 그 이하도 아니었다.

나중에 알았지만, 우리 일행이었던 **정범구** 의원이 그전부터 친분이 있었던 **임수경** 씨에게 빨리 오라고 전화를 여섯 번이나 걸었다고 했다. 그 사실을 알 턱이 없던 나는 허탈했다. **임수경** 씨 역시 얼마나 황당했을지 짐작하기 어렵지 않다.

이런저런 경로로 사건이 보도되자 내 홈페이지 게시판에는 엄청난 비난 글이 올라왔다. 수천 개가 넘었던 듯하다. 한 달 넘게 다른 모든 일을 작파하고 온종일 앉아서 일일이 사죄의 답글을 달았다. 나 개인으로 보면 정치를 제대로 시작하기도 전에 '위선자'로 낙인찍힐 만한 일이었기에 선배 국회의원들에게 누가 되지 않도록 침묵한 채로 모든 비난을 감수하고 사죄하며 사는 것이 도리라고 생각했다. 하지만 이 일이 386 정치인들에게는 20년이 지나도록 주홍글씨로 남게 되리라고는 전혀 생각하지 못했다.

이 실수를 만회하기 위해서라도 혼신의 힘을 다했다. 더욱 성숙해지기 위해 노력하는 계기가 되었으니 내게는 성찰의 자극제와도 같은 사건이었다. 정치인의 일거수일투족에는 더욱더 자기 절제와 철저함이 있어야 한다. 우연히 부적절한 자리에 끼게 되더라도 어떤 이유를 들어서든지 피해야 한다. 그리고 아무리 친한 후배라 할지라도 말과 행동에 지나침이 없어야 한다.

이렇게 사실을 설명하고 반성한다고 해서 소셜 미디어상에서 나에 대한 조롱과 비난이 사라지지는 않겠지만, 정치인은 자기의 잘못된 행동에 책임을 져야 하므로 반성하면서 감수할 따름이다.

민주당 86 정치에 대한 평가

민주당 86 정치인들에 대한 평가가 쉽지 않은 이유는 아직 활동하고 있는 정치인이 많기 때문일 듯하다. 하지만 실질적인 그룹으로 활동한 기간은 2000년부터 2013년까지이므로 여기서는 주로 그 시기에 대해서만 평가를 내리고자 한다.

민주당 86 정치인들의 정치권 진입은 개별적으로 먼저 입문한 김민석, 송영길, 김영춘 의원에 이어 2000년에 이른바 '젊은 피 수혈'로 나와 이인영, 오영식, 임종석이 집단으로 영입되면서 시작되었다. 제16대 총선에서는 김민석, 송영길, 임종석 의원이 당선되었고, 김영춘 의원은 당시 야당이었던 한나라당 소속으로 당선되었다.

2004년 제17대 총선에서는 새천년민주당에서 분당해 열린우리당을 창당하면서 지역마다 후보를 내지 못했는데도 대거 입성에 성공한다. 강기정, 김교흥, 김태년, 김현미, 김형주, 백원우, 복기왕, 서갑원, 안민석, 오영식, 우상호, 윤호중, 이광재, 이기우, 이인영, 이철우, 이화영, 정봉주, 정성호, 정청래, 조정식, 최재성, 한병도 의원 등이 합류했다. 무소속 중에는 신정훈 의원이 있었다. 무려 23명이나 초선 국회의원이 되었다.

제18대 총선에서는 새로 당선된 86세대 국회의원은 없었다. 오히려 강기정, 백원우, 송영길, 안민석, 이광재, 조정식, 최재성 의원 등 7명을 제외하고 모두 낙선했다.

제19대 총선에서는 김기식, 김경협, 김민기, 김성주, 김승남, 김윤덕, 김현, 박범계, 박수현, 박완주, 박홍근, 배재정, 서영교, 진선미, 진성준, 이원욱, 임수경, 유은혜, 은수미, 전해철, 홍익표 의원 등 21명 정도가 새로 당선되었다.

제20대에서는 고용진, 기동민, 김경수, 김병욱, 김종민, 김현권, 권칠승, 신동근, 유동수, 조승래, 박용진, 박정, 황희, 송갑석(재보궐), 백혜련, 이훈, 안호영, 위성곤, 오영훈, 이철희, 김한정, 김성환(재보궐), 송기헌, 강훈식, 김영진, 최인호, 전재수, 정재호, 정춘숙 의원 등 29명이 새로 국회에 입성했다.

제21대에서는 김영배, 김원이, 고영인, 박영순, 양경숙, 이동주, 천준호, 최기상, 권인숙, 김의겸, 최강욱, 신영대, 신정훈(재선), 오기형, 윤건영, 윤영덕, 윤영찬, 서동용, 강민정, 이형석, 양기대, 이해식, 이용우, 이용빈, 윤미향, 최종윤, 정태호, 조오섭, 허영 의원 등 27명이 새로 입성했다.

그러니까 86세대는 오히려 제20대 국회를 통해 제일 많이 진출했고, 그 전후로는 보통 10명에서 20명 사이가 꾸준히 국회에 입성한 셈이다. 물론 그중에는 재선에 성공하지 못한 의원도 있다.

특히 이들 중 상당수 의원(세어 보니 30명이 넘는다)은 국민의힘 계열 정당 소속 현역 의원이 있는 지역에 출마해 한두 번 낙선을 감수하면서 민주당의 영토를 넓히는 데 공헌했다. 제21대와 제22대에 걸쳐 더불어민주당이 확보한 과반수 의석 중에는 이들의 도전이 결실을 맺은 곳도 꽤 많다. 이 역시 86세대가 민주당에 기여한 성과 중 하나라고 할 수 있다.

본문에서 여러 번 강조한대로 86세대 정치인들은 정당 민주주의에 크게 기여했다. 새천년민주당의 정치개혁 공방 속에서 정당개혁파와 함께했고, 열린우리당 창당에 집단적으로 참여했으며, 정치개혁안들이 정당 내에서 실현되는 데도 공헌했다.

또한 2012년 민주통합당의 정강·정책과 담론이 진보적으로 변화하는 과정에서도 86세대는 시민사회 정치 세력과 함께 이를 주도했다. 경제 민주화, 보편적 복지, 노동 존중 정책 등을 당론화하기 위해 노력했고, 이런 담론들과 관련한 당내 각종 특별위원회 활동에도 적극적으로 참여했다.

그러나 총론으로 보자면, 나는 그룹으로서의 86세대는 성공하지 못했다고 생각한다. 처음에 386세대의 정치권 진입을 지지했던 국민은 그들이 기존 정치인들과 다른 문법을 사용하고 다른 형태로 활동하면서 그들만의 색깔을 끝까지 내주기를 기대했다고 판단한다.

그래서 나는 86세대 중 상당수가 선배 정치인들의 계파에 들어가 활동하면서 오히려 민주당 계열의 계파적 질서에 기여한 점이 첫 번째 과오였다고 생각한다. 불평등과 격차 해소라는 시대정신을 구현하기 위해 더 철저하게 싸우지 못한 점도 한계였다고 뼈

아프게 반성한다. 여당 시절에 대통령과 청와대가 국민의 기대에 부응하지 못하고 있었을 때, 제대로 목소리를 내지 못했던 것도 부족한 점이었다.

내가 이런 평가를 내리는 이유는 독일 정치를 변화시켰던 독일의 68세대를 우리 86세대의 비교 모델로 삼았기 때문이다.

'68혁명'이라고도 불리는 20세기 중후반 시민사회의 저항운동은 원래 프랑스에서 먼저 발발했으나, 권위와 독선에 저항하는 이 68혁명의 정신을 견지한 세대가 정치권과 사회 영역 곳곳에 뿌리내리고 국가 발전의 기틀을 만든 나라는 독일이었다. 1938~1948년 출생자들이 중심이 된 독일의 68세대는 정치적 집단행동과 활발한 정당 진출, 녹색당 등 새로운 정당 창설을 통해 나치즘이라는 추악한 과거 청산을 숙제로 안고 있었던 독일 사회 주류의 흐름을 완전히 바꾸는 데 성공했다.

빌리 브란트 총리는 68세대의 적극적 지지를 기반으로 동방정책을 펼쳐 동·서독 통일의 길을 열었다. **오스카어 피셔** 전 독일 외무부 장관, **위르겐 트리틴** 전 독일 환경부 장관, **게르하르트 슈뢰더** 독일 연방 총리 등도 모두 이 68세대에 속한다. 이들은 '라인강의 기적'이라는 독일의 전후 성장 신화에 안주하지 않았으며, 그 이면에서 점점 더 심화되는 불평등한 사회 구조에 제동을 걸고 적극적인 복지정책을 도입해 독일을 전 세계가 인정하는 모범적인 복지국가로 변화시켰다. 사회 각 부문에서 평화, 환경, 교육, 여성, 문화운동 등 다양한 사회적 개혁을 추구했다는 점도 독일 68세대의 성과다.

대한민국 정치권에서 86세대는 이런 위상에 올라본 적이 없다. 그나마 **안희정, 이광재, 천호선** 등이 정치인 **노무현**을 중심으로 뭉쳐 대통령 선거에서 승리한 것이 성과라면 성과일 것이다. 그러나 그 집권 시절에 대한민국의 시스템 전반을 개혁했다고 보기에는 한계가 있다.

하지만 나는 더불어민주당 내에서 여전히 적극적으로 활동하고 있는 86세대 정치인들이 개인적인 능력도 뛰어나고, 사회 변화에 대한 열정과 사회적 약자와 함께할 수 있는 감수성을 지니고 있다고 평가한다. 더불어민주당의 소중한 인재인 이들이 새로운 시대정신으로 무장해 공통의 과제에 대한 집단적 합의를 바탕으로 더 치열하게 활동해주기를 기대한다.

부록

민주당 연표(1999~2024)

연	월일	주요 사건	집권 여부
1999			김대중 정부
2000	1월 20일	새정치국민회의 확대 개편, **새천년민주당** 창당	
2001			
2002	6월 13일	제3회 지방선거 **새천년민주당** 패배(광역 4곳, 기초 44곳)	
	8월 28일	**개혁국민정당** 창당	
	12월 19일	제16대 대선 **노무현** 당선	
2003	11월 1일	**개혁국민정당** 해산 결의(이후 열린우리당 개별 입당)	노무현 정부
	11월 11일	**새천년민주당** 내 개혁 세력 탈당 후 **열린우리당** 창당	
2004	3월 12일	**노무현** 대통령 탄핵소추안 가결 (총 투표수 195표 중 가 193표, 부 2표)	
	4월 15일	제17대 총선 승리 **열린우리당** 152석 획득	
	5월 14일	헌법재판소, **노무현** 대통령 탄핵 심판 기각	
2005			
2006	5월 31일	제4회 지방선거 **열린우리당** 패배(광역 1곳, 기초 19곳)	
2007	8월 5일	**열린우리당** 대통합파 **대통합민주신당** 창당	
	8월 20일	**대통합민주신당**, **열린우리당** 흡수 통합	
	12월 19일	제17대 대선 정동영 낙선	
2008	2월 11일	**대통합민주신당**과 **민주당** 통합 선언	
	2월 18일	**통합민주당** 출범	야당 시절
	4월 9일	제18대 총선 패배 **통합민주당** 81석 획득	
	7월 6일	**통합민주당**, **민주당**으로 당명 변경	
2009	5월 23일	**노무현** 서거	
	8월 18일	**김대중** 서거	
2010	6월 2일	제5회 지방선거 **민주당** 승리(광역 7곳, 기초 92곳)	
2011	12월 16일	**민주당**, 시민통합당, 한국노총 합당, **민주통합당** 출범	

연	월일	주요 사건	집권 여부
2012	4월 11일	제19대 총선 패배 **민주통합당** 127석 획득	야당 시절
	12월 19일	제18대 대선 **문재인** 낙선	
2013	5월 4일	**민주통합당, 민주당**으로 당명 변경	
2014	3월 26일	**민주당**과 **새정치연합** 합당, **새정치민주연합** 창당	
	6월 4일	제6회 지방선거 **새정치민주연합** 승리 (광역 9곳, 기초 80곳)	
2015	12월 28일	**새정치민주연합, 더불어민주당**으로 당명 변경	
2016	2월 2일	**새정치민주연합** 탈당파, **국민의당** 창당	
	4월 13일	제20대 총선 승리 **더불어민주당** 123석 획득	
	12월 9일	**박근혜** 대통령 탄핵소추안 가결 (총 투표수 299표 중 가 234표, 부 56표, 기권 2표, 무효 7표)	
2017	3월 10일	헌법재판소, **박근혜** 대통령 탄핵 심판 인용	
	5월 10일	제19대 대선 **문재인** 당선	문재인 정부
2018	2월 6일	**국민의당** 내 호남계 탈당 후 **민주평화당** 창당	
	6월 13일	제7회 지방선거 **더불어민주당** 승리 (광역 14곳, 기초 151곳)	
2019			
2020	3월 8일	**열린민주당** 창당	
	4월 15일	제21대 총선 승리 **더불어민주당** 180석 획득 (더불어시민당 17석 포함)	
2021			
2022	1월 18일	**더불어민주당, 열린민주당** 흡수 통합	
	3월 9일	제20대 대선 **이재명** 낙선	
	6월 1일	제8회 지방선거 **더불어민주당** 패배 (광역 5곳, 기초 63곳)	야당 시절
2023			
2024	4월 10일	제22대 총선 승리 **더불어민주당** 175석 획득 (더불어민주연합 14석 포함)	

민주당 1999-2024

초판 1쇄 2024년 6월 10일 발행

지은이 우상호
펴낸이 김현종
출판본부장 배소라 **책임편집** 황정원 **편집도움** 이형진 안진영 **디자인** 김기현
마케팅 최재희 안형태 신재철 김예리 **경영지원** 박정아

펴낸곳 (주)메디치미디어
출판등록 2008년 8월 20일 제300-2008-76호
주소 서울특별시 중구 중림로7길 4, 3층
전화 02-735-3308 **팩스** 02-735-3309
이메일 medici@medicimedia.co.kr **홈페이지** medicimedia.co.kr
페이스북 medicimedia **인스타그램** medicimedia

ⓒ 우상호, 2024
ISBN 979-11-5706-354-3 (03340)